笑出腹肌

的

中国史

大唐·帝国

③

武后专权——先天政变

梁山微木

著

北京理工大学出版社
BEIJING INSTITUTE OF TECHNOLOGY PRESS

目录

七十七 忍者无敌，武则天堪比司马懿

665年，李治和武则天在去泰山封禅的路上遇到了一个老寿星，名叫张公艺。

此人虽然没有干出什么惊天动地的大事业，但他所在的家族绝对可以称得上我国历史上的一朵大奇葩——整整九代人不分家，九百多人挤在一个院子里。

年轻人可能觉得这种事没啥大不了的，但结过婚的人恐怕早就想给张大爷跪了。

对于普通人而言，别说九百多人挤在一起，即便是婆媳、妯娌、姑嫂、兄弟等十几个人不分家，就得天天上演全武行。

小媳妇认为婆婆教育孩子的理念太落后；小姑子觉得小嫂子太刁钻；婆婆认为大儿媳妇不孝顺……

总之，只要不吵死就往死里吵，每个人都觉得自己吃了亏，认为那些所谓的一家人，其实没一个好人。

李治不只是结过婚，而且还结过好几次，当然也有这种烦恼。所以，他在路上听说有这么一位神人，就一溜烟跑去向张公艺取经去了。

张老头也是一个耿直的汉子，看到皇帝前来，没有像现在的很多人一样故作高深，讲一串谁都能听懂，但谁也做不到的人生大道理，而是直接亮出了人生绝学——大笔一挥写了一百个忍字。

不忍百福皆雪消，一忍万祸皆灰烬。

李治看完之后大为感慨，赏赐了张公艺不少好东西。其实，李治还应该再赏一下武则天，因为她才是那几十年里最强的忍者。

在大部分人的印象里，武则天第二次进宫以后，就属于那种"忍一时得寸进尺，退一步变本加厉"的女强人。

但实际上，从武则天当上皇后的655年开始，一直到674年左右，将近二十年的时间里，她都堪称一代忍者神女。

只不过和张公艺所忍受的家长里短不同，她所忍受的，是对权力的渴望，对欲望的压制。

在这二十年里，大唐的宰相换了将近二十个，但是换来换去，武则天的死党只有两个：许敬宗和李义府。而李义府663年被贬到了四川，许敬宗670年退休了。其他十几个宰相，全是李治的人。

在这二十年里，大唐军队的高层换了一轮又一轮，但换来换去，全都是李治一手提拔上来的名将：苏定方、刘仁轨、裴行俭、薛仁贵。刘仁轨还是李义府的死对头，裴行俭更是直接反对武则天。

反观武则天的娘家人，武元爽、武元庆、武惟良、武怀运、贺兰氏，杀的杀，流放的流放。武则天的身边，只剩下她妈荣国夫人以及她那个和她妈乱伦的外甥贺兰敏之。

以前我们说牢牢掌握军政大权是李治并不懦弱的表现。但站在武则天的角度看，这恐怕也正是自己的高明之处吧：

你把权力交给大臣，大臣可能篡位；你把权力交给太监，太监可能祸国。你把权力交给我，你不好意思杀的人，我帮你杀；你不愿意背的锅，我帮你背；你想干的帝国伟业，我帮你干。

但在朝堂之上我不结党营私，在朝堂之外我不勾结大将，我把我们家亲戚全得罪完了，你也不用担心外戚干政。我知道这二十年来，你一直在防着我，但我真的无所谓。我如此赤诚相待，你还有什么不放心的？

在夺取最高权力的路上，都说司马懿堪称忍者的典范，但笔者觉得，武则天的这种忍法更加可怕。

司马懿是韬光养晦，装病不出，不飞则已，一飞冲天。武则天更像是房间里的大象，一直都站在最引人注目的位置，而且所有人都察觉出了异样，但大家就是假装看不见。更厉害的地方在于，即便有人大声提醒房间里有大象，武则天也总能用各种方法让房间的主人继续假装看不见。

669年，自上官仪之后，又有人指出房间里有大象，而且与上官仪不同，这个人强大到武则天根本拿他没有任何办法的地步。因为他的名字叫苍天。

669年六月一日，日月合朔，出现了日食。

669年整个冬季，长安没有下过一片雪。

670年二月十四日，长安东南突然爆出惊雷般的巨响。

根据官方的《天文志》中的记载，日食就是老天爷对统治者顶级的警示：日全食，是李治自己有错需要改。日偏食，是李治身边有混蛋需要砍（日月食尽，主位也；不尽，臣位也）。

再根据古代天人感应的理论看，这又是日食，又是不下雪，又是惊雷响的，妥妥的三证合一，铁证如山。就是皇帝无道，或者奸臣当道，得罪了老天爷，因此降罪天下。

不要小看了这种迷信的力量，我们一直说权力来自共识，像这种千百年来积累的共识，任何统治者都不能忽视。当年汉文帝可是因为一次日食，下过罪己诏的哦。

李治作为有神论忠实信徒，当然必须作出点反应。

于是，当年三月一日，李治赶紧下诏大赦天下，并且把年号改为咸亨。咸是全部的意思，亨是亨通的意思，顾名思义，这两个字就是请老天爷保佑大唐风调雨顺，百事百顺。

武则天也借机献忠心，立刻指示许敬宗递交了辞职报告。日偏食，问题在大臣，许敬宗作为当朝右相（中书令），你不辞职谁辞职。

但是，许敬宗辞职以后，大唐的天灾人祸仍没有一点消停的意思。

670年四月一日，吐蕃攻破龟兹，大唐废止安西四镇。

670年六月一日，日月再次合朔，又出现了日食。

670年七月三日，雍、华、蒲、同四州大旱。

670年七月十七日，薛仁贵兵败大非川。

天下赦了，年号改了，宰相辞了，老天爷还来顶级的警示，这说明啥？

问题不在大臣，而在皇帝和皇后啊。

所以，武则天二话不说，立刻向李治提交了辞职报告，请求避位。

瞧瞧武则天这拍马屁的手段多高明。去年日食，问题在大臣身上，那肯定是自己提拔的大臣有问题，而不是老公提拔的大臣有问题，所以许敬宗得辞职。

今年日食加旱灾，上天还在警示，那肯定是自己的问题，而不是老公的问题，所以自己必须辞职。

把好处留给别人，把困难与黑锅留给自己，这样的好同志、好老婆上哪里找去？所以，李治当然不可能同意武则天辞职，退一步说，如果武则天真辞职了，万一再来几次日食，谁背锅？

但是，这个锅又不能不找人背，否则李治绝对能被文武大臣们骂死。这个锅，还不能随随便便找个小人物去背，否则没人信啊。

就在李治为找背锅侠而头皮发麻的时候，武则天又一次勇敢地站出来，担起了背锅的重任：既然不是我的问题，那肯定是我的外甥贺兰敏之的问题。

贺兰敏之，武则天亲姐姐武顺的儿子。他出生于642年，从小就没了爹，所以一直和母亲武顺相依为命。在他十几岁的时候，武则天因为要和王皇后等人争宠，就把他妈武顺和他妹贺兰氏叫到宫中，因此他也经常到宫中玩耍。

后来，武则天看这小伙子长得帅又可怜，在自己的大哥武元庆死了以后，她就把贺兰敏之过继给了自己死去的老爹武士彟。

但令武则天想不到的是，她不是给老爹过继了一个外孙，而是给老爹过继了一个"隔壁老王"。

可能是因为他妈、他妹和他二姨（武则天）一起伺候李治的时候，贺兰敏之一不小心看见了不该看的东西，所以还没发育成熟，他就变得极为淫荡。

当时，他姥姥杨氏已经将近八十岁了，这俩相差六十三岁的祖孙，竟然好上了。武士彟要是地下有灵，知道给自己戴绿帽子的人是亲外孙，估计能气得再死一百回。

杨氏对贺兰敏之宠爱有加，比亲儿子都亲。贺兰敏之仗着杨氏的疼爱，更加有恃无恐，天天发挥丰富的想象力，到处拈花惹草。

武则天知道这种事情之后，虽然发自内心地恶心，但是也没办法干预，毕竟自己和李治的感情关系也比较狗血。于是，这一家人就这么稀里糊涂、和和美美地过上了日子。

但是，不久之后，武则天就对贺兰敏之起了杀心。666年，贺兰敏之他妹贺兰氏被武则天毒死以后，李治伤心不已，一边痛哭一边询问贺兰敏之原因。当时贺兰敏之估计也不知道到底是怎么回事，所以就跟着痛哭流涕，一句话也没有说。

这本来就是一件小事，但武则天听说以后，竟然疑神疑鬼地以为贺兰敏之已经怀疑了自己，就准备除掉他。不过武则天还算孝顺，看在老娘的面子上，始终没有对贺兰敏之下手，而这一等就是四年。

670年八月，也就是在出现日食和大旱的五六十天里，九十一岁的杨氏好巧不巧就死了。

正愁没有地方甩锅的武则天，虽然对母亲的去世感到非常伤心，但她再一次化悲愤为力量，顺道就把锅甩了过去。

而贺兰敏之在这段时间内，刚好来了一连串的"神助攻"。

武则天准备给她妈在龙门石窟造一座佛，贺兰敏之把造佛的钱贪了。

在给杨氏守丧的时候，贺兰敏之不但不哭，还叫上几个朋友，天天喝得不省人事。有一次酒喝高了，他竟然色从心中起，恶向胆边生，把李治和武则天给太子挑选的准太子妃强奸了。

还没有过几天，年仅五六岁的太平公主带着宫女们去杨氏府上办事，贺兰敏之又丧心病狂地把太平公主的随从强奸了（还有一种说法是强奸了太平公主，但我们采用《新唐书》的说法，因为他要是真强奸了太平公主，武则天肯定要把他活剐了）。

武则天听说之后，大喜过望加上大怒不已，就把这些事全部捅到了李治那里。

李治也惊呆了，活了几十年，本以为自己已经是最不顾伦理纲常的人，没想到还有比自己更过分的。这种人不往死里整，就没法证明自己有多伟大了。所以，他当即就下诏把贺兰敏之流放到了雷州（今广东），但是贺兰敏之还没走多远，武则天就派人在半路上把他弄死了。

就这样，武则天又一次顺利地渡过了政治危机，而且又一次得到了李治史无前例的信任。

如果有错，那肯定是自己人的问题；如果还有错，那就是自己的问题；如果再有错，那就是自己家人的问题。总之，所有的问题，都在自己这边，绝对不是老公家的问题。

男人喜欢的女人千奇百怪，有瘦有胖，有高有矮，但有一种女人，每个男人绝对都喜欢，那就是能帮助自己成功，而且不多管闲事的女人。

试想一下，像武则天这样参政但不乱政、有权但不专权的老婆，哪一个手握大权的男人会不喜欢？

但现实的吊诡之处在于，管得宽的女人对你往往是真爱，而一味迎合的女人往往对你另有所图。古代如此，现在还是如此。

所以，这也是武则天最后几次隐忍和背锅。随着李治身体的每况愈下，武则天的野心开始急剧膨胀。

七十八　费尽心机，李治血脉压制武则天

母亲杨氏死了，外甥贺兰敏之死了，心腹许敬宗退休了，武则天对李治的忠心表现得透透的，但是她自己却孤立无援了，因为以后有啥锅，再也没人帮她扛了。

为了尽快给自己找几个扛锅小能手，武则天不得不把武三思和武承嗣从老少边穷地区召到京城。

这俩小伙的老爹分别叫武元庆和武元爽，都是武则天同父异母的哥哥。但是这俩哥哥都不是啥好人——喜欢踹寡妇门，刨绝户坟。

当年武士彟死了以后，他们就天天联合起来踹继母杨寡妇的门。杨寡妇无奈之下，只好带着武则天姐妹三人离家出走，到长安当"长漂"去了。

这件事给小小的武则天心中留下了无法磨灭的阴影，所以她刚当上皇后，就把武元庆和武元爽兄弟俩分别贬到广西的山里看动物世界，贬到海南的三亚研究蚊子。没承想，这两人的身体素质很差，没过多久就病死在当地。

武三思和武承嗣虽然是俩坏蛋哥哥的儿子，但是毛豆子烧豆腐——好歹也是

自己人，没人可用的武则天只好这么将就着用上了。

不过李治和以前一样时刻压制着武则天，并没有给武三思和武承嗣多大的权力，一个做了右卫将军，属于禁军的头头；一个做了秘书监，相当于大唐的图书馆馆长。

至于许敬宗辞职以后的宰相位置，李治则全部换成了自己人，比如著名的大画家阎立本，以及后来反对武则天的郝处俊，都是在这个时期当上宰相的。

替老公背锅，不仅把亲人"背"死了，把宰相的位置也"背"没了，武则天当然一百个不愿意。如果是一般的女人，这时候肯定会一哭二闹三上吊，非让李治安排自己人当宰相不可。

但是，年近五十岁的武则天早已经参透了权力的真谛，她自始至终都没有向李治提出过安排宰相位置的要求。因为她深刻地明白，有些东西只能别人给，不能伸手要，否则就是别有用心。

正如那句话所说的："争是不争，不争是争，夫唯不争，天下莫能与之争。"

但是，就像永不称霸和积极有为并不矛盾一样，不争不抢并不代表没有作为。武则天虽然没有要求李治提拔自己人当宰相，但她却让李治提拔了一下自己。

按照一般的提拔程序，皇后的上面就是皇太后，武则天只有这一条路可以走。不过武则天想这样往上升，还有一点小小的困难，因为这需要李治提前退休，或者提前去和黑白无常斗地主，但显然李治一直都没有这样做的打算。

面对这道似乎无法破解的难题，武则天用她绝顶聪明的政治智慧，硬是在没路的地方开辟了一条康庄大道——改名。把李治的称号从皇帝改成天皇，把自己的称号从皇后改成天后。

现在看起来，这不过是一场自欺欺人的游戏而已，你就算是改成玉皇大帝、王母娘娘，对现实生活也没有一点影响。

但是，对古人来说，尤其是对统治者来说，天皇与皇帝、天后与皇后代表的意义就完全不相同了。

首先，最高统治者的名字可不是乱改的。夏朝老大称"后"，商朝老大称"帝"，周朝天子称"王"。战国诸侯擅自称王以后，把周天子尊为"天王"。秦始皇灭六国之后，认为自己"德兼三皇、功盖五帝"，所以自称始皇帝。

从秦始皇自称皇帝到现在将近一千年了，你现在要改名字到底啥意思？想和夏商周一样改朝换代？

另外，今天能开创先河称天后，明天就能开创先河称皇帝。惯例这东西，就是用来打破的，有了第一次，以后阻力就会变小。

其次，改名字还能释放出一个强烈信号，就是李治对武则天依旧深信不疑，虽然没有让武则天的人当宰相，但她依然是李治的贴心宝贝，所以李治愿意为她打破先例，不顾世人眼光。

最后，古人是非常迷信的，名字要与八字、五行相匹配，改名字就意味着改运气。"则天"两个字意思是"以天为法，治理天下"，所以武则天对这个"天"字格外迷信，认为能给她带来好运气。现在她准备让人称自己为"天后"，以后她当了皇帝，第一个年号叫"天授"，在洛阳建的一个大宫殿叫作"通天宫"。

至于迷信对不对，那就是另一个话题了。信者恒信，不信者看看就好。

确定要把皇帝、皇后改成天皇、天后以后，为了保证李治不会拒绝自己，武则天又把这份上市计划书好好包装了一下。

她把李治的七辈祖宗全给请了出来，要把他们追封为神皇帝、光皇帝、神皇后、德皇后等。总之，只要是牛气哄哄的称谓，一个不留地全用上了。

最后，才轮到了李治和自己。至于他俩为啥叫天皇和天后，她也给出了充分的理由——避讳。祖宗叫皇帝，你好意思也叫皇帝，不得避讳一下？

李治被武则天这么一忽悠，顿时也心动了。一分钱不用花，能给自己升级，能给祖宗长脸，还能哄老婆开心，一箭三雕的事为啥不干。所以，674年中秋节，李治就下诏把自己变成了天皇，把武则天变成了天后，大赦天下，改年号为上元。

没想到计划如此顺利，压抑了几年的武则天非常高兴。但她万万没有想到的是，一个更大的危机正在前方等着她，因为紧接着，李治就办了两件让武则天吃绿头苍蝇的大事。

当年九月七日，也就是武则天称天后二十多天之后，李治突然下诏恢复了长孙无忌的官爵，把他的尸体运回长安，陪葬在李世民的墓旁，并让长孙无忌的孙子长孙翼继承了赵国公爵位。

十五年了，长孙无忌的冤情终于得到平反，但对于武则天来说，这件事无异于晴天霹雳，当年可是自己一手整死长孙无忌的啊。

这到底是胡萝卜加大棒的帝王之术，还是李治准备踢开自己？前几天还很高兴的武则天，又一次陷入迷茫之中。多年隐忍的经验告诉她，越是在这种危急时刻，越不能着急，她现在唯一能做的只有等，等李治的下一步计划。

很不幸，她并没有等待多久。几个月后，李治就亮出了他的底牌。

第二年三月的一天，凌晨五点，朝会和往常一样如期举行。李治拖着疲惫的身体，听了两个小时的工作汇报，如哪里又有了旱灾，哪里又有人造反，哪里又需要增兵等。总之，烦心事一件又一件，听得他脑袋里嗡嗡直响。

好不容易熬到了七点，大臣们终于安静了下来。因为按照惯例，这时候皇帝就应该宣布下班，让大家去吃工作餐（廊下餐），然后回家睡回笼觉了。

可是今天李治却打算做个黑心老板，眼看时间已到，他不但没有宣布散朝，还扔出了一个重磅消息：朕的风疾（高血压）越来越严重，想让天后全权处理军国大事，不知大家意下如何？

此话一出，简直就像落下了重磅炸弹，刚刚还饥肠辘辘、昏昏欲睡的大臣们，瞬间像苍蝇一样吵成了一团。

虽然从十年前开始，大家就已经习惯了李治坐镇于前、武则天垂帘于后的二圣临朝模式，但是，朝堂之上好歹还有个帘子遮住武则天，并且朝政大权还掌握在李治手中。

如今皇帝还没有驾崩，却要把大权交出去，万一这浓眉大眼的女人造反怎么办？

退一步讲，太子李弘已经二十三岁了，李家的天下不交给太子，却要交给一个女人，以后天下还会是你李家的？

大臣们越来越激动，越吵越厉害，没过一会儿，朝堂就变成了菜市场。但让人感到意外的是，大家吵归吵，却没有一个人敢站出来，直接提出反对意见。

因为反对武则天的下场大家都已经看到了，长孙无忌死了，褚遂良死了，上官仪死了，反正是你李家的天下，崽卖爷田不心疼，爱怎么着怎么着吧，又不是不能过日子了。

看到这个场景，李治也有点儿蒙了。他本来只是想让大臣们陪他演一场双簧而已，自己充当好人，大臣们充当坏人。

当年杀哥哥的时候，他就是这么干的，他假装仁慈，让大臣们当坏人；杀长孙无忌的时候，他也是这么干的，他当好人，让许敬宗当坏人。现在突然没人愿意陪他演戏了，这实在让人有些尴尬。于是，他紧皱眉头，扫向了在座的几位宰相。

看着李治焦急的表情，宰相们自然明白他的意思，如果陛下真的是要把大权交给武则天，前段时间怎么会给长孙无忌平反？

但是，大伙依旧装作什么也没有看见，谁也不愿意当出头鸟。最后，还是年近七十岁的宰相郝处俊忍不住站了出来，逮着李治又是一通怼。为啥用"又"字呢？因为这位老大爷之前已经怼过李治好几次了。

当年李治要吃长生药，这位老大爷说，以前你爹吃胡人的长生药没有用，临死的时候，想治胡人的罪，但又怕被胡人笑话，这事你又不是不知道，你咋还想学你爹？

当年李治让俩孩子比赛谁的本领大，这位老大爷说，孩子那么小，性格还没有养成，应该培养推梨让枣，而不是争强好胜，以后兄弟不和咋办？

李治并不糊涂，自然知道郝处俊是忠臣，所以郝处俊越怼他，他就越给郝处俊升官。这次看到郝处俊又站了出来，李治悬着的一颗心终于落了下来。

郝处俊也没有辜负李治的期望，那张嘴就跟加特林机枪一样，突突突地直冒火星。

他先是从天道的角度，论证了不能把大权交给武则天：皇上理阳道，皇后理阴德，你把权力交给天后，就是阴阳不分，老天爷都不愿意。

然后他又从历史的角度，论证了不能让皇后临朝：当年曹丕专门发布命令，即便皇子年幼，也不许皇后临朝，就是为了避免出现东汉那样外戚专权的局面，你咋连曹丕都不如呢？

最后他又从祖宗的角度，论证了如果把大权交给皇后，就是不忠不孝：大唐的天下是你爷和你爹打下的，又不是你的天下，你只是传承皇位的中间人而已，你有啥权力把天下送给外姓人？

看到郝处俊敢这么怼皇帝，中书侍郎李义琰也义愤填膺地站了出来，举双手表示赞同。

这一番话虽然怼得李治很没有面子，尤其是最后几句，简直就是在打他的脸，但是李治仍然很开心。五个月之后，李治就把郝处俊升为中书令，一年之后，把李义琰升为正宰相。

下朝之后，李治装作很痛苦地向武则天坦白：小天啊，不是我不想给你权力，而是大臣们不愿意啊。但是，我实在扛不住了，等太子李弘的身体好一点，我把皇位禅让给他，咱俩好好养老得了。

绕了一大圈，原来在这里等着自己呢。武则天这才明白过来，原来李治是在下一盘巨大无比的棋。

他先是借助日食、旱灾等天机，把宰相全部换成他的人。接着他又顺水推舟，给武则天一根虚头巴脑的天后"胡萝卜"。后来又打出一套组合拳，先为长孙无忌平反，让大臣们看到他对武则天的真正态度。最后，假模假样地要把权力让给武则天，其实只是想借大臣们的嘴，实现最后的目的——为太子李弘接班铺平道路。

好一局请君入瓮，好一个借刀杀人。

虽然李弘是自己的亲生儿子，但是早已对权力走火入魔的武则天依然对此十分愤怒。

如果李治为帝，她可以借二圣临朝之机间接执掌大权；但如果李弘为帝，作为皇太后的她，根本不可能临朝听政。到时候，不仅李治和李弘不会允许，大臣们和李弘的太子妃也不会允许。如果就此丢掉权力，这二十年来的隐忍又为了什么？

所以武则天对此极其愤怒，极其不甘。但是，此时此刻就算打掉了牙，她也得往肚子里吞，因为弱者在强者面前，很多时候其实没得选。

不过和上一次将皇后变为天后一样，武则天隐忍之中，仍然选择了最卑微的曲线救国方式。既然宰相都反对自己，既然宰相里没有自己的人，那就想办法削弱宰相的权威吧。

很快，她就召集了一大批学士，如元万顷（就是李勣灭高句丽时，写檄文骂对方猪头，不知道守鸭绿江，结果被贬的那位仁兄）、刘祎之（未来的宰相）等人，让他们撰写《臣轨》《列女传》等书籍。

看这些书的名字就知道，这又是在拍李治的马屁。《臣轨》讲的是臣子爱国、忠君之道，《列女传》歌颂的是女子相夫教子、仁爱持家的品德，如《孟母三迁》就出自其中。

武则天的意思很简单，我知道你在防着我，其实你不用防，作为臣子，我忠君爱国；作为老婆，我仁爱持家。

不过以上只是表面的意思，武则天私下里还给了这批学士很多特权，例如特许他们从玄武门出入皇宫，因为玄武门在北边，所以他们又被称为北门学士。另外，她又密令这批学士参与议事，以分割宰相的权力。

这些小动作，自然没有逃过李治的眼睛。不过他并没有制止武则天，因为他从来没有正眼瞧过这群北门学士，你们议你们的事，我是永远也不会提拔你们的。

武则天又一次陷入了困局，无论她如何努力，无论她如何拍马屁，李治压制她的行为始终不变。

如果事情按此发展下去，李治的身体越来越差，太子李弘的身体越来越好，李治在活着的时候将皇位禅让给李弘，历史上就不可能有武则天称帝这回事了。

但历史的精彩之处在于，他总是不按常理出牌。就在武则天被一直压制，觉得大势已去，一切无法挽回的两个月之后，突然传来一个惊天的"大好消息"——太子李弘死了。

七十九　李弘暴死，是武则天杀害亲儿子吗

太子李弘，是李治和武则天偷情的结果，651年在感业寺里孕育，652年在皇宫中出生。

刚开始武则天很喜欢这个儿子，就是因为有了李弘，她才能在很短的时间内，从尼姑变成了昭仪，又从昭仪变成了皇后。当年，李治废王皇后的一个重要借口就是王皇后没有儿子，但是武则天有。

李治也很喜欢李弘，因为李弘简直就是李治的迷你版，也是一个性格温和的超级"暖男"。

李治很小的时候就知道孝顺很重要（好像大部分小孩都知道孝顺，长大后慢慢就变了），他曾对李世民说："孝就是始于孝敬父母，中于忠君爱国，终于修身养性。"这番话把李世民哄得极为开心。

李弘很小的时候也知道孝顺很重要，当老师给他讲《左传》，讲到楚国芈商臣杀了他爹夺取王位的时候，李弘一声接着一声叹息，大骂芈商臣太残忍，要求老师讲别的。

李治十几岁的时候，就知道宽容别人，他刚刚当上太子，就给李世民上书为被废掉的两个哥哥求情。

李弘十几岁的时候，也知道宽容别人，671年关中大旱，李治带着武则天到东都洛阳要饭吃的时候，让李弘监国。李弘突然发现老爹和萧淑妃生的两个女儿，竟然被幽禁了将近二十年，他十分震惊，急忙上书为两位姐姐求情，希望她们能嫁个好人家。

除此之外，李弘比李治还要更仁慈一些。当时唐朝连年打仗，年年征兵，李治规定没有在约定期限内报到的士兵，不问原因全部处死，并将他们的家人全部充官为奴。哪怕你生病了，腿瘸了，山洪暴发挡住去路了，也绝不会网开一面，这简直和当年的秦始皇有一比。

李弘知道后，认为这个制度很不合理，很不人性化，就要求老爹修改法律，兼顾实情，去掉连坐。

人们都喜欢像自己的儿子，李弘不仅像自己，还青出于蓝而胜于蓝，李治当然是喜欢得不得了。所以从李弘八岁开始，李治就特别注意锻炼他的执政能力，在之后的十五年里让他监国了七次。

但可惜的是，天不助唐啊，这么好的儿子偏偏遗传了李治有病的基因。

李弘从小身体就很弱，跟吉娃娃差不多，稍微长大一点，还没来得及得高血压，就不幸得了肺结核。那时候，肺结核可是不治之症。

到671年以后，李弘的病情已经发展到相当严重的地步，在最后几次监国时，他基本将国家大事交给心腹去做。

这种身体素质明显不适合当接班人，李弘要真当上了皇帝，以后大权估计也会旁落。

李治可能觉得这孩子身体素质即便再差，肯定也要死在自己后面，所以就有了我们前面所讲的，费尽心机为李弘接班铺路。

可惜啊，人算不如天算，仅仅两个月之后（675年五月），李弘就突然在洛阳的合璧宫绮云殿薨了。

关于李弘的死，史书上有三种不同的记载：

第一种以《唐历》《新唐书》和《唐会要》为代表，确定李弘是被武则天毒死的："从幸合璧宫，遇鸩薨。"

第二种以《唐实录》和《旧唐书》为代表，确定李弘是自己得病死的："太子从幸合璧宫，寻薨。"另外，《旧唐书》还附上了李治亲笔写的悼文，里面说李弘本来就有病，听说自己要将皇位禅让给他，一激动就哭了，一哭便旧病复发，死了："既承朕命，掩欻（chuā）不言，因兹感结，旧疾增甚。"

第三种以《资治通鉴》为代表，司马光也不确定李弘是怎么死的："时人以为天后鸩之也"，"《实录》《旧传》皆不言弘遇鸩"。

如今一千多年过去了，有人坚信《新唐书》认为李弘就是被武则天毒死的，原因大概有两个。

第一，671年李弘监国的时候，让萧淑妃的两个女儿改嫁，触犯了睚眦必报的武则天，所以武则天从此恨上了李弘。

第二，李治一旦禅让皇位给李弘，李弘必然要让自己的班底接权，武则天的权力就会受到影响，所以她狗急跳墙，残忍杀子。

也有人坚信李弘不是武则天杀的，原因大概有两个。

第一，后来徐敬业造反时，谋士骆宾王写了一篇《为徐敬业讨武曌檄》，里面到处给武则天泼脏水，说她杀了姐姐和兄弟、李治和老妈，"杀姊屠兄，弑君鸩母"，但是偏偏没有说杀儿子这件事。

第二，《唐实录》《旧唐书》成书较早，里面没有记载武则天杀李弘，成书较晚的《新唐书》却言之凿凿。《新唐书》参考的第一手资料肯定不如《旧唐书》多，所以《旧唐书》更可信。

说实话，以上两种分析，都挺有道理，因为都有史料佐证。但是也挺没道理的，因为用一种史料反驳另一种史料，说服力真的不太够。

所以，如果没有新的证据，他的死因肯定还会一直争论下去，大家觉得哪个可信就信哪个吧，没有对错之分。

下面，笔者简单说一下个人的看法：

笔者认为，武则天有杀李弘的动机，因为李弘如果登基，武则天的权力肯定会受到影响。

另外，武则天也能下得去手，因为这个女人极其自私，极其狠毒，属于那种"我死之后，管他洪水滔天"的人，堪称历史上的一朵大奇葩。后面我们讲到她滥杀自己人的时候，大家就会明白什么叫作蛇蝎心肠，什么叫作畜生不如了。

不过，尽管武则天有杀李弘的动机和心肠，但笔者认为李弘不是她杀的。这种说法听起来有点自相矛盾，但其实不然。

每个人都有发财的动机，但并不代表每个人真的会发财，因为不一定有那能力和运气。同样，武则天有杀李弘的动机，但不代表她会杀李弘。

咱们抛开史料不谈，只从医学和常识的角度看，就会发现武则天毒杀李弘这件事真的有点不靠谱。

古代的毒药并不像现在的毒药那样，可以做到纯度很高，无色无味，杀人于无形。

史书中所说的鸩，指的是一种毒鸟，据考证就是现在的蛇雕。这种雕喜欢吃毒蛇、蜥蜴等乱七八糟的玩意，所以古人认为它的羽毛有剧毒。谁只要被鸩的羽毛划拉一下，或者喝了它泡过的水，立马就会五脏俱烂，去地下见阎王。

但实际上，蛇雕根本没有毒，你就是一手拿着它的羽毛当扇子，一手往它的肉上撒辣椒和孜然，天天烤着吃也不会马上中毒，还会越吃越香，吃了还想吃。只要警察不抓你，一般人吃到八九十岁才会慢性中毒而死。

古人下毒，一般用的都是汞、砷（砒霜）等重金属，或者乌头、及已、钩吻（断肠草）等植物。但是由于古人提纯的技术不高，一般人吃了毒药不会立刻死，往往要折腾好几个小时甚至好几天才会彻底报销。例如据《唐本草》记载，断肠草这种药，听起来很厉害，但实际上吃了它的人一般七八个小时以后才会死去。

再例如，东汉的外戚梁冀，在毒杀九岁汉质帝刘缵（zuǎn）的时候，刘缵就折腾了好半天才死掉，并且他在死之前还把太尉李固召进宫中，让李固喂他喝水。但是梁冀害怕皇帝喝了水，一时半会死不了，所以坚决不给他水喝，汉质帝这才扛不住，过了一会儿死掉了。

李弘虽然身体弱，但谁也不能保证他吃了毒药，就会立刻死啊，万一没有马上死，折腾几个小时怎么办？

当时，李弘和李治都住在洛阳的合璧宫，哪怕只有一个小时，李治也肯定会知道自己的儿子要死了。那时候，李治到现场看见儿子一边喊着有毒，一边口吐白沫，你说武则天尴尬不尴尬？

再说了，人喝了毒药后，自己是能感受出来的，口渴、头疼、恶心，肚疼，李弘再傻也知道大喊几声有毒，而且身边的人都是他的心腹，闹出这么大的动静，这群人只要不是猪，也会知道太子是被毒死的。

医生又不傻，一个人是不是被毒死的，基本能看得出来。

宋代，法医鼻祖宋慈在《洗冤集录》里记载：

"凡服毒死者尸口、眼多开，面紫黯或青色，唇紫黑，手足指甲俱青黯，口、眼、耳、鼻间有血出……或有翻吐，或吐不绝，仍须于衣服上寻余药，及死尸坐处寻药物器皿之类……若验服毒，用银钗，皂角水揩洗过，探入死人喉内，以纸密封，良久取出，作青黑色，再用皂角水揩洗，其色不去。"

宋慈所说，在现代人看来，有很多不正确的地方。但这不能怪他，因为不是人家业务水平不行，而是因为现在毒药的种类实在太多了，很多人中毒以后并不像《洗冤集录》中所说的那样。但是古代也就有那几种毒药，人中毒后表现出来的样子大部分真如宋慈所说。

虽然当时还没有《洗冤集录》，但宋慈是在前人的基础上编写这部书的，而唐朝时候肯定已有这方面的相关记载。不然唐朝的御医都可以滚回家，吃干饭去了。

李治那么喜欢李弘，他突然死了，不验尸就下葬，基本没有这个可能。至于验尸官验不出来，基本也没有可能。所以，李治在亲笔写的悼文中说李弘是因为肺痨病情加重而死的，应该比较靠谱。

当然，以上只是笔者没有任何依据的猜想，只能作为参考，大家可以选择信或不信。

总之，李弘的死对李治来说，是极为沉重的打击。他在巨大的悲痛之中，用史无前例的哀荣表达了自己对李弘的思念，他把这个没有当过一天皇帝的儿子追赠为孝敬皇帝，并按照天子的礼仪将他葬在唐恭陵，让百官为之服丧三十六日。

慈惠爱亲曰孝，死不忘君曰敬，纵观李弘的一生，无愧于这个谥号。

因为李弘没有儿子，后来武则天还把孙子李隆基（也就是唐玄宗）过继给李弘当儿子，以续其香火。

但比起带给李治的悲痛而言，李弘的死对大唐而言更是巨大的损失，不仅让李治费尽心机下的一盘大棋化为乌有，还改变了大唐的权力结构。

从此之后，再也没有一个儿子能让李治放下所有的戒心，甚至萌生禅让的想法。随着身体状况的不断恶化，李治对武则天的戒心，终于开始慢慢放下；原来油泼不进的宰相位置，也被逼无奈地向武则天打开了一条缝隙。

大唐的忠臣以及皇族们，从这一刻开始，已经一只脚踏入地狱之门，而另外一只脚也将随着另一位太子李贤的被废而彻底沦陷。

武则天终将露出她真正的面目，没有任何争议地对亲生儿子亮起了屠刀。

八十　李贤被废，武则天又杀亲孙子

李弘死后，李治与武则天的第二个儿子李贤很快入主了东宫。

这时候李贤刚刚二十岁，与死去的哥哥相比，他不仅身强体壮，还极为聪明，《尚书》《论语》几乎过目不忘，从小就特别受李治的喜爱。

上等的出身加上高人一等的智商，造就了李贤颇为强势的性格，从小他就喜欢和人一争高低。十二岁那年，他和三弟李显比赛斗鸡时，还特意让十六岁的幕僚王勃写了一篇五百多字的战书——《檄英王鸡》。

没错，这里的王勃就是初唐四杰之一，写出"落霞与孤鹜齐飞，秋水共长天一色"的那个王勃。这篇战书虽然写的是斗鸡，但是文采飞扬，一气呵成。

年轻气盛的王勃，还在战书的结尾写了这么几句话：

"牝晨而索家者有诛，不复同于彘畜；雌伏而败类者必杀，定当割以牛刀。"

啥意思呢？里面包含了一个成语"牝鸡司晨，惟家之索"。这句话出自李贤过目不忘的《尚书》，表面意思是谁家的母鸡在清晨打鸣，谁家就要完蛋。从古至今，大家都拿它讽刺女人掌权。

如果放在平时，这句话也没啥大不了的。但是当时李治和武则天，刚刚杀了上官仪，又到泰山封禅了一圈，还搞出了二圣临朝。如此敏感的时刻，这句话的性质完全就不一样了。

斗鸡就斗鸡，斗的是公鸡，和母鸡有什么关系？你这不是在讽刺当局，又会是在干啥？

所以，这个战书被告发之后，李治大怒不已。可是他又不好意思说王勃是在讽刺自己。大唐不是大清，皇帝们对自己的文化还是很自信的，没有搞文字狱的传统。

最后，李治只好以挑拨二王相争为借口，把王勃逐出了王府。数年之后，王勃因为私杀官奴再度被贬。后来，他到如今的越南看望同样被贬的父亲，在回来的路上，不幸在南海溺水身亡，年仅二十六岁。

鸡没斗成，小伙伴先被斗没了，这个教训不可谓不深刻。可是李贤并没有领会父亲的意思，儒家思想早已经深入他的骨髓。在他看来《尚书》是圣贤之书，不会有错，牝鸡司晨就是祸国殃民的开始，尽管这只鸡是他妈。

在未来的日子里，他每次看到母亲对大臣们指手画脚，为了权力不择手段的时候，内心深处的厌恶之情就会油然而生。他不明白父亲为什么要把权力交给母亲，而不是哥哥、自己，或者弟弟们。随着年龄的增长，他的这种反感越来越强烈。

但无奈的是，他只是家里的老二，从出生的那天起，那个高高在上的皇位就是为病恹恹的哥哥准备的。他没有资格去质问父亲，也没有能力去改变这一切。他唯一能做的，就是等待。

675年，他终于等到了机会。

对于李治来说，李弘的去世是巨大的打击，二十多年的辛勤培育毁于一旦。但对于李贤而言，哥哥的死尽管令人悲痛，可也是一个难得的机会。

所以刚刚入主东宫，他就决定大干一场。他相信，自己的努力一定能够改变牝鸡司晨的局面，而这个机会，很快就来了。

李治刚把李贤立为太子，紧接着就把当朝的几个宰相，如刘仁轨、戴至德、郝处俊、李义琰等人全部挂上东宫的官职。随后，他就带着武则天到洛阳、汝州泡温泉去了，让李贤独自坐镇长安，大展拳脚。

从这些安排上，我们就能看出，李治的意思非常明确，就是让李贤尽快把宰相们培养成自己人，尽快锻炼执政能力，成长起来，为以后接班做准备。

李贤自然明白父亲的意思，他马上以彻底为老爹分忧的精神，全身心地投入工作。

在政治上，他培养皇族势力、打压外戚；在经济上，他坚持对外贸易、预防土地兼并；在文化上，他召集大批学者，注释范晔的《后汉书》。

在短短几个月的时间里，李贤的执政能力就得到了群臣和李治的五星好评。尤其是李治在看完加了注释的《后汉书》以后，对他更是大加赞赏，亲笔下诏称赞他：留心政务，抚爱百姓，尽心尽力，为人好善正直，是国家的希望。

一切都在掌握之中，一切都在向好的方向发展，李贤仰望苍天，豪情万丈。但他没有注意到的是，此时他的亲生母亲武则天已经露出了杀机。

虽说女子本弱、为母则刚，虽说母子之情是这个世界上最伟大的亲情，但我们不得不承认，当母子之情遇到权力之争的时候，就会像玻璃一样不堪一击。

不是亲情太淡薄，而是权力太迷人。

武则天作为一个权力欲极强的女人，自然不能允许儿子触碰自己的权力。你现在还是太子，就敢事事忤逆我，以后当了皇帝，岂不是要把武家的势力铲除净尽？

另外，你注释什么书不好，偏偏注释《后汉书》？

《后汉书》写的是东汉195年的历史，东汉最大的特点是啥？就是连续六位太后临朝，外戚势力大到杀皇帝、废皇帝跟玩儿一样，你注释这个到底什么意思？

更让武则天气愤的是，偏偏老公李治很喜欢这本书，明摆着就是两个同姓人在欺负一个外姓人。

很快，武则天就让北门学士编写了两本书送给李贤，一本是《少阳政范》，少阳是东宫的意思，政范是如何处理政事的意思，两者连起来，就是说老娘在政治上对你很不满，你得赶紧改。

另一本是《孝子传》，这个好理解，就是说你李贤不孝顺，竟然拿《后汉书》诋毁老娘。

李贤收到书之后，当然明白老娘的意思。但是他并没有把武则天的警告放在心里。在他看来，自己践行的是儒家思想，背后又有老爹撑腰，武则天根本拿他没有任何办法。

所以在接下来的岁月里，李贤依然我行我素，和以前一样，该拉拢的人就拉拢，该打压的势力就打压，完全没有顾及武则天的感受。

李贤的想法的确没错，如果他能像第一次监国那样抚爱百姓，尽心尽力，李治肯定还会继续支持他，武则天的确拿他一点办法也没有。

但他不知道，权力这种东西，就像毒品一样，会迅速地腐蚀掉每一个人，不只是母亲武则天，也包括他自己。

随着大臣和父亲的不断夸赞，随着手中权力的稳固，年轻气盛的李贤很快就被腐蚀了。

679年，天下再次大旱，关中米价翻倍，李治再次带着武则天离开长安，到东都洛阳就食（也就是要饭吃），令李贤留在长安监国。

危机之时，正是李贤好好表现的大好机会，如果他能像第一次一样，赈济百姓，安抚流民，圆满地完成监国任务，必将为他的执政之路再添一笔丰厚的资本。

但是他却找了一群狐朋狗友，天天和他们混在一起，白天看大戏，晚上混夜店。

当这些消息通过密探源源不断传到武则天耳朵里的时候，她大喜过望。四年了，终于等到扳倒亲生儿子的机会了。

随后，一条谣言开始在宫中迅速传播：李贤不是武则天的亲生儿子，而是武顺所生。

这条谣言的意图很明显，首先是要打破李贤的心理防线，让他在惶恐不安中继续犯错。其次是要堵住世人的嘴，为以后武则天痛下杀手做理论上的准备。

年轻的李贤这才意识到自己根本不是母亲的对手，很快他就真的怀疑起自己的身份，开始为自己的前途担忧，惶惶不可终日，进而犯下了更大的错误——私藏盔甲，准备自卫。

其实李贤大可不必惶恐，因为他不可能是武顺的儿子。

如果他是武顺所生，李治为何不愿承认？就因为武顺当时是个寡妇？

从现在的伦理道德上讲，的确有这个可能。但是放在唐朝，尤其是放在当时的老李家，娶人妻、娶小妈、娶儿媳都根本不算什么事儿，哪一样他们家人没有正大光明地干过？

当年李世民和自己的弟媳巢王妃（武则天的堂姐）好上了，生了李明。后来，李世民还想把弟媳转正，他也没有不好意思啊。而李贤和他叔叔李明的关系很好，后来李贤被废，李明还受到了牵连。

更何况李治都把小妈武则天娶了，再娶个寡妇又何妨？老爹不能办的事，自己能办，老爹能办的事，自己有啥不好意思办的？

再说了，如果李贤真是武顺的儿子，武顺也不会同意把儿子挂在武则天的名下。当时，武顺的女儿贺兰氏也在伺候李治，挂在自己名下如果李治觉得丢人，挂在贺兰氏的名下，李治肯定毫无心理压力。这样贺兰氏还可以借机转正，这么好的机会，武顺怎么可能错过？

姨和外甥女都是皇帝的老婆，别说放在开放的唐朝，就是放在任何一个王朝，任何一个皇帝，都不会有任何心理压力，大臣们也会觉得理所当然。

所以，隐瞒李贤的身世，完全是多此一举，李治不可能、也没必要这么干。

就在攻破李贤心理防线的同时，武则天又接连放出三个大招，对李治发动了心理战。

她先让人把李贤在长安看大戏、混夜店的所作所为，源源不断地汇报给了李治。

刚开始，李治并没有过于责怪李贤，年轻人嘛，好玩是本性，总不能因为孩子犯一次错误就废了他，更何况李贤还是太子。

但是，随着时间的推移，有关李贤的负面新闻越来越多，李治对李贤的态度也在悄然之间发生了变化。

就在这时，武则天又放出了第二招。

当时有个叫明崇俨的神棍，装神弄鬼很有一套。当年李治到泰山封禅的时候，有个刺史的女儿快要死了，看遍了所有的名医都没有用，而明崇俨一通跳大神就把她治好了。

李治正在为自己的高血压发愁，听说有这么一号人，大为高兴，就把他叫到了身边。两个人一通侃大山，王八看绿豆，还真对上了眼。

有一年夏天，李治酷热难耐，想来几口雪解解暑。明崇俨大概是掌握了先用硝石制冰，再把冰打碎变成雪的技术，不一会儿就给李治送来了一捧雪，并向李治吹牛说，雪是他跑到几千里之外的阴山挖来的。

李治没学过化学，所以被他唬得一愣一愣的，就把他升为正五品上的谏议大夫，并特令他侍奉左右。看来，真是学会数理化，走遍天下都不怕啊。

与一般的神棍不同，明崇俨还是一个有理想的神棍。当上谏议大夫之后，他还真的提出了不少建议，当然提建议的手段还是利用跳大神的方法，比如说，如果老天爷想让李治干啥，李治要不干，就会倒大霉。

随着病情的恶化，晚年的李治对鬼神这一套深信不疑，最后还和他爹李世民一样，吃起了长生药。所以，明崇俨说啥，李治基本就信啥。

对这么一个有影响力的人，武则天当然不会放过。很早以前，她就偷偷把明崇俨变成了自己的人。

养兵千日，用在一时。此时不坑儿子，更待何时？

随后，明崇俨就开始到处散播谣言，说他掐指一算，李贤就是一个混蛋，不堪继承大统，而他的三弟李显长得像李世民，四弟李旦面相最贵。

很快谣言就传到了李治的耳朵里，放在任何时候，无论谁说这种话，毫无疑问就是在挑拨父子关系，理应立刻被斩。但出人意料的是，李治听说之后，别说杀明崇俨，就是一点责怪的意思也没有。

心思缜密的武则天敏锐地捕捉到了李治态度的变化，开始放出她早已准备好的第三个大招。

就在此时，又一个惊天的好消息传了过来——明崇俨被人暗杀了。到底是谁杀了他？李治下令严查了几个月，也没有查到凶手，历史上也没有定论。

但考虑到作案动机，以及天衣无缝的作案能力，当时只有两个人能办到。第一嫌疑人是武则天，因为可以嫁祸给李贤；第二嫌疑人是李贤，因为杀人灭口，可以断祸根。

不管是谁杀的吧，反正最受益的人毫无疑问是武则天。她赶紧借此机会放出了第三个大招：李贤包养男宠赵道生。

唐朝不像汉朝，汉朝的皇帝包养男宠跟玩儿似的，而唐朝男女关系虽然混乱，但是对男宠一直很反感。当年，李承乾包养男宠称心，李世民就大怒不已，不仅将称心杀了，而且还连杀了东宫中的好几个人。

所以，李治知道这件事以后，和他老爹一样，也是大惊失色，简直不敢相信自己的耳朵。他立刻命令宰相薛元超、裴炎、高智周等人彻查此事。

从这几个人的配置来看，这时候，李治其实仍然不想废了李贤。

薛元超不仅是宰相，当时还是东宫左庶子，如果太子有罪，他也会受到牵连。而且在李治还是太子的时候，他就是李治的心腹了。

李治晚年曾感慨地对薛元超说过："我们年轻的时候，就已是君臣。如今三十多年过去，我们都老了……遍观史籍，君臣之间能终白首的人又有多少？"

高智周的政治立场不详，但是他与郝处俊、来济等人是好朋友。这两人我们之前讲过，都是坚定的反武则天一党。而且高智周当时已经七十八岁，审定李贤案以后就辞职不干了，所以他不可能诬陷李贤。

裴炎，680年刚刚被提拔为宰相，是谁提拔的不详。这人的政治立场有问题，李治死后，武则天夺取最高权力的时候，他是最大的帮凶之一。

但是，当武则天有称帝的苗头以后，他却是最强硬的反对派。这时候，他有没有投靠武则天，我们不得而知，但在李治看来，他属于自己人，因为李治死的时候选定的托孤大臣就是他。

可惜的是，李贤偏偏犯了错，被查出来一系列问题。

首先，李贤的男宠赵道生被人收买，谎称是他刺杀了明崇俨。

其次，搜查队在东宫马房里搜出几百具铠甲，这可不是诬陷，确有其事。

之前我们说过，古代无论是谁私藏铠甲，都是重罪。当年李建成私运铠甲，还不是私藏，就差点被废，现在李贤竟然私藏铠甲，而且还是在李治和武则天离开长安的敏感时期。

至此，纵有千百张嘴，李贤也难以逃脱谋反的罪名了。

看到这种结果，李治顿时血压飙升。作为一个熟读儒家经典的明主，他当然知道牝鸡司晨的祸端，可在过去的二十多年里，他的身体实在太差了。

他需要人帮助自己。儿子太小靠不住，大臣专权不敢靠，能帮他的只有武则天。为了权力，他不得不饮鸩止渴，走一步算一步。

如今儿子们都长大了，终于能替他分担了。五年前，他想提前禅位，可是大儿子李弘突然病死；五年后，他以为二儿子李贤已经可以挑起重任，没想到李贤不仅作风腐化，竟然还有了谋反的苗头。

他能怎么办呢？感性告诉他，作为父亲他得原谅李贤。可理性告诉他，作为皇帝他不能这么做。最后，他的感性战胜了理性，忍不住要原谅李贤。

但是武则天又将他的理性拉了回来："为人子心怀谋逆，应该大义灭亲，不能赦免。"

于是，李治只好一声长叹，于680年八月二十二日，将李贤废为庶人，幽禁在长安。并将收缴的铠甲在洛阳天津桥焚毁，借以昭告天下。

太子的大部分亲信也受到了牵连，其中有一个叫高政的人，因为他爷爷是高士廉，也就是李治他母亲的亲舅，当年李治还是太子的时候，高士廉曾经多次认真、细心辅佐过李治。所以，李治看在舅姥爷的面子上，就没有治高政的罪。

哪知道高政刚一回家，他爹拿起佩刀朝着他脖子抹了过去，他哥拿起刀子朝他的肚子捅了过去，他侄子又把他的脑袋割了下来，扔在了路边。

一家三口，光天化日之下，竟然能对亲人做出这种惨绝人寰的事情。李治听说之后，大怒不已，又把这杀人的爷孙三人全贬到了外地。

683年，李贤被幽禁三年之后，又被流放到如今的四川。第二年，他被武则天派去的丘神勣勒令自杀，年仅二十九岁。

他的三个儿子，下场也极其悲惨。长子李光顺，武则天称帝之后把他杀了。三子李守义，在不久之后病死了。只有二儿子李守礼，熬过血雨腥风，活了下来，但是也被囚禁了十几年。

唐玄宗李隆基登基之后，有人曾对他说，李守礼有观天之术，能够准确地预报天气。

唐玄宗非常好奇，就把他叫过去问其原因，李守礼答道：

"臣没有什么观天术。当年武后执政，臣因父亲章怀太子有罪，被幽禁宫中十几年，每年都要被打好几次，背上伤痕累累。现在一到快下雨时，脊背就会感到沉闷。而到了快放晴时，则感到轻健。臣是因为这样才能预知晴雨的，并没有观天之术。"

说罢之后，李守礼痛哭不已。

哎，我们除了一声长叹，还能再说些什么呢？

八十一　晚节不保，李治不顾百姓死活终驾崩

680年八月二十二日，太子李贤被废，第二天，李治和武则天的第三个儿子李哲（原名李显），就被立为太子。

和李贤刚刚被立为太子时一样，李治对李哲也是充满期望，当即就委派一批重臣去辅佐他。

但是，李治很快就发现，这个儿子与前面两个儿子的聪明伶俐很不相同。二十四岁的李哲堪称平凡一哥，不仅智商平庸，为人窝囊，还喜欢用公款吃喝旅游。

李哲的第一任老婆赵氏，是他太爷李渊的第十九个女儿的女儿，也就是李治的表妹，他的表姑。

表妹成了儿媳，姑姑成了亲家母，亲上加亲，李治非常高兴。所以，他闲着没事就经常往姑姑家跑，动不动就赏赐姑姑一点东西。

没想到，这件事竟然让武则天火冒三丈。她可能是觉得李治看上了自己的亲姑姑，所以就把所有怒气都撒到了儿媳赵氏身上。

从此以后，武则天每天都在李治面前说赵氏的坏话，例如昨天没问安，今天没端洗脚水等。

没过多长时间，武则天就以赵氏对自己不恭为理由，把赵氏废了，关进了女牢。至此，武则天还觉得没泄愤，又别出心裁地虐待了儿媳一番，让狱卒一天三顿只能给她吃生米和生肉。

结果可想而知，从小娇生惯养的姑娘哪里受得了这种虐待，没过几天，赵氏就被活活饿死在了牢中。李哲知道以后，也不敢替老婆申冤，转过身又娶了一个。

如果说这是李哲为了自保的委曲求全，那可是高看了他，因为这位仁兄在几十年后大权在握的情况下，依然很窝囊，到时候我们再详细讲。

赵氏的母亲常乐公主倒是一个很有血性的女人。后来武则天准备自立时，越王李贞起兵勤王，写信给常乐公主要求响应。常乐公主二话不说就同意了，而且还说了几句让众多李唐皇室后裔都为之汗颜的豪言壮语：

宗社所托，不舍生取义，尚何须邪？人臣同国患为忠，不同为逆。

后来李贞兵败自杀，常乐公主也被杀害。随后武则天又用改名大法，把她的姓氏改为虺（huǐ，一种毒蛇）氏。

不久之后，李治又带着武则天去洛阳游玩，让李哲在长安监国，想锻炼一下他的执政能力。结果李哲没有了管束，立刻放飞自我，上班迟到，下班早退，吃喝嫖赌变着花样折腾。

看到儿子如此不堪，李治一口老血差点喷了出来，对李哲彻底死了心。但是时间和精力都已经不允许他再废掉一个儿子了。

因为这个时候，李治已经被高血压折磨得死去活来。没有人能保证老四李旦不是个混蛋，也没有人能保证李治还能再活几天。所以，他不得不把最后的希望寄托在武则天身上。

在过去的三十年里，这个女人对自己忠心耿耿，如影随形。作为皇后她爱惜百姓，上书建言十二事，提倡节俭、劝课农桑。作为女人她乖巧懂事，打压外戚，编纂《外戚训》《列女传》。国家大事，她处理得妥妥当当，文武百官，对她服服帖帖，帝国在她的帮助下蒸蒸日上。

最重要的是，武则天此时已经是一个年近六十岁的老人，即便李治死后，武则天做吕后第二也无大碍，过几年她挂了，权力还是李哲的。

所以，在生命最后的几年里，李治一改提防武则天专权的态度，开始为自己死后武则天能够顺利掌权做铺垫。

李治先是用各种理由，把明确反对武则天的宰相郝处俊、李义琰罢免了。还记得这两个人吧？当年他们因为坚决反对李治把大权交给武则天，而被李治相继提拔重用。现在李治却把他们全部罢了官，这意思显而易见，天要变了。

682年，李治又把一些四品官员提拔为宰相，如郭待举、岑长倩、郭正一、魏玄同、刘景先等人。

唐朝的宰相原来只允许三品官员担任，名叫同中书门下三品，如今把四品官员也提拔上来，主要目的就是要稀释老宰相们的权力，让武则天有足够的权威控制他们。

但是为了防止老宰相们对此不满，李治就给这群人起了个新名字——同中书门下平章事。从此以后，这个头衔就逐渐代替同中书门下三品，成为真正的宰相。

随后，李治又把废太子李贤流放到巴州（今四川），以防止自己死后，李贤在京城作乱。

这三招搞下来，大家基本都看出了李治的心思，更何况那些久混官场的老油条。所以，从此以后，大部分宰相开始放弃所谓的忠义节操，向武则天身边靠拢，反正是你李家的天下，你爱怎么着就怎么着吧，伺候吕后第二总比让自己断后强。只有小部分死硬分子仍然坚持信仰，作了最后的抵抗。

有一天，已经八十岁高龄的宰相刘仁轨拄着拐杖，巍巍颤颤地陪同李治去参观一座新竣工的宫殿。刚刚进入宫殿，李治还没来得及欣赏，刘仁轨看见了几面镜子，就大喊一声，腿也不拐了，手也不颤了，拐杖一丢，撒丫子就跑了出去。

李治被吓了一大跳，以为刘仁轨在镜子里看见了鬼，提起龙袍就赶紧往外跑，问他到底咋回事。

刘仁轨这才拐弯抹角地说出原因：空中没有两个太阳，地上没有两个皇帝，我刚刚看见了好几个天子，觉得十分不祥。

面对这种别具一格的劝谏，李治长叹一声。许久之后，他终于后悔了当初的错误决定。是啊，地上真不应该有两个皇帝，那就把殿中的镜子全拆了吧。

刘仁轨一听，被李治的装傻充愣搞得哭笑不得，从此以后心灰意冷，再也不劝李治一句了。

良言不劝该死鬼，慈悲不渡自绝人，既然你自绝于路，那也就只能这样了！

682年春天，原本富饶的关中平原，又一次发生了大规模的旱灾，干燥的环境有利于蝗虫的繁殖，所以大旱之后又有了蝗灾。农民颗粒无收，开始吃草根、树皮，甚至老鼠，而老鼠又是各种病菌的宿主，所以在蝗灾之后又发生了瘟疫。

三种灾害接连而至，关中的米价没几天就暴涨几十倍，到了四百钱一斗（李世民时为五钱一斗），一时间饿死在路上的百姓从长安排到了洛阳。没饿死的人也开始自相残杀，或者易子而食。

李治和武则天作为一代明君，十分心疼百姓，不愿看到如此惨状，所以转过身就跑到洛阳，眼不见心不烦，死哪都行，别死在自己眼前。

到达洛阳以后，他们也没有全力赈灾，而是让人在嵩山以南大兴土木，建了一座奉天宫。准备在宫殿建成之后，就到嵩山举办封禅大典，以告太平于天。如果嵩山封禅顺利，那就继续封禅，直到封遍五岳为止。

功夫不负有心人，李治置百姓于不顾，一心只想告诉老天爷自己有多牛的虔诚，终于感动了苍天。

第二年冬天，李治带着武则天从洛阳出发，一路上旌旗招展、锣鼓喧天地到达嵩山南麓的奉天宫，准备热热闹闹地筹备次年的封禅大典。

老天在这时候终于开眼了——你也不用搞封禅这一套，直接上天喝茶得了。

原来还颇有精神的李治，就在这个时候突然病情急剧恶化，甚至到了失明的地步。

御医秦鸣鹤见状，拿起大针就往李治的脑袋上招呼了两下，李治这才慢慢地恢复了视力。但是，放血疗法只能缓解一时，却不能将李治从鬼门关拉回来。

趁着最后的力气，李治急忙下诏，停止封禅嵩山，废除奉天宫，匆匆忙忙往洛阳狂奔。十一月二十四日，李治终于在临死之前返回洛阳，十几天之后，就死在了贞观殿，享年五十六岁，谥号"天皇大帝"。

关于李治，两唐书的作者都给予极负面的评价。《旧唐书》说他："古所谓国为一人兴，前贤为后愚废，信矣哉！"

《新唐书》更是毫不客气地说他："以太宗之明，昧于知子，废立之际，不能自决，卒用昏童。"这里的"昏童"指的就是李治。

但是不知道大家有没有发现，他并不是一个昏庸的皇帝。虽然与李世民相比，他无论是在政治方面还是军事方面都有很大的缺陷。但是，古往今来的数百个帝王，又有谁能够与李世民相提并论呢？

如果与一般的君王相比，李治甚至可以称得上一代雄主。

他杀功臣，并不是因为昏庸才杀，而是为了争夺权力，而且他并没有大开杀戒，而是将杀戮控制在了较小的范围之内。

他用奸佞，并不是因为不辨是非而用，同样也是为了权力，而且他没有放任奸臣横行，而是将危害控制在了较小的危害之中。

如果抛开权力斗争，只看文治武功，他的成绩完全配得上辉煌二字。

在他统治大唐的三十四年里，唐朝的名臣良将层出不穷，苏定方、刘仁轨、裴行俭、薛仁贵个个堪称人杰。在他们的开拓之下，唐朝灭西突厥、定百济、平高句丽，把疆域史无前例地扩展到了一千两百多万平方公里，至今为后世所傲。

唐朝的人口也从一千多万爆炸式增长到三千万左右，百姓们虽在大灾之年困苦不堪，甚至自相残杀易子而食，但在平常的岁月里，还算安居乐业，并没有发生过大规模动乱。

可以说他在最大限度上延续了大唐帝国的强盛与辉煌。如果他能多活几年，或者武则天早几年离世，笔者相信，史书上对李治的评价超越文景不在话下，甚至还会将他作为典范流传于后世。

可惜的是，他的丰功伟绩全都毁在了武则天的手里，但这一切又能怪他吗？

谁能想到，在古代那种糟糕的医疗条件下，一个六十岁的女人还能再活二十二年？

谁能想到，在天天宣讲忠孝仁义的年代里，一个母亲会杀儿子、废儿子，不择手段？

谁能想到，在重男轻女如此严重的封建社会，一个女人会石破天惊、悍然称帝？

谁也想不到，不仅李治想不到，甚至一千多年后的我们，也会为武则天的种种暴行而感到不可思议。

李治也许不是一个好人，也许不是一个好皇帝，但放在守成之主里，他绝对是一个有作为的皇帝。他的一生，或有遗憾，但也足矣！

八十二　废帝杀子，武则天独揽大权

李治驾崩后留下的遗诏大概是这样的：太子李哲在他灵前即位，宰相裴炎为顾命大臣，军国大事有不决者，兼取天后进止。

从遗诏里就能看出，李治生前的脑海里一定有这么一个母慈子孝的画面：寂静的深夜里，皇宫深处一盏孤灯，皇帝李哲坐在案几旁边处理着宰相裴炎递交上来的奏折，如果遇到困惑不解的地方，武则天就像普通家长辅导儿女写作业一样，在一旁耐心地教导。

但李治显然低估了这位跟随他三十多年，天天把烈女、贞洁、忠诚挂在嘴边的女人。

从尼姑到天后，从泰山封禅到二圣临朝，随着权力的增长，武则天的野心早已膨胀到无边无际的地步。她要的早已不是藏在幕后垂帘听政，而是站在台前发号施令，让天下之众跪服于她的脚下。

虽然坐在龙椅上的将是她的亲生儿子，虽然她已经是一名六十岁的老妪，虽然从后面发生的事情来看，她清楚地知道，想要登上帝位，就得杀人无数，而且百年之后还要将帝位重新传给儿子，但这一切的一切，她都完全不在乎。

她的心，早已经死了。也许是在哥哥们将她赶出家门的那一刻死的，也许是在被李世民冷落的十几年里死的。从外表上看她虽是一个女人、一位母亲，但私下里，她早已把自己当成了一名冷血的帝王，如今她要做的，就是把梦想变成现实——踏着无数人的尸体，向那个近在眼前却远在天边的帝位攀登。

如果大臣反对，那就杀掉大臣；如果儿子反对，那就杀掉儿子；如果天下人反对，那就杀掉天下人。

一幕幕历史惨剧，就此上演了。

我们经常说中文博大精深，一句相同的话，在不同场景，甚至从不同人的嘴里说出来，都完全不是一个意思。例如"我喜欢一个人"和"我喜欢一个人"，文字一模一样，但很有可能是两个意思。前者可能是我喜欢上了一个人，后者可能是我喜欢一个人生活。

这种博大精深固然很好，也很有意思，但有时候这种意思就没那么有意思了。例如李治遗诏里的那句："军国大事有不决者，兼取天后进止。"

什么叫作"有不决者"？

在李哲看来，自己搞不定的事情才是"有不决者"，才需要向武则天请教。

但在武则天看来，只要大臣和李哲意见不同，哪怕这样的大臣只有一个，那就是"有不决者"，她就可以拍板定论。

尽管武则天的解释，大概率不是李治要表达的意思，但是也能完全解释得通，反正李治已经死了，真理只掌握在强者手中。

所以此时此刻，武则天只要搞定大臣，她就能名正言顺地独揽大权。幸运的是，顾命大臣裴炎，刚好就站在了她的身边。

在隋唐时期，能当上大官的裴家人，基本是河东裴氏出身，裴炎也不例外。与一般的富二代不同，裴炎为人非常低调，而且勤奋好学。

少年时，裴炎因为出身高贵，早早地就被送到了弘文馆学习，这地方我们在前面提到过好几次，就是唐朝专门为权贵子弟办的贵族学校，毕业后包分配，不用科举考试就能直接当官。

在这种环境下，学习氛围可想而知，大部分学生都是上课睡觉、下课打牌，晚上相约去酒馆划拳。可裴炎是个例外，同学们在酒馆挑灯夜战的时候，他坚持在教室里挑灯夜战。

功夫不负有心人，很快，他的这种学习精神，就打动了世界上最神秘的部门——有关部门。

有关部门领导还没有等他毕业，就要把他直接录取。幸福来得如此突然，如果是一般人，早就扔下书本高高兴兴赴任去了。但是裴炎做了一个惊人的举动，他表示自己学业未成，不能当官，转过身就又钻进课本里学习去了，而且这一学就是整整十年。

毕业之后，本来可以直接当官的他，再一次不走寻常路，非要去参加科举考试。等到考中明经，他这才心满意足地去当了一个小官。经过几十年的摸爬滚打，他终于在680年被任命为宰相。刚刚当上宰相，他就审理了太子李贤谋反案，把李贤废了。

从以上经历可以看出，裴炎是一个有一定节操，但又自视甚高、极端自负的人，他不愿意和纨绔子弟们同流合污，不喜欢按套路出牌，也不怕得罪权贵，只愿意按照内心的想法去实现自己的抱负，至于其他人怎么想，他并不在乎。用现在流行的话说，他是一个不折不扣的理想主义者。

很不幸的是，李哲就是理想主义者最不喜欢的人物，一个标准的纨绔子弟，自从当上太子，他就没干过什么好事。所以尽管辅佐了他三年，尽管他马上就要成为皇帝，裴炎依旧很不喜欢他。

李治驾崩后的第三天，裴炎突然上书扯了一套鬼都不信的理论：李哲即位以前，名义上还是太子，不适合发布诏令，军国大事应该由武则天全权处理。

李哲为啥没有立刻即位？因为老爹死了以后，儿子立刻称帝显然不太好，所以按照古代的传统，老皇帝死了，太子得服丧几天，才能选一个好日子即帝位。但是同样，按照古代的传统，太子即位以前，国家大事也应该由太子说了算，而不是皇后。

裴炎的这道上书，等于硬生生地剥夺了李哲的权力。作为顾命大臣，竟然能说出这种大逆不道的话，如果不是看在他以后反对武则天，并且以死相搏的份上，我们完全有理由给他戴一顶大奸臣的帽子。

武则天之前虽然也是大权在握，但有两个不足之处：一是对军队的控制一直非常薄弱；二是在法理上，她只是皇后，李哲登基之后她就应该交出权力。

现在裴炎的这道上书，把这两个问题全部解决了。

首先，当时最能打的名将之一程务挺是裴炎的人。当年裴行俭打东突厥的功劳被裴炎安在了程务挺的身上，所以，这两人关系非常好。

其次，裴炎与李哲不和，符合李治遗诏中所说的"有不决者"，谁再反对武则天就等于大逆不道。

另外，裴炎的上书也向外界释放了一个明确的信号：文武大臣都已经达成屈服武则天的共识，大家别想趁乱折腾了。

就这样，武则天轻而易举地夺取了大唐帝国的最高权力。几天之后，李哲才在李治的灵前正式即位，但那个时候，他已经变成了一个彻头彻尾的傀儡。

尽管已经掌握了最高权力，但是武则天没有安心，因为她清楚地知道，按她现在对帝国的把控程度，当皇太后绰绰有余，但是想当皇帝，还有很长很长的路要走。所以紧接着，武则天又连续放出三个大招：

第一招，安抚反对派。

武则天把李渊还活着的几个儿子全部安上了三公的官衔，又把反对她的刘仁轨提拔为左仆射（尚书省老大），并且特意写了一封信，把刘仁轨比作汉朝的萧何。

刘仁轨机灵得很，他早就察觉到武则天的意图，所以在接到信以后，拒绝了武则天的封赏，表示自己年龄太大，做不成萧何。同时，他又回了一封信奉劝武则天不要做吕后。

武则天看到信之后，大怒不已，但奈何刘仁轨威望太高，没有办法大开杀戒，所以只得打碎了牙往肚子里吞。她不但没有责怪刘仁轨，还写了一封信，在信中"真诚"地作了自我批评，并表扬了刘仁轨的忠诚，最后还让侄子武承嗣亲自把信送到了长安。

看到武则天如此"真诚"，刘仁轨只好接受了任命，并且暂时相信武则天。

第二招，提拔自己人。

武则天的侄子武承嗣被提拔为同中书门下三品（宰相）。

帮助武则天掌权的裴炎被提拔为中书令，并且把政事堂从门下省迁到了中书省。

笔者来解释一下政事堂、门下省和中书省都是什么部门，不然很多人可能不明白武则天这个安排有什么深意。

政事堂就是唐朝宰相们讨论国家大事的地方。以前唐朝的宰相讨论国家大事都在门下省，等门下省批准了再去执行。现在武则天把政事堂搬到中书省，自然就大大加强了中书令的权力。

第三招，防止各地趁机捣乱。

控制住朝堂之后，武则天又派出四名心腹，分别前往并州（山西）、益州（四川）、荆州（湖北）、扬州（江苏）等四大都督府，名义上是替四位都督分担一下工作压力，实际上就是在监视四位都督的同时，瓜分他们的权力。

如此一来，从中央到地方，从朝堂到军队，全都牢牢掌握在武则天的手中，而剩下的事情，就是如何处理那些反对派了。

但让武则天始料未及的是，第一个站出来反对她的，竟然是被她视为窝囊废的儿子——刚刚当上皇帝的李哲。

武则天全面掌权以后，摆在李哲面前的，其实只有两条路。

第一条是暗中培养自己的势力，等待时机发动兵变，该软禁的软禁，该杀的杀，最后用暴力夺取大权。

第二条就是像当初死老婆那样一忍再忍，反正武则天已经六十岁了，忍到武则天去世就行了。虽然忍者很窝囊，但是做大事的人，在力量渺小的时候，不都得卑贱地活着？

但是一向窝囊的李哲偏偏在这个时候选择了最有骨气，但是也最没有用的一条路——"硬"刚。

面对老娘和顾命大臣裴炎的联合"绞杀"，李哲很快就作出了强硬但无力的反应。

他把自己老婆的亲戚韦弘敏提拔为同中书门下三品（宰相），把老丈人韦玄贞从普州参军提拔为豫州刺史。

武则天和裴炎对此并没有作出反应，因为一个宰相和一个刺史并不会闹出什么大事，所以他们也就默认了。

可是没过几天，李哲又要把老丈人提拔为侍中，也就是门下省老大。

这一次，裴炎终于坐不住了，因为按照程序，侍中有否决中书令的权力。一旦皇帝的老丈人当上侍中，裴炎肯定没有好果子吃。

裴炎找到李哲，很强硬地表达了自己的态度：在短时间内将八品参军提拔为三品侍中，不合程序，不能执行。

李哲的态度更加强硬，表示我是皇帝我怕谁，既然你说不合程序，那我就把程序改了。

双方就这么你一言我一语地杠上了，谁也不肯退让一步。

最后还是年轻气盛的李哲忍不住了，他用尽全身的力气对着裴炎大喊了一句："我就是将天下交给韦玄贞也无不可，更何况是一个小小的侍中！"

此话一出，原来还热火朝天的大殿内瞬间变得格外安静。裴炎惊呆了，这才意识到，自己是在和皇帝说话。自己的权力再大，那也是臣子，如果哪一天武则天突然去世了，李哲收拾自己还是轻而易举的。

顿时，裴炎的额头上渗出了几滴豆大的汗珠。但是转念一想，他又露出了一丝不易察觉的微笑。只见他迅速退出大殿，火急火燎地把这件事添油加醋地汇报给了武则天。

武则天一听也惊呆了，当然，她不是为儿子有这种惊人的想法而惊呆的，而是为惊喜来得太突然而惊呆的。正不知道下一步该怎么树威呢，儿子就给自己提供了一个这么好的机会。随即，一个惊天的阳谋就在她的脑海中闪现出来——废掉李哲，再立新君。

684年二月六日，武则天把文武百官都召集到乾元殿。李哲像往常一样，正准备坐上龙椅继续当他的傀儡。

但是他刚刚坐下，中书令裴炎，中书侍郎刘祎之，羽林将军程务挺、张虔勖就带着大队人马闯进了大殿。还没等大家反应过来，裴炎就直接宣布了废李哲为庐陵王的诏书。

李哲和在座的文武百官全都大惊失色，他们万万没有想到，一个当了五十五天皇帝的人，竟然只是因为说错一句话就被废掉了。霍光当年废帝的时候，起码还公布了刘贺的一千多条罪行，虽然这些罪行大部分都是胡扯，但起码表面上的理由很充分。现在，武则天和裴炎连理由都懒得编，可见有多嚣张。

随即，李哲在战战兢兢之中被贬出了长安，软禁于湖北长达十四年之久。

被废者的余温还未散去，第二天，武则天又把第四个儿子李旦立为新一任皇帝，为了防止李旦血气方刚，也跑出来反对自己，武则天直接把李旦软禁在宫中，不允许他参与任何政事。

处理完京城的两个儿子之后，她突然想到了远在巴州（今四川）的李贤，两天之后，她便让丘神勣火速赶往巴州，逼死了年仅二十九岁的二儿子李贤。

李贤三月自杀，武则天四月收到消息。为了彰显母爱，她在洛阳显福门为李贤举办了一场隆重的葬礼以示哀悼，并将丘神勣贬到了外地。但是不久之后，丘神勣又被叫回京城官复原职。七年之后，丘神勣因为被人诬告谋反，终于被武则天所杀，也算是有了一点点报应吧。

将三个儿子的事情全部搞定之后，武则天这才想起了已经死去半年的老公李治。当年五月，李治的灵柩被运回长安。八月，估计已经烂到只剩下皮包骨头的李治，终于被葬入乾陵。

就在李治下葬的时候，武则天为他写了一篇被后世称为真爱的哀文，其中有这么两句：肠与肝而共断，忧与痛而相寻。

八十三　武则天强力平叛（一）：忠臣名将先被杀

李治坟头上的土还没有干透，九月，武则天便在全国范围内进行了大规模的改革，其中主要内容就两个字：改名，把中华大地改成天上人间。

她把东都洛阳改成神都，也就是神仙们的首都。把尚书省改成文昌台，把中书省改为凤阁，把门下省改为鸾台，把吏部改成天部，把户部改成地部，把礼部改成春部，把兵部改成夏部，把刑部改成秋部，把工部改成冬部……

知道的人，明白这是武则天时期的官府；不知道的人，估计还以为这是在看《西游记》，讲的是玉皇大帝的天庭。

不过你要说武则天是在胡改吧，她这个六部是按照两汉时期成书的《周礼》改的，而且也有点意思。例如把户部改为地部，农民和土地有点联系；把刑部改成秋部，秋风萧瑟，秋后处斩，也有点联系。

不论怎么改吧，新人新气象，对大唐官员和百姓来说，除了拗口一点外，其实也没什么，所以这项改革很快就落地了，也没有人投票反对。

但有句老话说得好，人的欲望总在不断膨胀。看到大家都默不作声，武则天就想百尺竿头——更上层楼了。改名这事还没过去几天，她就要把她的七辈祖宗全部追封成王，并为他们建立七庙。

这是一个非常危险的信号，因为自从刘邦与群臣定下白马之盟，约定非刘氏不得称王以后，历朝历代的统治者基本不会允许外姓称王，除非灭不了对方，或者赏无可赏，鼓励对方积极篡位。例如曹操的魏王，司马昭的晋王。

这个七庙更可怕，因为古代只有皇帝才可以建立七庙。《礼记》中说："天子七庙，三昭三穆（三世、五世、七世为穆，二世、四世、六世为昭），与太祖之庙而七。"

武则天现在既要给祖宗封王，又要立七庙，就等于是在额头上装了一个LED大灯，写着"老娘要称帝"。

几个月前帮助武则天独掌大权的顾命大臣裴炎，这时候才意识到自己当初犯了一个多么大的错误。

他帮助武则天掌权，冒着万夫所指的风险废立皇帝，不是因为对武则天有多忠诚，只是因为他不喜欢李哲那个纨绔子弟而已。

他年少时日复一日挑灯夜读，他为官后两袖清风不图享乐，他的心中只有理想和抱负。尽管我们不知道他的理想是什么，但可以肯定的是，他是一个可以为了理想赴汤蹈火、在所不辞的人。如今，理想的把手还没有看到，自己当初所拥戴的女人，却已将现实打得粉碎。

所以，当所有大臣对武则天封王建庙的行为噤若寒蝉的时候，裴炎第一个站出来反对。

他和刘仁轨一样，也把吕后请了出来，告诫武则天千万不要学吕后，不然历史会重演，弄不好全家都要跟着倒霉。

武则天一听就乐了，当什么吕后，她要当的是皇帝，史无前例的女皇，吕后怎么可能和她相提并论。另外，她当然知道吕家人的悲惨结局，可这和她有什么关系呢？她要的只是生前的荣耀，哪管死后洪水滔天。

所以，武则天直接把裴炎的劝告晾在一边，一副谁再劝就给谁颜色看的架势，王照封，庙照建。

看到武则天如此决绝，裴炎算是彻底意识到了问题的严重性。如果任由武则天一意孤行下去，别说理想要化为泡影，恐怕自己还要成为千古罪人，遭到子孙后代的唾骂。

在经历了百般自责与万般懊悔之后，一个大胆的计划开始在裴炎的心中酝酿。他派人查清了未来几天武则天的出行路线，并联系了一群仍然效忠李唐的武士，决定在武则天出游龙门石窟的时候发动兵变，逼迫她还政给皇帝李旦。

当一切都安排就绪之后，裴炎长长舒了一口气。在武则天的严密监视之下，裴炎搞出如此大的阴谋竟然没有泄露，不得不说他是个心思缜密的人。

可是裴炎还是把事情想得太简单了，一个谁也无法预料的意外，让他的所有计划都化为了泡影。

就在武士们埋伏好以后，原来晴空万里的天空突然乌云密布，连续下了几天大雨，武则天不得不取消了游玩龙门的出行计划。

老天爷的突然变脸，救了武则天一命，但也断送了裴炎以及大唐的所有希望，因为几天之后，武则天就加强了警戒。不是武则天察觉到了裴炎的兵变计划，而是扬州有人举兵十几万造反了。

造反的这个人叫作李敬业，是初唐第二名将李勣也就是徐茂公的长孙。

李勣的长子死得早，所以李敬业就继承了英国公的爵位。在武则天掌权的这段日子里，他不知道为什么得罪了武则天，被贬为柳州（今广西）司马。

本来天天在洛阳喝牛肉汤，现在却要去柳州吃螺蛳粉，一般人还真受不了啊，李敬业自然也不例外。

当他顺着大运河到达扬州的时候，刚好碰到了几个同样因为得罪武则天而被贬的同事，这其中就有大名鼎鼎的初唐四杰之一——骆宾王。

骆宾王七岁能写诗，堪称文学上的天才。但是他政治上却很不敏感，当官之后经常上书讽刺武则天。李治活着的时候，觉得他是个人才，天天帮自己骂媳妇挺好的，就把他提拔为长安主簿。

武则天上台之后，自然不能饶了这种人，所以立刻就把他贬出了京城。

同是天涯沦落人，相逢一看"老相识"。

这群人在扬州河畔喝完酒之后，纷纷抱怨起了武则天的狼子野心。大家越讨论越激烈，越激烈越生气，也不知道哪位老兄首先提出了造反的意见，其他几位兄弟估计也喝高了，想也没想，抢起酒瓶子就嚷嚷着开始干吧。

这群人的酒风还是挺好的，第二天彻底清醒以后，也没有一个人装屄，还真就干了起来。不久之后，他们又把监察御史薛仲璋拉下了水。这个人不重要，但是他的舅舅很厉害，那就是准备发动政变的裴炎。

薛仲璋给武则天写了一封奏疏，要求出使扬州替她分忧。武则天一看，这是裴炎的外甥，属于自己人，就批准了。

薛仲璋火急火燎地赶往扬州之后，以谋反的罪名把扬州长史关了起来。扬州官员一看是裴炎的外甥，而裴炎又是武则天的"死党"，自然不敢说什么，就乖乖照办了。

几天之后，李敬业突然现身扬州，谎称高州（今广东茂名）酋长准备谋反，自己奉武则天的密令担任扬州司马，特来调兵遣将，率军出征。

扬州官员一看，李勣的亲孙子来了，当年李勣也是武则天的"死党"，当然不敢有丝毫怠慢，就真的打开了府库。

一个坑舅，一个坑爷，两人就这么轻而易举地控制住了整个扬州城。

按照造反的既定程序，接下来就该给造反找一个理由。虽然武则天已经大权独揽，有了称帝的苗头，可是如今的皇帝名义上还是李家人，不哼不哈就造反了，名不正言不顺啊。

李敬业一群人想了半天，终于想出了一个馊得不能再馊的主意。他们找来一个很像李贤的人，说是李贤让他们造反的。

为啥说这是个馊主意呢？

因为以儿子的名义反老娘，放在任何时代都不占理，更别说是在把"忠孝仁义"宣扬得比生命都重要的古代了。

古人讲究啥？小杖则受，大杖则走，不陷父于不义。就是说父母打儿女的时候，打得轻了儿女就忍着，让父母发泄一下，有利于身心健康。打得狠了，儿女就赶紧跑，注意，跑不是因为怕被打死，而是儿女不能让父母陷入杀人的不义境地。

李敬业现在让儿子反母亲，哪里能得人心，还不如说他们得到了李治的遗诏更靠谱。

从这个馊主意就可看出，这群人真是没有造反的经验啊。

眼看就要出师未捷"理"先死，幸好大才子骆宾王站了出来，挽救了这个很不成功的造反理由。

他一挥而就写出一篇传世名作《讨武曌檄》，内容慷慨激昂，朗朗上口，添油加醋地把武则天和李治偷情、杀兄弟、杀姐妹的罪行全扯了出来，并把李治的死也安在武则天的头上。

这种又八卦、又血腥、又狗血的新闻，历来都是老百姓喜闻乐见的。所以这篇檄文一出，立刻荣登大唐所有媒体的头条。短短十几天之内，李敬业的身边就聚集了十几万雄兵。

形势一片大好，一场血战已经在所难免。

李敬业造反的消息传到洛阳之后，引起了武则天的强烈不安。她万万没有想到，第一个站出来反对自己的人竟然不是李唐的皇室，而是当初支持自己成为皇后的李勣的孙子。

自己人的背叛比起敌人的残忍更加令人气愤。巨大的愤怒，让武则天瞬间失去了理智。她立刻下令削去李勣的官爵，恢复了他的徐姓，并把他的尸体挖出来，开棺戮尸以泄私愤。

当年李勣临死之前，当着所有家人的面，给弟弟李弼留下了这样的临终遗言：

"房玄龄、杜如晦平生勤苦，才能树立门户，但被不肖子孙破家荡尽。我的这些子孙现在全都托付给你，我死之后，你就搬进我家居住，他们中如有败类，你可以先把他们打死，再在我坟前说一声就行了。"

未曾想，这才过去短短十几年，李勣的子孙就违背他的遗言，向房玄龄、杜如晦的子孙看齐了。更加让人唏嘘不已的是，房玄龄、杜如晦子孙造反，没有殃及他们本身，而李勣死后却落得开棺戮尸的下场。

当年你支持武则天杀害忠良，如今武则天把你挫骨扬灰，留财不如留德岂是一句空话？

愤怒发泄完了，平叛还得继续。武则天把所有重臣召集起来，准备商讨一下破敌良策。但让所有人都没有想到的是，这场本来应该是讨论如何对付李敬业的会议，却率先整死了另一群人。

会议刚开始，武则天先给宰相们来了一个下马威。她指着骆宾王的檄文一脸严肃地怒斥道："如此大才之人，却没有受到重用，各位宰相都是怎么举荐的人才？"

这个锅甩得相当无厘头，宰相们瞬间就蒙了，这种天天指着你鼻子骂的人，要真的提拔上来，估计坟头上的草都长一人多高了吧？哎，看来不只是当普通员工难，当宰相也难啊。

看到宰相们都不说话，武则天这才言归正传，说起了镇压叛乱的事情。

武则天的侄子武承嗣和武三思率先说出了他们的解决方法——杀人，不过不是杀李敬业，而是杀两个无辜的人——韩王李元嘉和鲁王李元谨。

这两人并没有造反，也没有任何证据表明他们要造反，但是武承嗣却认为，他们是李渊的儿子，地位高贵，影响力巨大，现在不反，早晚要反，可以趁早杀了，以绝后患。

如此扯淡的杀人理由，让武则天大吃一惊，见过卑鄙的，没见过如此卑鄙的，不过真心让人喜欢，武则天当即就准备执行。

宰相刘祎之、韦思谦看到如此魔幻的场景，尽管内心很厌恶，但还是吓得一句话也不敢说。

眼看李渊两个儿子的脑袋就要被莫名其妙地砍了，还是裴炎站了出来，怒斥了这种无厘头的滥杀行为。

龙门政变胎死腹中以后，裴炎已经变得心灰意冷。他可以为了理想，冒着骂名废掉皇帝，但他绝不能接受有人篡夺李唐的江山，哪怕这个人是皇帝的母亲。

最近这段时间，他一直在为自己当初的错误懊悔不已，多少次午夜梦回，他都寝食难安，甚至无数次想到了以死谢罪。

当他得知外甥薛仲璋也参与造反之后，他终于得到了某种解脱。按照武则天宁可错杀一千也不会放过一个的性格，他知道用不了多久，武则天就会对他亮出屠刀。与其坐以待毙，不如用自己的死，为这个国家作出最后一点贡献吧。

所以，刚刚怒斥完武承嗣的扯淡言论，裴炎就义愤填膺地说了一段自寻死路的慷慨之言："皇帝年长，不能亲政，他们才有理由起兵造反，如果太后交出大权，由皇帝亲政，贼人不攻自破。"

此话一出，所有人都愕然了。别说你的外甥已经造反，就是他没有造反，你在众目睽睽之下说出这句话，那也等同于造反啊。

武则天本来就对裴炎反对自己给亲人封王建庙非常不满，听到这话后，更加愤怒了。所以她一声令下，就让卫士们把裴炎捆起来，关进大牢，严加审问。

早已对武则天感到绝望的裴炎此时只求一死。被捕入狱之后，面对严刑拷打，他仍然不肯屈服，对过来劝他的人说："宰相入狱，哪里还能保全性命！"

宰相刘景先、郭待举，凤阁侍郎（中书省老二）胡元范，高宗时期最后的名将之一程务挺等人先后为裴炎求情，但只是无谓地增加了几颗人头而已。

刘景先被贬为普州刺史，几年之后被逼自杀。郭待举被罢相，其后消失在史书中。胡元范被流放琼州，随后病死。

程务挺被斩于军中，全家老少被没入官奴。咱们多说一下这位名将吧。

程务挺，出生年月不详，洺州（今河北）人，年少时以勇猛闻名于世。680年到682年，跟随裴行俭征讨东突厥立下赫赫战功。裴行俭死后，他担负起抗衡东突厥的重任，屡次大败东突厥，使对方闻其名而不敢犯其境。

东突厥人听说自己想杀却杀不了的程务挺被武则天所杀之后，个个欣喜若狂，奔走相告。但草原的汉子们在欢庆之余，还保留着人性的光辉，他们尊敬真正的勇士，哪怕对方是有着血海深仇的敌人。

不久之后，他们为程务挺建立了祠堂，每次出征之前，都要先去祈祷敬拜。程务挺被杀之后，另一位名将王方翼由于和程务挺的关系很好，又是被废王皇后的近亲，也被武则天投入监狱，后来被流放崖州而死。

自此以后，东突厥势力越来越大，唐朝彻底失去了对漠北的控制。所谓亲者痛，仇者快，也不过如此。

当年十月，裴炎被斩杀于洛阳，而且全家被抄。但当抄家的官员兴高采烈地冲进裴炎的府邸准备大捞一把的时候，他们却惊讶地发现，这位堂堂顾命大臣、当朝宰相，家中竟然毫无积蓄。

我们经常说，知错能改，善莫大焉。但现实的情况却是，有些错误一旦犯下，哪怕是付出生命的代价，也不能赢得世人的原谅，裴炎大概就是如此吧。

他身为顾命大臣，仅凭皇帝的一句气话，就敢擅行废立。于上，他对不起李治的托孤之举；于下，他对不起死于武则天屠刀之下的功臣名将。

他作为当朝宰相，前不能体察到武则天的包藏祸心，后不能阻止武则天的篡逆之举，虽以死谢罪，大错已成，又有何用？

《新唐书》的作者宋祁说他昏庸至极，死有余辜，又何曾冤枉他半分？

八十四　武则天强力平叛（二）：两个"白板"定天下

尽管平叛的军事会议开得一塌糊涂，一兵未发就先把宰相、名将杀了一大堆，但是并没有影响武则天对全局的把控能力。

这也是武则天的独到之处，在杀掉人才的同时，往往还能及时发现新一代人才，这一点和后来的朱元璋倒很像。

会议结束以后，武则天把李孝逸任命为扬州道大总管，领兵三十万杀向了李敬业。

李孝逸这个人基本属于军事"白板"，打仗烂得不行，在此之前只干过替补性质的辅助工作，别说带领三十万军打仗，连五万的部队他都不一定指挥过。

武则天之所以让他去平叛，只是看中了他的身份而已——他是李神通的儿子，李渊的堂侄。

李敬业以匡扶李唐的名义造反，武则天就用李唐的子孙去镇压，如此就可以从政治上瓦解对方了。

另外，李孝逸虽是皇亲国戚，但和李治的关系并不太近，李治爷爷的爷爷和李孝逸的太爷爷是同一个人，已经三代人了。李孝逸造反的可能性比较小，因为以他的身份，就算造反成功了，也没有办法自己当皇帝。

所以武则天的这个任命，政治意义远远大于军事意义。能在那么多皇亲国戚中选这么一位既能干点事，又不会乱干事的人，可见武则天的厚黑之术已经到了炉火纯青的地步。

当然，政治玩得再溜，军事不行也得抓瞎。武则天知道李孝逸有几斤几两，所以为了保证顺利平叛，她又给李孝逸安排了一个军事上更加"白板"的魏元忠当监军。

魏元忠与李孝逸还不同，李孝逸没有指挥过打仗，而魏元忠压根就没有带过兵，估计连骑马射箭都不会，纯文人。但是，魏元忠有一个优点，他喜欢纸上谈兵。

魏元忠，宋州宋城县（今河南商丘）人，生辰不详，早年经历不详，只知道他679年还在太学当学生。

当时有个很不知名的小人物江融，写了一本很不知名的兵书《九州设险图》，被很不知名的魏元忠看到了，就好好地研究了一番。

在绝大部分人看来，这种情况就跟萝卜炒白菜差不多，怎么炒怎么难吃，绝对不会出现奇迹。但神奇的事情就在魏元忠身上发生了，他看完此书之后，竟然功力大进，硬是把萝卜白菜做成了满汉全席，人生从此开了挂。

不久之后，李治下诏让大臣们讨论为什么两次打吐蕃都大败而回，魏元忠鼓起勇气，洋洋洒洒写了千把字，先说应该杀了薛仁贵，之后又从科举制度、奖励制度等各方面挑了一大堆毛病。

李治看完上书就把魏元忠从大学生直接提拔到中书省，后来又提拔为监察御史。

就这么一个纸上谈兵了两次，什么作战经验都没有的人，武则天竟敢让他做监军，可见眼光是多么独到，抑或有多么瞧不起李敬业。

不过说实话，李敬业干的事的确也让人十分瞧不起。

李敬业造反十几天，身边就聚集了十几万人，充分证明了大家心存李唐皇室。

谋士魏思温看到人心可用，赶紧劝他率军直扑洛阳，到时候各地王爷肯定都会积极响应，拿下武则天的成功率很高。

但是裴炎的外甥薛仲璋却认为："金陵（今南京）有帝王之气，又有长江天险，可以固守，不如先夺取常州、润州（今镇江），然后再向北夺取中原。"

一个主张往北，一个主张往南，一个主张进攻，一个主张防守，基本上大家都知道往北进军胜利的可能性要大一些。因为李敬业造反的理由是匡扶李唐，而神都洛阳在北边。十几万人之所以聚集起来，不是因为他是李勣的孙子，而是因为他口中的道义。

失去了道义，就算他顺利拿下常州、润州，又有什么用呢？以区区三州之地，对抗整个中国，除了坐吃等死以外，恐怕没有任何意义。

可是李敬业一听，金陵有帝王之气，就做起了当皇帝的春秋大梦，最后选择了往南打的方案。

随后，李敬业兵分两路，一路让唐之奇镇守江都（扬州），一路由自己率领向南渡过长江，攻打润州。

润州刺史李思文是李敬业的亲叔叔，在李敬业看来，有这层关系在，拿下润州就如探囊取物。

事实也确实如此，但不是他叔一枪不放就投降了，而是他砍了好几天城墙，把城墙砍塌了。

李思文被抓以后，李敬业颇有几分黑色幽默，把他叔改成了武姓。徐世勣要是泉下有知，估计会气得把墓碑上的姓抠了，孙子给儿子改姓，也是天下奇闻了。

就在李敬业准备再接再厉，继续南下的时候，李孝逸带着三十万大军终于杀到了扬州附近。李敬业急忙率军回援，兵分三路进行节节抵抗。

第一路，李敬业的弟弟李敬猷进逼淮阴（今江苏淮安），控制京杭大运河。

第二路，大将韦超、尉迟昭进驻都梁山（今江苏盱眙），控制淮河。

第三路，李敬业率领精锐屯兵高邮，随时支援前方。

李敬业的这个策略还是很有眼光的，当时从洛阳发兵到扬州，走近路的话只有两条：

一条是经黄河到京杭大运河，南下淮阴。

一条是经涡水、淮河到都梁山，再经大运河到扬州。

李敬业等于把这两条路全堵死了，官军想到扬州平叛，必须先拿下都梁山或者淮阴。

当年十月，李孝逸和魏元忠率领大军，沿着第二条路首先到达都梁山。双方二话不说，就先干了一仗，试试对方有几斤几两。

出人意料的是，还没有砍几下，人数占绝对优势的官军就被韦超、尉迟昭打得大败亏输。

李孝逸不愧为军事"白板"，一看这架势，瞬间被吓得龟缩起来不敢再战。

第一次上战场的魏元忠此时却跟忘了吃药一样，表现得异常兴奋。在他看来，这场战争根本不是平叛，而是拼命。

如果犹豫不前，武则天必然派人取代李孝逸和自己，回朝后他俩也必遭弹劾，按照武则天的暴脾气，他俩的脑袋被当球踢都是轻的，一家人的脑袋都被当球踢也不是没有可能。

另外，叛军大胜之后，必然轻敌，再去进攻，肯定获胜。而战争拖的时间越长，百姓对官军的能力就越怀疑，对官军也就越不利。

在魏元忠苦口婆心的劝告之下，李孝逸终于想明白了这层道理，率领大军再一次向都梁山杀了过去。

事实果然如魏元忠所料，经过上次大胜的韦超、尉迟昭根本就没有把李孝逸放在眼里，直接放弃了地势险要的都梁山，率军冲了下来要和李孝逸拼命。

狭路相逢，人多手黑者胜。几个回合打下来，尉迟昭就被斩落马下，只剩下韦超带着残兵败将逃了回去。

就在此时，武则天果然准备派人替换他们了。她把名将黑齿常之从青藏高原召回洛阳，任命为江南道大总管准备南下平叛。只是黑齿常之还没有出发，李孝逸大胜的消息就传回了洛阳，武则天这才消了一点怒火。

经过此战之后，李孝逸对魏元忠佩服得五体投地，从此对他言听计从，他指哪就打哪。

拔掉一个钉子之后，李敬业的三路叛军只剩下了两路：李敬业和他的弟弟李敬猷。下一步先打谁，官军将领们又发生了激烈的争执。

大部分将领认为，应该直接攻打李敬业所驻守的高邮，只要打败了李敬业，李敬猷就可以不战而擒。而如果进攻李敬猷，万一李敬业发兵来救，官军就将腹背受敌，陷入极其不利的局面。

这条意见，其实很有道理。

首先，事实已经证明，叛军的战斗力并不强大，如果三十万大军全部扑向李敬业，他大概率抵挡不住。

其次，李敬猷实力弱，李敬业实力强，去打李敬业的话，派小部分军队驻守都梁山，就能阻挡李敬猷南下相救。但是，去打李敬猷的话，李敬业如果率军北上，都梁山的守军不一定能够挡住。

最后，拿下高邮，就能进逼扬州，李敬业将逃无可逃。

但是，经常看小说的人都知道，真理往往掌握在少数人之中，"但是"后面的内容才是主要的。

魏元忠提出了反对意见。

第一，叛军虽然战斗力不强，但官军啥德行大家又不是不知道，大决战的时候万一败了怎么办？而李敬猷是赌徒出身，不熟悉军事（情报工作做得好啊），兵力又少，军心容易动摇。

第二，大伙趁着都梁山大胜，直接杀过去，李敬猷肯定抵挡不住。即便李敬业去营救，从距离上看也来不及。

第三，官军只要拿下李敬猷，再乘胜追击，叛军必当人心溃散，李敬业就算是韩信、白起在世也抵挡不住。

虽然魏元忠说的最后一点把牛皮吹上了天，但前面的分析明显更有道理。李敬猷就是一个赌徒，毫无作战经验。李孝逸听从魏元忠的建议，刚刚杀到淮阴，就把他打了个大败而逃。

十一月十三日，李孝逸乘胜追击，杀到高邮，双方展开了最后的大决战。

叛军虽然连吃了两次败仗，但李敬业的军队并没有像魏元忠想象的那样人心溃散，虽韩信、白起在世也抵挡不住官军的进攻。相反，他很快就稳住了军心，把所有主力都放在了高邮的阿溪岸边，严阵以待官军的进攻。

李孝逸试着进攻了一下，发现李敬业不愧为李勣的子孙，硬碰硬的时候的确有几把刷子，官军尽管人数占据绝对优势，但一点便宜也没有占到。

既然正面硬刚不行，那就来阴的。一天深夜，李孝逸精挑细选了五千壮士，让后军总管苏孝祥带着，人衔枚，马裹蹄，乘着小船，准备渡过河去，夜袭李敬业。

他本以为对岸肯定没有防备，这次偷袭一定能够大获全胜。但李敬业竟然料到他会偷袭，早早地就在岸边埋伏好一支部队，就等着他上钩了。

当官军刚刚渡河一半的时候，李敬业一声令下，伏兵四起，将官军狠狠地抽了一顿，领头将领苏孝祥当场阵亡，其他士卒被淹、被杀的超过一半。随后，李敬业趁势掩杀，将官军打得一败再败。

刚刚有了点自信的李孝逸这时又虚了，不仅又一次龟缩起来，还做好了随时跑路的准备。不用韩信、白起在世，李敬业就能把他打蔫了。

看到主将的心理素质如此不堪一击，魏元忠只好又一次当起了心理辅导老师。他不断劝李孝逸不能跑路，还有获胜的机会。但李孝逸已经得了敬业恐惧症，就是不听。

最后把魏元忠逼急了，他又亮出了撒手锏——智商。突然间，他想到了一个破敌的好方法："现在正好顺风，岸边到处都是芦苇，利用火攻必然可以获胜。"

一语惊醒梦中人，李孝逸一听，这的确是个好方法。于是，腿也不颤了，腰也不疼了，气势又上来了。

第二天，李孝逸把一群老弱病残排列在阿溪的北岸，并让一部分军队拔掉军旗，收拾行李，装作一副要逃跑的样子。

李敬业早就从密探口中得知了李孝逸随时都要跑路的情报，所以看到这种场景激动不已，二话不说，带着人就杀向了对岸。他以为官军还会和往常一样一触即溃，但冲过去才发现自己中计了。

李孝逸突然杀了一个回马枪，并将岸边的芦苇全部点着了。一时间，杀声四起，火借风势，风助火威，一个个满身着火的士兵哭声震天，悲惨至极。有些士兵来不及逃跑，就直接跳进了河中，但是冬天的河水冰凉刺骨，再加上士兵们身上的盔甲那么沉重，哪里还有生还的可能。

一战下来，叛军被斩首七千多人，另有淹死、烧死者不计其数。

自知大势已去的李敬业立刻丢下大军，带着一些随从火速赶往扬州。随后，他又急忙带着一家老小跑到了润州（今镇江），准备从海路逃往朝鲜半岛。但是人到用时仁义少，他愿意跑，他的部下早已经不愿意再跑了。

当他们跑到海陵（今江苏泰州）的时候，他的部下王那相突然发动兵变，把他和弟弟李敬猷、谋士骆宾王的脑袋全部砍了下来，送到神都洛阳请赏。而此时，距离李敬业起兵，还不到两个月的时间。

大军凯旋之后，李孝逸因功升任镇军大将军，封吴国公。不过两年之后，他被武承嗣诬陷，贬为了施州刺史。

第二年，武承嗣又让人诬告李孝逸，扯了一套极其荒诞的理论：李孝逸的名字中有个逸字，逸字中又有兔字，兔代表月亮中的玉兔，玉兔在天上，所以李孝逸有当天子的可能。

这么离谱的话有人信吗？

有啊，武则天就信了。当时她正在对李唐皇室进行大屠杀，为自己称帝做最后的准备。所以她就把李孝逸削除名籍，流放儋州（今海南）。不久之后，李孝逸在儋州病逝。

魏元忠因功升任洛阳令，不久之后，被酷吏周兴诬陷下狱，判处死刑。即将行刑之时，武则天终于良心发现，又派人到刑场赦免了他的死罪。

当监刑官准备释放魏元忠的时候，这位仁兄干了件惊掉监刑官下巴的事，他不同意释放自己，表示赦令有可能是假的，不能随随便便放人。直到确定了赦令是真的之后，他才同意被放。什么叫泰山崩于前而面不改色，这种人，大才中的大才啊。

但是，死罪可免，活罪难逃，魏元忠随后又被发配到了贵州。十几年后，魏元忠又被提拔上来，但是没过多久，他被来俊臣陷害，又被流放到了广东。再之后，他又被提拔上来，两次担任宰相，这个我们在后面会讲的。

李敬业的叛乱就像一出闹剧，以正义的理由开始，以荒唐的经过结束。如果不追求金陵的帝王之气，即使兵败身死，还能将忠义留在人间。可惜这位仁兄空有一颗野心，根本不懂政治和军事，最后得到这种结局，既毁了自己，也毁了李勣的一世英名。

但他兵败的影响并没有因为他的死而结束，他的失败让武则天向外界证明了自己的军事能力。从此以后，武则天牢牢掌握了军政大权，除了李唐皇室的一次自救以外，无论是朝堂之上，还是江湖之中，再也没有能够反对她的势力。

为了防止造反的事件再次发生，武则天随后开启了长达十几年的酷吏时代，无论是忠臣名将，还是皇室权贵，或是无辜良民，即将迎来大唐史上最残酷的血腥时代。

面对噤若寒蝉的满朝文武，武则天终于说出了那句霸气十足的狠话：

卿辈有受遗老臣，倔强难制过裴炎者乎？

有将门贵种，能纠合亡命过徐敬业者乎？

有握兵宿将，攻战必胜过程务挺者乎？

此三人者，人望也，不利于朕，朕能戮之。

八十五 总有"刁民"要害朕，武则天开启酷吏时代

李敬业的造反虽然没有掀起什么大浪，但是"总以为有刁民要害朕"的毛病却成了武则天的不治之症。

为了防止再有人造反，在接下来长达十四年的时间里，武则天起用了一个又一个酷吏，对文武百官进行了全天候三百六十度无死角的恐怖统治。

685年，也就是李敬业叛乱被平定的第二年，武则天发布了一道轰动全国的诏书：

无论你是达官贵人，还是泼皮无赖，无论你在南海钓鱼，还是在西域喝风，只要你是告密者，各地官员都不得过问，所有驿站都必须提供快马，以及五品高官标准的餐饮费，将告密者快速送往神都洛阳。

唐朝五品官员的用餐规格我不太清楚，但顿顿有肉应该错不了。

当时的老百姓别说顿顿吃肉，半年能吃一次肉就不错了。所以，这个政策一出，可把吃货们高兴坏了。

一时间，传递公务的快马，变成了告密者的私家车；朝廷的驿站，变成了告

密者的公共食堂。五湖四海的人渣，不是在去神都洛阳的路上，就是已经到了洛阳。反正诬陷错了也不治罪，诬陷对了还能当官，白吃白喝白旅游，这种好事没几个人不愿意干。

有个叫鱼保家的工匠兼官二代，看到告密者如此之多，就忍不住想拍武则天的马屁。他利用自己的特长，纯手工打造了一个精美的铜盒子，呈送给武则天。铜盒子的性质类似于现在的检举箱，举报信只能进不能出。

以前武则天是一个挨一个接见告密者，效率低不说，各地的方言还经常搞得她头昏脑涨。有了这个检举箱，一下子解决了所有问题，武则天自然是喜欢得不得了。所以她就让鱼保家制作了很多类似的盒子，放在洛阳的各个角落。

你还别说，检举箱的效果就是明显，还没过几天，鱼保家的仇人就把他谋反的黑材料放了进去。

原来当年李敬业谋反的时候，鱼保家阴差阳错地给李敬业打过工。因为手艺高超，给李敬业制作了不少兵器。李敬业兵败以后，他很幸运地躲过了一劫。

遇到这种事吧，估计一般人都会找一个山清水秀的地方隐居下来，默默无闻地度过下半生。村里或者大院长大的孩子们应该都知道，熟人多的地方根本就没有秘密可言，尤其是工匠这种行业，基本都是师傅带徒弟，老乡带老乡，你以前干过些什么，大家知道得门清。

可是鱼保家估计读书读死了，想当然地认为大难不死，必有后福，就投机了一把，给武则天制作了铜盒子。如此重罪，竟然还如此招摇，他不出事才怪。

武则天看到检举信后大怒不已，谋反之人竟然在自己的眼皮底下拍马屁，这跟耗子给猫当伴郎有何区别。所以，她就把鱼保家关进监狱，交给刚刚提拔上来的酷吏索元礼。

索元礼，胡人出身，天性残暴，从小不务正业，就喜欢挖绝户坟，踹寡妇门。听说武则天急招人之后，他就火急火燎地赶往洛阳，把一封封诬陷信投进了鱼保家制作的检举箱。

武则天看这人坑人的手段是大坑套小坑，小坑套老坑，坑中还有水，水中还有钉，就想试试他的业务能力到底如何。

面对这个天赐良机，索元礼自然不敢怠慢。他还颇有几分黑色幽默，看到鱼保家是因为制作工具被武则天赏识的，他也充分发挥主观能动性，制作了两套精美的严刑逼供工具。

一套叫囚首，另一套叫晒翅。

囚首，类似于现在个别变态搞的活吃猴脑，大概就是把犯人装进铁笼里，铁笼子上面有个洞，刚好能固定住犯人的脑袋。犯人如果不招，就拿锤子往他的天灵盖上砸，一锤子下去，脑浆四溢基本不是问题。

晒翅，跟大家喝矿泉水的时候拧瓶盖差不多，就是把人的双手和双脚固定在十字架上，然后再慢慢扭动上半身或下半身。注意，是慢慢扭动，因为太快会把人扭死，而慢慢扭则会把人一直扭到脊椎断裂还不会死。

鱼保家看了看这两套工具，又看了看使用说明书，吓得冷汗直往外飚，当场就招供了。

但让鱼保家想不到的是，这事还没有完。索元礼又逼着他去诬陷别人，不然还得大刑伺候。鱼保家本来就是个屃货，反正自己要死了，张口就拉了几个垫背的。也不知道他有没有把仇人都诬陷了，如果有，当初举报他谋反的那个人，估计也没有好果子吃。

垫背者又拉了几个其他垫背者，搞得跟传销一样，结果这个谋反案越闹越大，最后竟然杀了几百人。

索元礼这种把小事办大、把坏事做绝的性格，得到了武则天格外的赏识——立刻将他提拔为五品游击将军，专门审理所谓的谋反者。

在以后的岁月里，索元礼每办一件大案，武则天都会把他召入宫中赏赐一番。结果就是，索元礼越来越狠，越杀越多。心情不好了，杀几百人；和媳妇吵架了，杀几百人。总之，他就是想杀就杀，想牵连谁就牵连谁，经过不懈的努力，他终于荣登武则天时期杀人最多酷吏排行榜第一名（后数引见赏赐，以张其威，故论杀最多）。

游击将军不知道大家还记得不，当年薛仁贵跟随李世民去打高句丽，立下赫赫战功后，就升任了这个官职。如今不用拼命，不用打仗，只靠告密就能当这么大的官，还能得到大量赏赐，索元礼自然成了无数流氓无赖竞相学习的标杆。

在这些后来者中，比较突出的有周兴、来俊臣、万国俊、侯思止、王弘义、丘神勣等二十多人。

由于酷吏太多，干的坏事也太多，没有办法全部写完，我们就重点讲一下周兴、来俊臣，而其他几位就一笔带过了。因为这两人堪称坑货中的战斗机，坏蛋中的"佼佼者"，不仅杀人多，手段黑，还和索元礼一样大搞科技创新，走上了理论联系实际的专业化道路。

俗话说流氓不可怕，就怕流氓有文化，周兴就是这么一个很有文化的流氓。年轻的时候，他因为精通法律，在河阳（今河南焦作）当了县令。几年之后，由于政绩还不错，就被李治叫到京城，准备提拔一下。

如果不出意外，没准周兴的心理还不会像以后那么变态，兴许还能当个好官。但在人生的关键时刻，有人举报了他，因此没有通过科举考试。

在当时，如果是权贵子弟，没有通过科举考试，当大官也不成问题，但问题是，周兴不是权贵子弟，所以李治就放弃了提拔他的想法。

周兴站在宫门外，左等右等也不知道怎么回事，眼看天就要黑了，官员们一个个下班回家了，他还站在那里等。宰相魏玄同觉得他挺可怜，就对他说了句："周明府回去吧，不用再等了。"

未曾想这句话竟然成了魏玄同命运的分割点，因为周兴竟然想当然地认为这是魏玄同在背后搞的鬼。他的逻辑很简单，如果不是魏玄同搞的鬼，他为什么要劝自己回去呢。这就跟现在的扶摔倒的老奶奶一样，不是你撞倒的，为什么你要去扶？

小人的逻辑就是这么不可思议，谁弱谁有理，不是你害我的，你干吗让我回去？

周兴回到家以后，就把魏玄同的祖宗十八代骂了一个遍，天天想着报复他。不久之后，李治就挂了，武则天掌了权。

索元礼被提拔以后，深深刺激了仕途不顺的周兴，他也有样学样，怎么卑鄙怎么来，很快就走上酷吏之路，被提拔为秋官侍郎（刑部侍郎）。

由于他前前后后整死了几千人，仅仅载入史册的就包括但不限于以下十几位。

宰相魏玄同。

宰相韦方质（隋朝时一人灭一国韦云起的孙子），因为不愿意和武承嗣同流合污，被周兴诬陷而死。

宰相崔詧（chá）。

宰相郭正一。

大名将黑齿常之。

李渊的儿子李元嘉和李灵夔（kuí），李渊的孙子李撰，李世民的妹妹常乐公主。

广州都督冯元常。

道州刺史李行褒。

左史江融（写《九州设险图》的那个人）。

太子通事舍人郝象贤（当年反对李治把权力交给武则天的宰相郝处俊的孙子），被周兴诬陷造反，满门抄斩，尸体被肢解，郝处俊也被开棺戮尸。

　　我们不可能把这么多人被冤死的事都写出来，所以只能挑几个重点人物，让大家感受一下周兴有多么残暴。

　　就从前面提到过的魏玄同开始吧。

　　魏玄同，河北人，官宦世家出身，年纪轻轻就考中了进士，很有才干，三十多岁担任了五品的吏部郎中，前途一片大好，堪称全村人的希望。

　　但是魏玄同是个有理想、有节操的人，深知牝鸡司晨的种种弊端，所以他对武则天非常反感。上官仪撺掇李治废掉武则天的时候，魏玄同也上去踹了一脚，结果就是上官仪被杀，他被流放到广东整整十年。

　　在他将近五十岁的时候，人生迎来了转机。675年，太子李弘病死，李贤被立为新太子，为了给儿子冲喜，李治宣布大赦天下，魏玄同这才又回到了洛阳。

　　在工部尚书刘审礼的推荐下，魏玄同开始步步高升。682年，也就是李治驾崩的前一年，他又被任命为宰相。从这个方面看，其实李治一直到死，都是防着武则天的。

　　裴炎被杀的时候，魏玄同差一点受到牵连，不仅因为他曾经反对过武则天，还因为他和裴炎一直都是好朋友，被时人称为"耐久朋"，也就是经久耐用的朋友。

　　有了这两项前科，按照武则天的脾气，魏玄同被杀其实并不意外。周兴也正是抓住了这两点，诬陷魏玄同曾经说过："太后老了，应该把权力交给皇帝。"

　　武则天听后也没有再找人证物证，也没有叫魏玄同自证清白，也没有让人去审讯一番，反正就是大怒不已，让魏玄同在家里自尽了。

　　魏玄同自杀之前，有人让他给武则天上书申诉冤情，魏玄同却表现出最后的骨气，对人说："被人杀死和被鬼杀死，又有什么不同？"说罢，他义无反顾地自尽而死。

　　这里的鬼，不知道是指周兴还是指武则天，有可能两者都是吧。一句子虚乌有的话，要了铁骨忠臣的一条命，这到底是滥杀无辜，还是帝王的霹雳手段？

可能唯一能让魏玄同欣慰的是，他在死之前救了狄仁杰的命。当时狄仁杰在太原运粮，丢了上万石米（大概一百万斤），按照大唐律法应该被斩，魏玄同见狄仁杰是个人才，心生怜悯，利用权力救了他一命。

而狄仁杰后来又极力推荐张柬之当了宰相，张柬之又发动了神龙政变，将武则天赶下了皇位，让她在生命的最后一年里，亲眼看见当初被她杀的一个又一个冤魂得以平反，而这其中就包括魏玄同。

第二个被周兴害死的是大名将黑齿常之。

678年，李敬玄率领十八万大军征讨吐蕃失败以后，黑齿常之就成了唐吐边境上唐朝最能打的将领，而且没有之一。

面对咄咄逼人的吐蕃，黑齿常之化身三头六臂，一边拿着砍刀修建七十多座碉堡，一边拿着锄头屯田五千多顷，一边拿着陌刀不断砍杀敌人。从678年到684年，连续多次打败吐蕃的进攻，彻底扭转了唐朝的不利局面。史书称"常之在军七年，吐蕃深畏惮之，不敢复为边患"。

684年，在名将程务挺被武则天杀害以后，东突厥（也叫后突厥）趁此机会越做越大。

686年，后突厥再次侵犯大唐边境，武则天就把黑齿常之从西北调到了北方。黑齿常之领两百骑兵突袭三千突厥骑兵，大获全胜，因功晋封燕国公。687年，后突厥又一次侵犯大唐边境，黑齿常之又一次大败他们。一直到689年，后突厥都因为忌惮黑齿常之的威名不敢南望。

但是，正是这一年，周兴诬告黑齿常之与右鹰扬将军赵怀节等人谋反。随后，黑齿常之被捕入狱。为了逼迫黑齿常之认罪，另一个酷吏来俊臣对黑齿常之进行了非人的折磨，把他的牙齿一颗颗地敲掉，并故意说："你的牙齿并不黑呀，为什么叫黑齿？"

黑齿常之生性刚毅，面对酷刑仍然宁死不屈，最后趁狱卒不注意，自缢而亡，享年六十岁。

从此以后，后突厥成了揭掉封印的恶魔，再也没有人镇压得住。直到二十年以后，一代名将张仁愿在黄河北岸修筑三座城池，才扭转了唐朝的被动局面。

九年以后，北方契丹反叛，一直打遍了几乎整个河北，武则天让王孝杰率领十八万大军前去平叛，可惜他不幸战死。唐朝出现了无将可用的尴尬局面，这时，武则天才又想起黑齿常之，终于为他平反昭雪，追赠他为左玉钤卫大将军。

第三个被诬陷而死的叫作冯元常。

冯元常，相州安阳（今河南安阳）人。在李治还活着的时候，他因为政绩突出被提拔为正四品尚书左丞。和魏玄同一样，冯元常也是一个有节操、有理想的人。看到武则天的权力越来越大，他就劝说李治赶紧控制武则天的权力，从此得罪了武则天。

李治死后，各地官员为了拍武则天的马屁，就呈献了很多不靠谱的符瑞，例如三条腿的鸡、长绿毛的乌龟等。一个县令也想拍马屁，但一时间又找不到奇珍异宝，所以他就想了个馊主意，献给武则天一块石头，上面刻了几句拍马屁的话，美其名曰瑞石。

没想到，武则天被这几句话拍得高兴起来，还把石头拿到朝堂之上让文武百官品鉴。大家你一言，我一语，全都夸这石头是宝贝。只有冯元常跟看皇帝的新衣一样，看着这群人。最后，他实在忍不下去了，当面揭穿了这出闹剧。

正在兴头上的武则天大怒不已，就将他一贬再贬，先从京城贬到了四川，又从四川贬到了广东。

郁郁不得志的冯元常并没有像很多人那样从此一蹶不振，相反，他的心态极好，走到哪就建设到哪。

被贬到四川后，他所辖地区全是山地，强盗频出，天天杀人放火，无恶不作，前几任官员都拿这群强盗没办法。冯元常刚到不久，就采用又拉又打的方法，把强盗给灭了。

可能是武则天觉得他过得太舒服了，四川的强盗刚刚被灭，就把他贬到了广东。没过多久，安南（今越南）的一个部落老大起兵造反，当地官员被杀，贼军势力越来越大。被逼无奈，武则天只好让有剿匪经验的冯元常去平叛。冯元常到了之后，仍然采用一边打一边拉的分化策略，没过多久就把叛乱平定了。

就这么一个能臣，一个一心一意为朝廷服务，又远在天边，对武则天根本没有威胁的好官，周兴也诬陷他要谋反，武则天还顺水推舟把他给杀了。

周兴干的其他坏事，后面我们还会陆续提到。不过，如果把这一切罪过都安在周兴的身上，他那样的官职好像根本承担不起。

归根结底，所有酷吏都只是武则天的影子，或者是武则天的另一个人格罢了。但这还不是最可恶的地方，因为接下来要讲的来俊臣等人，他们比索元礼、周兴更加残酷，那才是真正的酷吏，恶鬼见了恐怕也要畏惧三分。

八十六　酷吏来俊臣，杀人还办培训班

651年，李治和武则天正在尼姑庵里幽会，长安的一条小巷里也有一对男女正在私会。

男人叫来操，女人是他好兄弟蔡本的老婆。尽管蔡本的老婆已有几个月的身孕，但是来操向来遵循"朋友妻，不客气"的原则，并没有一点内疚。相反，他还有一种变态的征服感。

蔡本也知道来操来办自己的老婆了，但他无可奈何，因为老婆已经被他输给了来操。

在那个年代，男人因为赌博输了老婆其实很正常，甚至把自己输给别人当奴隶也正常。

但蔡本和来操的与众不同之处在于，他们原来是一对好朋友、好兄弟，在天天把仁义礼智信挂在嘴边的古代，脸皮不厚到一定程度，还真不好意思赢兄弟的女人。

来操有个儿子叫来俊臣，这位在狗血剧情中诞生的"赌二代"，将在几十年

后把大唐帝国搅得鬼哭人怨。

没错，来俊臣就是蔡本的老婆现在怀的那个孩子。

几个月后，来俊臣诞生了。与很多后爸不同，来操倒也挺善良，并没有因为来俊臣不是亲生的而嫌弃他。俗话说"父母的陪伴，才是对孩子最好的爱"，来操就是一个相当合格的父亲，每次赌博或者干什么缺德事的时候，他都喜欢把来俊臣带在身边。

由于长期耳濡目染，来俊臣很小的时候就学会了奸狡诡谲、反复无常、凶狠邪恶，以及抢夺别人老婆等地痞流氓应有的本领，刚刚发育成熟，他就因为犯了强奸、盗窃等罪行被关进了监狱。

这种人渣中的极品，放在任何一个正常的年代，估计只会有两种结局，一种是斩立决，一种是把牢底坐穿。但当时武则天已经掌权六七年，正在为称帝做准备，社会上告密成风、奸邪横行，许多最底层的人渣都因为"告密"而一举翻身。

作为后来人渣中的代表，来俊臣自然不甘落后，他也想到了告密。但他只是个小人物，根本没有秘密可言，所以只好胡言乱语，任意诬告。

可惜关押他的人是李世民的孙子、和州刺史李续，这是一个正直的人，对随意告密的歪风邪气早已十分厌恶。来俊臣的诬告自然没有逃过他的法眼，等发现来俊臣报的全是假警之后，李续一怒之下把他打了一百大板。

偷鸡不成蚀把米，赔了夫人又折兵，来俊臣好不容易诞生的梦想，就这么轻而易举地破灭了。

但是不久之后，来俊臣的运气就来了——因为有人诬告李续谋反，他被武则天杀了。

屁股刚刚好了一点的来俊臣大喜过望，急忙再次告密，说自己早就预料到李唐皇室的几个王爷要造反，可惜告密文件都被李续扣押了。

听到来俊臣这样说，各级官员也不敢怠慢，直接把他送到了洛阳。武则天也是慧眼识"猪"，一看就知道他是自己辛辛苦苦要找的那个人，直接把他提拔为侍御史。

来俊臣上任之后，先把目光投向了大将军张虔勖（xù）。此人以前跟着裴行俭打东突厥的时候立下赫赫战功，虽然不能算一代名将，但也是一个不可多得的人才。可惜张虔勖有个污点，他曾经是裴炎的人。

684年武则天废掉唐中宗李哲（李显）的时候，裴炎就是带着他和程务挺领兵进的宫。裴炎被杀的时候，程务挺因为上书为裴炎求情也被杀了，只有他缩头自保，侥幸逃过了一劫。

没承想，逃得了初一逃不了十五。来俊臣敏锐地发现，张虔勖虽然没有任何谋反的迹象，但肯定不招武则天待见。因为他一眼就看穿了武则天的性格——这是一个睚眦必报的女人。所以，来俊臣就以谋反的罪名诬陷了张虔勖。

事实果然如来俊臣所料，武则天很快就批准了他的逮捕行动。

整垮一个大将军如此容易，一种莫名的成就感顿时让来俊臣激动不已。现在只要拿到口供，他就可以名正言顺地将张虔勖斩于刀下，让所有人看到他杰出的坑人能力了。

但让来俊臣万万没有想到的是，张虔勖不愧是一名军人，骨头硬得令人敬佩，无论他怎么用刑，张虔勖都宁死不屈，还义正词严地怒斥他的种种不法行为。

恼羞成怒的来俊臣竟然在没有任何证词的情况下，就让人把张虔勖乱刀砍死了。

杀人一时爽，可证词还得要啊。来俊臣只好又把张虔勖的内侍范云仙抓了起来，希望从他的口中得到一点点自己想要的东西。

可是更让他意想不到的事情发生了，范云仙也是一个标准的硬骨头，不仅不招供，还一直对他骂骂咧咧。

快被逼疯的来俊臣终于彻底丧失了理智，一怒之下，他又让人把范云仙的舌头割了。

在没有任何证据的情况下连续杀了两个朝廷命官，虽然武则天并没有因此而责罚他，但这件事还是深深刺痛了来俊臣的自尊心。

为什么别的酷吏可以让犯人招供，而自己不能？

一向对自己的卑鄙无耻很自信的来俊臣，第一次怀疑起了人生。他觉得这个世界不应该是这样的，人的骨头不应该这么硬，他一定能找到让所有人都招供的方法。

痛定思痛的来俊臣，从此以后开始积极和其他酷吏交流坑人的心得，反复研究有史以来的酷刑，认真揣摩"罪犯们"的心理。

在不懈努力之下，他终于获得了史无前例的成功，而大唐的酷吏时代，也终于登上了一个新的历史台阶。

前面我们讲到的索元礼和周兴虽然心狠手辣、杀人如麻，但最多也只是人犯混蛋，造成的社会危害毕竟有限。

可是顿悟后的来俊臣对酷吏行业进行了大刀阔斧的改革，他不仅更狠、更恶毒，还办起了酷吏培训班，编写了培训教程，使这个行业走上了专业化、精细化的道路。

他很快在全国各地召集了几百名泼皮无赖，成立了庞大的酷吏培训组织，到处寻找可以诬告的人。一旦发现目标，他就让这几百人全部出动，诬陷别人。这样，纵然被诬陷的人多么清白，也百口莫辩。

为了让这群人诬告得更加专业，他又组织人力物力辛辛苦苦编写了人类有史以来第一本坑人参考书——《罗织经》，顾名思义就是教大家怎么给人罗织罪名。

下面摘抄几句，大家体会一下：

第一句，事不至大，无以惊人。案不及众，功之匪显。上以求安，下以邀宠，其冤固有，未可免也。

翻译：事情不闹大，就不会让人震惊。案件牵扯的人不多，就没办法突显你的功劳。大案件能让皇帝觉得安稳（挺懂皇帝的心思），也能给大家带来功劳，这其中虽然有冤情，但也没有办法避免。

第二句，人皆可罪，罪人须定其人。罪不自招，密而举之则显。

翻译：每个人都是可以被定罪的，如果这个人不招，就让一群人举报他。

第三句，众之敌，未可谓吾敌；上之敌，虽吾友亦敌也。亲之故，不可道吾亲；刑之故，向吾亲亦弃也。

翻译：大家的敌人，不能说是我的敌人；皇上的敌人，虽然是我的朋友，那也得与之为敌。沾亲带故的人，不能说是我的亲人，只要触犯刑罚，那也得大义灭亲。

这本书现在还能找到，也就几千字，很快就可以看完，想要了解的朋友可以自行查找，但千万不要私下练习。

当然，只会诬陷还是远远不够的，万一再遇到硬骨头怎么办？每次都零口供杀人，显然不是长久之计。

所以，来俊臣发挥聪明才智，制作了十种让人闻之色变的刑具。这些刑具的结构，史书上并没有记载，但是从名称就能看出它们的使用效果。下面列出几个，大家体会一下：

突地吼——用头撞地，嗷嗷乱叫。

死猪愁——就算是死猪，用上这刑具也得魂飞魄散。

求破家——别再折磨我了，赶紧把我全家都杀了吧。

…………

史书记载，自从有了这十种刑具，酷吏们的业务水平显著提高，每次抓来囚犯，只是让他们看看刑具，就能把他们吓得汗流浃背，即便无罪也会认罪。这一点真的没有夸大，后来狄仁杰被来俊臣抓到以后，也是没有用刑就认罪了。

在理论的指导下，在刑具的逼迫下，以及在小弟们的努力之下，几年之内，来俊臣就成功诬陷并灭族了一千多户人家。注意，是家而不是人。

古时候一般人通常是五口之家，达官贵人一家往往有几十到几百口人。也就是说，直接死在来俊臣手中的人，少则五千，多则数万。

这其中包括一大批重量级官员，例如酷吏周兴、宰相李昭德、宰相岑长倩、宰相欧阳通、宰相格辅元、宰相乐思晦、宰相傅游艺、李纲的孙子李安静（李纲就是不愧太子杀手，辅佐谁谁完蛋的那个人）等人。

但是，来俊臣是个有理想的人，对自己的成绩并不满意。他深知人多力量大、众人拾柴火焰高的道理，于是在坑人的同时，还积极地发掘了一批徒子徒孙。

例如山西人侯思止，原来和武大郎是同行，大字不识几个，以卖饼为生。但他做的饼明显没有潘金莲做的好吃，所以生意也不咋样，最后沦落为别人的家奴。但因为诬告李唐皇室谋反，纯文盲的他也被封为五品的游击将军。

还有河北人王弘义，从小就是流氓，因为诬告做佛事的父老乡亲谋反，导致两百多位乡亲被杀，也被提拔为五品游击将军。后来有人诬告胜州都督王安仁谋反，武则天让他去查。在没有任何证据的情况下，他直接把王安仁及其儿子的脑袋砍了，用枪挑着进了洛阳城，血腥的场面一时间轰动了全国。

还有洛阳人万国俊，有人诬陷被流放到岭南的人准备谋反，武则天让他去查处。万国俊到达那边以后，把这些人全部集中起来，举行了砍人比赛，一个早上砍了三百多人。武则天大喜过望，把万国俊封为朝散大夫。

刘光业、王德寿、鲍思恭、王大贞、屈贞筠等酷吏，受到万国俊"丰功伟绩"的鼓舞，也纷纷举行了砍人比赛。刘光业杀了七百多人，王德寿杀了五百多人，其他三人各杀了一百多人。

有组织、有理论、有创新，而且心狠手辣，还注意培养后起之秀，来俊臣这种毫不利己、专业坑人的精神，很快就得到了武则天的格外赏识。武则天专门在洛阳丽景门设立了一个推事院，让来俊臣负责审判大案要案。

丽景门如今还在，已经成了洛阳的一个著名景点，大家到洛阳旅游时可以去看看。

在这群酷吏夜以继日的诬告之下，几年之后，原本充满活力的官场，终于变得如死水一般安静。

我们经常调侃的上班如上坟，在唐朝的文武百官中竟然真的成了现实。每次上朝之前，所有官员都会写好遗书，与家人深情告别。因为没有人知道，自己能否活着离开朝堂。

走在路上，两个认识的官员见面了也不敢交谈，只能远远避开，用眼睛示意对方：谢天谢地，老兄你还活着。

道路以目，这个公元前八百多年由周厉王发明的成语，在时隔一千五百年之后，又一次出现在神州大地上。

《资治通鉴·唐纪二十》：朝士人人自危，相见莫敢交言，道路以目。

八十七　李世民子孙遭屠戮，武则天终登皇帝位

从683年李治去世，到688年武则天开始收网，整整五年时间里，李唐皇室的各位王公大爷始终无动于衷。

武则天废除唐中宗李哲的时候，他们没有反抗；武则天杀裴炎的时候，他们没有反抗；武则天平李敬业叛乱的时候，他们没有反抗；武则天使用酷吏对正直的大臣们大开杀戒的时候，他们也没有反抗。

当把外围的一切反对势力杀干抹净之后，武则天终于把屠刀砍向了李唐皇室。

688年四月，武则天的侄子武承嗣找了一家锤子公司，在一块白色的石头上锤了八个大字："圣母临人，永昌帝业。"

随后，他让雍州人唐同泰，把这块破石头献给了武则天，说是在洛水中捡到的宝物。

武则天也知道这块石头是糊弄人的，因为后来又有人从洛水中捞了一块带有几个红点的白石，声称"此石赤心"要进献给武则天。宰相李昭德就把此人怼了

回去："此石赤心，难道洛水中其他的石头全都要造反不成？"武则天知道以后，也没有责怪李昭德。

但是，此时武则天正在为称帝做最后的冲刺，急需上头条、抢热点、搞宣传。别说在石头上刻字，就是在猪屁股上刻这八个字，武则天也会小题大做，借题发挥，搞出惊天动地的大动作来。

武则天先是把献石人唐同泰提拔为五品游击将军，又给这块石头起了个名字——"天授宝图"。可不要觉得武则天没文化，一块石头竟然起名叫"宝图"，这里的宝图不是图片的意思，而是一个词语，专指象征天命的图箓。

几天之后，武则天宣布大赦天下，把洛水的水神封为显圣侯，因为怕渔民们打鱼影响这位侯爷睡觉，武则天又下令禁止在洛水中打鱼。嵩山的山神也莫名其妙地跟着洛神沾了光，被武则天封为天中王。当然，山民们也得到了和渔民们一样的待遇，不允许到山上砍柴或者放牧。至于渔民们和山民们以后靠什么生活，是没有人在乎的。

神仙都需要自己去封，武则天本人自然也不能屈居神仙之下，所以她又把自己封为圣母神皇。"神皇"顾名思义就是神的皇帝，以前都是指玉皇大帝，现在终于有人和玉皇大帝抢饭碗了。

为了庆祝自己可以和玉皇大帝肩并肩飞上天，武则天又下令各州都督、刺史、皇族、外戚全部赶往洛阳，她要带着大家祭祀洛神，纪念这历史性的一刻。

在过去五年的时间里，李唐的各位王爷虽然懦弱，但并不代表他们是一群蠢货。

接到武则天的命令以后，几乎所有王爷都意识到了问题的严重性。武则天不是要祭神，而是要拿他们的人头祭祀她的皇位。

李渊的孙子东莞公李融，无论如何也不愿意相信这个结果，专门派人到洛阳问了问亲信，结果得到的答案只有三个字："来，必死。"

已经退无可退，那就只能反了。

于是，绛州刺史韩王李元嘉（李渊的儿子）、青州刺史霍王李元轨（李渊的儿子）、邢州刺史鲁王李灵夔（李渊的儿子）、豫州刺史越王李贞（李世民的儿子）、通州刺史黄公李撰（李渊的孙子）、金州刺史江都王李绪（李渊的孙子）、申州刺史东莞公李融（李渊的孙子）、范阳王李蔼（李渊的孙子）、博州刺史琅邪王李冲（李世民的孙子）等九位王爷，开始在私下里积极联系，准备起兵勤王。

八月十七日，博州刺史琅邪王李冲（奶奶是武则天的姨表姐）率先扛起了勤王大旗，并向韩、霍、鲁、越、纪五位王爷发去了伪造的皇帝诏书，让他们各自起兵，共同杀向神都洛阳。

可惜的是，除了李冲的老爹越王李贞以外，其他几位王爷要么软了，要么还没有准备好，说好的群殴一下子变成了二打一。这些人死到临头，还不心齐，只能哀其不幸，怒其不争了。

更加悲摧的是，李冲和他爹李贞又是最不能打的那两个。

李冲在山东博州吆喝半天，只招募了五千人。在攻打第一座县城武水的时候，李冲觉得不可硬攻，只能智取。于是，他就选择放火烧城门。

但让他万万没想到的是，火刚刚烧起来，就刮起了逆风，城门还没有被烧掉，自己人却被烧死了不少。武水县令借此机会，带着一千多人冲了出来，把他干趴下了。

八月二十三日，李冲带着几十号残兵败将，狼狈不堪地跑回了博州老巢，但在进城的时候，被一群门卫给砍了。李冲的勤王事业就这么结束了，前前后后一共才持续了七天。

武则天让丘神勣去平叛，丘神勣连李冲的影子都没有看见，就收到叛乱已平的消息。

作为赫赫有名的酷吏，丘神勣觉得带着几万人出来溜达一圈，什么也没干就回去，实在是太丢人了。所以到达博州以后，他就把出城迎接自己的一千多官吏杀了，把平叛说成自己的功劳，这才心满意足地回去了。

李冲的老爹越王李贞，在豫州（今河南）也招募了几千人。听说儿子兵败被杀以后，心想儿子没了还可以再生，自己的命没了就真没了。所以，他两脚一软就把自己捆了，准备到洛阳去请罪。

但是，就在他去洛阳的路上，遇到了自己的亲信新蔡县令傅延庆。傅延庆指着自己刚刚招募的两千多人，发表了一番义正词严的演说：投降是死，战死也是死，为何要自投罗网？

李贞被说得目瞪口呆，这才重新恢复造反的勇气，回到了豫州城。

九月，武则天任命左豹韬大将军麴崇裕为中军大总管，岑长倩（后来官至宰相，被武则天所杀）为后军大总管，领军十万杀向了李贞。

听说对方来了十万大军，李贞瞬间又尿了。一般人这时候，起码要研究一下排兵布阵，虽然是临时抱佛脚，基本没有用，但死在战场之上，起码也能死得壮烈。但是李贞却埋头搞起了封建迷信。

他先是请了一些道士、和尚天天在家吃斋念经，希望老天爷能派下来几位天兵天将，然后又让士兵们贴上刀枪不入的神符，准备把敌人贴死。李世民要知道自己生了这么个儿子，估计能气得从坟里爬出来。

几天之后，麴崇裕的十万大军就杀到了豫州城东四十里的地方。李贞不敢出战，就让小儿子李规和亲信裴守德带着几千人主动迎了上去。

结果可想而知，几千军心涣散的士兵，去打十万雄兵，怎么可能胜利。双方刚一接触，李规就被打得大败亏输。麴崇裕在后面紧追不舍，直接杀到了豫州城下。

在人生的最后时刻，李贞终于展现出一个男人应有的气概。他拒绝投降，和儿子李规、亲信裴守德等人全部自杀殉国。他们的妻子为避免城破之后被人侮辱，也全部选择了自杀。

起兵失败，是能力问题。有没有起兵，是态度问题。虽然李贞和李冲父子失败得如此之快，虽然他们中还有人中途想过投降，但比起那些死到临头还不敢反抗一下的王爷，他们无疑是勇敢的。如果地下有知，他们面对李渊和李世民的时候，也应该无愧于心了。

李唐皇室的唯一反抗行动，或者说自救行动，就这么简简单单结束了，没有豪情万丈，没有激情澎湃，甚至没有一点波澜。

但是杀戮并没有因为李贞和李冲的死而结束，在之后的一年多时间里，武则天以此为借口开始了对李唐皇室的大屠杀。不管你有没有造反，不管你身居何位，只要你是李渊和李世民的子孙，基本上都在劫难逃，由于名单太长，我们只列一部分吧：

韩王李元嘉、鲁王李灵夔、范阳王李霭、黄公李撰、东莞公李融、霍王李元轨、江都王李绪、舒王李元名、汝南王李玮、鄱阳公李諲、广汉公李谧、汶山公李蓁、恒山王李厥、江王李知祥及其子李皎、嗣郑王李璥、豫章王李亶、蒋王李炜、安南郡王李颖、�国公李昭、滕王李元婴子六人、纪王李慎之子义阳王李琮、楚国公李璿、襄阳公李秀、广化公李献、建平公李钦、曹王李明及诸宗室李直、李敞、李然、李勋、李策、李越、李黯、李元、李英、李志业、李知言、李元贞和钜鹿公李晃等人。

总之，李渊二十二个儿子的子孙，李世民十四个儿子的子孙，除了李治这一支以外，基本被杀，年龄太小的则全部流放岭南。

当然，李治的子孙也被武则天杀了不少。690年七月，李治的儿子李上金、李素节被逼自杀，他们的儿子和亲属亦全部被杀。同年八月，废太子李贤的两个儿子，也就是武则天的亲孙子，被人用鞭子活活抽死了。

　　放眼整个李唐皇室，只有李渊的女儿，也就是李治的姑姑千金长公主侥幸逃过一劫。但前提是，比武则天年龄、辈分都要大的她，被武则天认作干女儿，并被赐予武姓。

　　除此之外，武则天还杀了至少二十位宰相，有些前面已经介绍过，在这里简单列出名单吧：

　　裴炎、魏玄同、刘景先、岑长倩、欧阳通、郭正一、傅游艺、韦方质、崔詧、王德真、裴居道、张光辅、范履冰、骞味道、史务滋、格辅元、李元素、孙元亨、刘祎之、李昭德等等。

　　哎，问天下权力为何物？直叫人走火入魔。

　　至此，武则天终于杀尽了所有的反对派，她用敌人的尸首为自己实现帝王之梦铺平了道路。

　　就在用鞭子抽死亲孙子的第二个月（690年九月），以傅游艺为首的狗腿子们带领关中九百多位百姓，上书请求武则天称帝。武则天假装不许之后，傅游艺等又纠集了六万多人，继续上表请求武则天称帝。

　　武则天也没有心思玩三辞三让的把戏，这一次她接受了所谓的请求。690年九月九日，六十七岁的武则天登上洛阳则天楼，自称圣神皇帝，宣布大赦天下，改唐为周，改元天授，定都洛阳，以李旦为皇太子，赐姓武氏。

　　武周王朝，自此拉开了序幕！

八十八　武则天时期的对外战争真的那么不堪吗

　　每一次内部大清洗，紧跟来的往往都是外部大危机。武则天前期的对外战争（注意是前期），基本上不忍直视。

　　道理很简单，名将是可遇不可求的。经历过无数次铁血历练的人，不一定能够成为名将；从来没有上过战场的人，也可能一鸣惊人。

　　李治驾崩的时候给武则天留下了四位名将：坐镇长安的宰相刘仁轨，在青海湖畔抵御吐蕃的黑齿常之，在蒙古高原抗衡东突厥的程务挺，在西域荒漠看守丝绸之路的王方翼。

　　有这四个人在，大唐的万里边疆基本安宁，虽然不能继续扩张，但是固守疆域完全不成问题。

　　武则天掌权之后，刘仁轨因为年龄太大先死了，而其他三个人全被她杀了。这就相当于李渊开国的时候把李世民、李靖、李勣全宰了，对敌人而言，简直不要太开心。

　　不过用武则天的话说，这叫"务在仁不在广，务在养不在杀……行乎三皇五帝之事者也"。

686年，也就是李治死后的第三年，武则天为了"行乎三皇五帝之事"，下令削减了安西四镇的边防军。从687年到688年，吐蕃趁机入侵拿下了安西四镇。至此，几十万平方公里土地，落入敌手。

自己还没有称帝，就先丢失了大片国土。消息传回洛阳，武则天这才意识到问题的严重性。她固然暴虐，但并不昏聩，在军国大事上，她还是很想有所作为的。

于是，第二年（689年），武则天命令宰相韦待价为安息道行军大总管，率领三十六路总管气势汹汹地杀向吐蕃。这是自678年大唐十八万大军大败于大非川以来，唐军第一次对吐蕃发起大规模进攻。

大军出发之前，有人给武则天提意见，按照惯例，军中需要派一位御史作为监军，将领打仗不一定出色，但政治考核必须绝对过关。

一向疑心病颇重的武则天，这一次却罕见地表现出用人不疑的明君风范。她表示："古代明君用将，从来不插手城外之事。我听说军中大小事务都要禀报给御史监军，以下制上，将领怎能取胜？"

武则天所言的确没错，御史监军如果和将领配合得不好，确实会影响将领的发挥。但问题在于，这个将领得是一个很有水平的将领，而韦待价恰恰是一个没有什么战绩的人。

他以前虽然参加过不少战斗，但是战功根本不能和薛仁贵相提并论。当年薛仁贵都被吐蕃的论钦陵打得大败亏输，韦待价又怎么会是论钦陵的对手？

所以这支大军的结局，从武则天任命将领的那一刻起，就已经注定了。当年七月，韦待价在寅识迦河（今新疆伊宁西南）被吐蕃打得大败而逃，唐军死伤惨重。

武则天并不纯洁的心灵受到了严重的暴击，好不容易相信了一次别人，就被打脸打成了胖子。大怒之下，武则天把韦待价从宰相贬为平民，又流放到绣州（今广西桂平），还斩了副将阎温古。

生气归生气，丢人归丢人，但政治家还是得学会妥协。在之后的两年时间里，武则天由于忙着屠杀李唐皇室和称帝，只好咽下了这口气。

692年，吐蕃上层爆发了比较大的内乱，老二曷苏带着三十万难民准备投奔大唐（690年唐改朝成周，但为了方便叙述，我们还用唐）。

武则天大喜过望，给这三十万人发绿卡，不仅能够分裂吐蕃，还能报仇雪恨，简直不要太爽了。于是武则天急忙派出两万精兵，去迎接曷苏等人。但是，就在唐军火急火燎地赶到大渡河边的时候，曷苏投降的事情意外泄露了，几十万人又被吐蕃军赶了回去。

眼看煮熟的鸭子飞了，大唐上上下下都陷入一片失落之中，只有一个人例外。这个人就是几年之后出将入相在洪源谷大败吐蕃的大唐名将，《易经》的死忠粉，现任西州（今新疆高昌）刺史唐休璟。

唐休璟出生于627年，他的一生比较有传奇色彩。他出身显贵，爷爷和老爹分别担任过洛阳县令和咸阳县令，算是首都一小时经济圈中的名流人物。

但是由于他爹死得早，他小时候也没有享受过什么特别的待遇。二十多岁的时候，他受到李恪谋反案的牵连，一下子被从首都贬到营州（今辽宁）当户曹。

现在因为有机械化生产，明朝以后又有了玉米、土豆、高寒水稻等抗寒作物，大家都知道东北的黑土地粮食产量老高了，东北大米也老香了。但那时候，东北的农业水平可是寒碜得惊人，老铁们要么游牧、要么渔猎，很少有人敢种地。另外，那时候东北没有暖气，大家还不能躲在房间里大喊"老铁刷礼物"，估计只能喊"老冷、冷、冷、冷、冷……"。

在这么一个农业"大省"，肯定干不出什么成绩，让唐休璟去当户曹，很明显就是不准备再提拔他了。事实确实如此，他在这里一待就是整整二十六年。

679年，唐休璟终于从一个二十六岁的青年，变成了一个五十二岁的老人（在古代这个岁数可以称为老人了）。如果不出意外，到达法定年龄他就该退休了，史书上也不会留下他的名字。他就会像一片落叶一样，无声无息地来，无声无息地去。

但这一年，意外终于还是发生了，归附大唐将近五十年的东突厥突然反叛了。

对于大唐来说，这不是一个好消息，对于唐休璟来说，也不是一个好消息。因为他身处营州，正是唐突的边境前线，而他只是一个户曹，铠甲没摸过，刀枪没练过，兵书也没读过，只学过一本《易经》，用这玩意儿算卦可以，至于打仗嘛，效果如何就不知道了。

可是营州都督周道务估计和唐休璟有仇，非让他带兵去平叛。军令如山，唐休璟这只老鸭子，只好硬着头皮上了架。

人要不被别人逼一把，就不知道自己有多优秀。被周道务这么一逼，抑郁了几十年的唐休璟算是找到了感觉。

辽阔的荒漠，招展的旌旗，来去如风的战马，雷鸣一般的战鼓，让唐休璟的豪情壮志喷薄而出，磨砺了五十多年的宝剑，终于该出鞘了。

第一次领军作战的唐休璟，在独护山面对汹涌而来的突厥大军丝毫不惧，他带着手下为数不多的唐军，一路上奋不顾身，左冲右突，终于将突厥打得大败而逃。从此他一战成名，开启了三十多年飙升之路（这位仁兄一直活到了八十六岁，几次担任宰相）。

看来管农业的人都有成为名将的潜力啊，战国末期名将赵奢当年就是管农业的，生平第一战就破了强秦，而唐休璟第一战就破了突厥。成功之人总有相似之处，那就是不务正业。

唐休璟因为战功被升为五品丰州（今内蒙古五原南）司马。三年之后，东突厥大军又围攻丰州，这一战丰州都督亲自出战，结果被突厥斩了。

当时刚好李治病重，很多大臣都主张放弃丰州，将百姓迁往灵州一带，但是遭到唐休璟的极力反对，随后他亲自带兵驻守丰州，稳定住了混乱局势。从此，这个人开始进入武则天的法眼，很快把他升为安西副都护。

689年，宰相韦待价被吐蕃打得大败而逃之后，六十二岁的唐休璟不甘心失败。他没有像大部分人那样为了活命四散而逃，而是沿途收集残兵败将，率领大家回到了抵抗吐蕃的最前线西州（今新疆高昌）。

当时西州城内人心惶惶，安西四镇去年刚刚丢失，朝廷的几十万大军又被打败，当朝宰相已经跑得无影无踪，仅靠一群漏网之鱼，如何抵挡气势正盛的吐蕃大军？

但事实证明，勇气有时候比人数更加重要，面对强敌，这群刚刚吃了败仗的唐军，在唐休璟的鼓舞之下，还真的抵抗住了吐蕃军的后续进攻，为唐军大部队的撤退赢得了宝贵时间。

唐休璟因功又被升为西州都督，在之后的岁月里，他一直暗自努力，思考着破敌之策，准备一雪前耻。

692年，在吐蕃老二归降大唐的这一年，当所有人都为受降失败而快快不快的时候，唐休璟敏锐地捕捉到了战机——吐蕃高层内乱，收复安西四镇的时机到了。

于是，他急忙写了一封奏疏，请求武则天抓住战机，赶紧派兵收复安西四镇。

一语惊醒梦中人，武则天在第一时间同意了他的请求。按照谁出主意谁干活的原则，此次出征的将军本非唐休璟莫属，而唐休璟也是这么想的，不然他怎么会浪费几亿脑细胞，想出这么一个好主意。

但是，武则天鉴于上次韦待价的大败，不敢让战功不太显赫的唐休璟率军出征。她思来想去，最后选择了一个曾经在吐蕃待过好几年，对那边的虚实比较了解的名将——王孝杰。

看过《神探狄仁杰》的朋友，肯定都知道王孝杰。在电视剧里，他长相丑陋，一脸刀疤，四肢发达、头脑简单、脾气暴戾。当然，他也侠肝义胆。

但在历史上，王孝杰可是一位有勇有谋、不可多得的将才。另外，他的长相虽不出众，但也绝对不是一脸刀疤。

王孝杰，长安人，出生日期不详。和很多半路出家的名将不同，他是从底层干起来的小兵。靠着一个又一个的军功，在678年的时候，他就担任了副总管。

当年李治命令李敬玄率领十八万大军征讨吐蕃，工部尚书刘审礼为前锋，王孝杰就是刘审礼的副总管。结果他们中了论钦陵的埋伏，唐军前锋一万多人全军覆没，王孝杰也被生擒。

但是他的长相救了他一命，不是因为他长得帅，也不是因为他脸上有刀疤看着凶，而是因为他长得像吐蕃老大赤都松赞他爹。

赤都松赞一看见王孝杰，就跟看见亲爹还魂了一样，赶紧给他松了绑，以礼相待。几年之后，赤都松赞觉得让王孝杰一直留在吐蕃也不是个事儿。想念死去的老爹是一回事，但老爹真复活了，那就是另一回事。天天看着像爹的王孝杰总是有点瘆人，于是就把王孝杰放回了唐朝。

哪知道这一放，把安西四镇放丢了。

王孝杰接到武则天的任命之后，深知此战的重要性——只能胜利不能失败。如果失败再被吐蕃抓住，肯定要被斩，长得像吐蕃老大他爷也不行。即使不被吐蕃抓住，连续两次大败，武则天也饶不了他。

所以王孝杰不敢有丝毫怠慢，一到战场上就跟打了鸡血一样，率领大军拼了命地往前冲。事实果然如老话所说，"横的怕愣的，愣的怕不要命的"，驻扎在安西四镇的吐蕃军本来就因为上层内乱而人心惶惶，被这么一个不要命，又像自己老大老爹的人一顿狂扁，瞬间就失去了抵抗能力。

当年十月，王孝杰一路势如破竹，接连收复了安西四镇，并再次在龟兹设立了安西都护府。

两年之后，不甘心失败的吐蕃联合东突厥卷土重来，王孝杰再次重创它们的联军六万多人。

武则天大喜不已，将王孝杰提拔为左卫大将军、兵部尚书。随后，武则天吸取了几次失去安西四镇的教训，力排狄仁杰等宰相的异议，派出三万唐军长期驻守安西四镇。

自此以后，安西四镇终于稳定下来，一直到唐玄宗时期，再也没有被夺去。

两次大胜，一举挽回了多年以来大唐对吐蕃战争的不利局势，也让王孝杰从此位居名将之列。但是这两次大胜也让武则天产生了轻敌的心理，她显然忘了最重要的一件事——这两次大战，对方的主帅都不是吐蕃第一名将论钦陵。

696年，武则天再次集结重兵，令王孝杰为大总管、娄师德为副总管再次征讨吐蕃。

娄师德我们前面提到过，就是678年李敬玄率军十八万征讨吐蕃时，在脑袋上绑了一条红抹布投笔从戎的那个胖子。在李敬玄大败之后，他收拾残兵败将稳定住军心，抵挡住了吐蕃的后续进攻。

四年之后，面对吐蕃的大举进攻，他又八战八捷，让大唐和吐蕃在青海一带形成了势均力敌的对峙局面。

武则天派这两位名将前去，毫无疑问，就是准备和吐蕃掰掰手腕，让对方知道大唐的厉害，从此不敢北望。

可惜的是，这一次唐军面对的是论钦陵。当年三月，双方在素罗汗山（今甘肃临洮界）大战一场，唐军又一次被打得大败亏输。

武则天一怒之下将王孝杰削职为民，将娄师德贬为原州员外司马。

从687年到696年，大唐与吐蕃一共交手了五次。论次数，唐军兵败三次，吐蕃兵败两次。论规模，唐军有两次属于大败，吐蕃有一次属于大败。论能力，平心而论，此时的唐军名将，没有一个人能打得过论钦陵，吐蕃稍占上风。

对于欲与天公试比高的圣神皇帝而言，这个战绩不知道大家怎么看？

更让武则天头疼的是，当年五月，北方原来默默无闻的契丹，突然之间大举反叛，一举攻陷营州，打到了魏州（今河北）。

大唐有史以来最丢人的一次镇压行动，就要上演了。

八十九　死伤二十八员大将，武则天被迫丧权辱国

自从605年韦云起一个人跑到东突厥借了两万兵大破契丹军，尽获其男女四万人之后，契丹一下子老实了五十多年。

在这五十多年里，契丹基本都是隋朝和唐朝的小跟班，无论是隋炀帝打高句丽，还是唐朝打东突厥和高句丽，他们都出人出力又出钱，无休无止又无奈。

契丹人的良好表现赢得了李世民的青睐。于是，李世民就在契丹人聚居区设立了松漠都督府（今内蒙古西拉木伦河流域），让契丹的酋长担任都督，并赐其李姓。

660年，老契丹酋长去世了，新任酋长头比较硬，不愿意再当小弟，就联合奚族人造了一次反，结果被头更硬的李治三下五除二灭了，契丹人又老实了三十多年。

经过几十年的民族大融合，契丹人和汉人之间终于结下了深厚的梁子。

696年，契丹发生了大饥荒，按照规定，地方政府应该赈济灾民，帮助小兄弟渡过难关。

　　但当时的营州都督赵文翙（huì）是汉人，有严重的民族歧视倾向，他看契丹人的发型和穿着都不顺眼，所以就没有把契丹人当人看，不但不赈济灾民，还不把前来求助的契丹酋长放在眼里。

　　松漠都督李尽忠以及他的大舅子归诚州都督孙万荣都是契丹人。以前这两人就很厌烦赵文翙高高在上的嘴脸，但天下局势安定，他们只能咬碎牙往肚子里吞。

　　可是现在情况不同了，原本牛羊遍地的草原，如今放眼望去饿殍遍野，犹如无人打理的乱坟岗；原本丰硕健壮的同胞，如今一个个瘦骨嶙峋，犹如刚从地狱里爬出来的恶魔；原本一个个幸福美满的家庭，如今却要卖儿卖女，上演一出出人间惨剧。

　　正所谓饿上三天歹心生，活不下去的顺民变成了张牙舞爪的乱民。李尽忠和孙万荣被赵文翙训斥之后，一怒之下就起兵造反了。

　　在他们的带领下，整个契丹部落一呼百应，十日之内就聚集了数万乱民。他们打着恢复李唐江山的旗号，一路上势如破竹，先是攻克营州，杀了赵文翙，之后又一路向南，顺利穿过燕山，一直打到了卢龙。

　　卢龙这个地方我们在李世民打高句丽的时候讲过，是辽西走廊最主要道路卢龙道的起点，一旦拿下这里，整个华北平原，基本无险可守。

　　五月二十五日，契丹反叛的消息传回了洛阳，正在为唐吐之战大败而愤怒的武则天暴跳如雷。从626年东突厥打到长安城下到现在，已经整整七十年了，从来没有一个少数民族能打入中原腹地，哪怕强大如吐蕃，也只是在边境上对垒，如今名不见经传的契丹却打到了河北，是可忍孰不可忍。

　　当即，武则天就忍不住打了一番嘴炮，把李尽忠的名字改成了李尽灭，把孙万荣的名字改成了孙万斩（除了过过嘴瘾，也不知道有啥意义）。

　　接着她又调集曹仁师、张玄遇、麻仁节、李多祚等二十八员大将，气势汹汹地向前线扑了过去，准备一举灭了契丹。

一个多月后，武则天突然害怕这二十八员大将不堪重用，又派了一个更加不堪重用的人前去增援——武则天的侄子，当时的春官尚书（礼部）武三思。

李尽忠和孙万荣虽然是契丹人，估计也没有读过几本书，但他们与一般的造反派不同，不仅作战勇猛，悟性还极高。看到唐军规模如此庞大，他们既没有畏惧逃跑，也没有面对面直接硬杠，而是选择了比拼智商。

他们找来一个小兵，让他把前几天俘虏的几百名唐军从地牢里放了出来，并给了这群人一些食物。

唐军俘虏看了看食物，又看了看小兵，吓得两条腿直打战。按照电视剧的情节，这肯定是准备让他们做饱死鬼。就在俘虏们吓得眼泪都快要飙出来的时候，小兵终于说话了。

他一脸痛苦地表示自己的爸妈被饿死了，但仍然不想造反，都是被李尽忠、孙万荣逼的，希望唐军能够赶快杀过来，他会带着兄弟们立刻投降。之所以放了大家，一方面是想让大家赶紧跑回去报信，解救处于水深火热中的自己；另一方面是唐军杀到的时候，大家能记得他的好，放他一条生路。

刚刚还被吓得半死的俘虏们听小兵这么一说，脾气立马就上来了，纷纷装起了大爷，表示这事包在他们身上，绝对不会让小兄弟失望。因怕小兵中途反悔，他们也不敢久留，随便扒拉了一些食物，就连滚带爬地向唐军的驻地幽州（今北京）跑去。

唐军大将曹仁师、张玄遇、麻仁节等人本来就没有把契丹人放在眼里，二十八员大将可能打不过吐蕃，但是打小小的契丹还是没有问题的。所以，当逃回去的俘虏们添油加醋地把契丹兵的尿样描述完之后，他们就跟看到了一头头金猪一样两眼发光，带着大部分主力，朝着契丹军的驻地卢龙奔了过去。

等冲到距离卢龙不远的黄獐谷的时候，唐军惊讶地发现，俘虏们果然没有骗他们，一大批契丹老兵带着一群老牛瘦马前来投降了。另外，这群契丹兵还带来了一个好消息：契丹的主力听说唐军来了以后，已经狼狈不堪地逃窜了，如果现在去追，也许还能打一场大胜仗。

曹仁师等人大喜过望，就跟老光棍看见了小媳妇一样，顿时气血上涌，丢下步兵和辎重，带着所有的骑兵，火急火燎地就冲了过去。

等到达黄獐谷深处的时候，曹仁师看见峡谷两边地势险峻、森林茂密，心想契丹人可真是傻，如果在此处设伏，唐军就算长了翅膀也逃不出去。就在他洋洋得意的时候，他的梦想果然成真了。

一时之间，契丹伏兵四起、箭如雨下。惊慌失措的唐军，急忙调转马头就往回跑，但是归路早已被契丹兵堵死。唐军就像一群被关在笼子里的老虎，眼看着敌人的一支支冷箭射向自己，却毫无还手之力。

片刻之后，原本人声鼎沸的战场终于安静了下来，唐军的尸体如同被冰雹砸过的庄稼，横七竖八地躺满了整个山谷，只剩下几匹倔强的战马，站在它们主人的旁边，一声声悲凉的嘶鸣，算是士兵们最后的哀乐。

曹仁师、张玄遇、麻仁节这三位没有脑子的大将，却很不幸地活了下来。是的，他们活着，是唐军的不幸。

李尽忠和孙万荣拿着缴获的唐军印信，伪造了一封文书，让这三位哥们在上面签字，否则大刑伺候。三个人非常能屈能伸，还没等敌人的鞭子抽到自己身上，就着急忙慌地签上了姓名。

这封信的内容是这样的：官军已破贼军，后面的唐军必须火速前进，如果不能按时到达前线，所有军官按军法处置。

后面的唐军谁也想不到，领导们竟然全部叛变了。收到伪造的军令后，他们自然不敢有丝毫怠慢，便日夜兼程地向前线狂奔而去。就在他们精疲力尽，即将到达前线的时候，历史又一次重演，契丹伏兵四起，唐军全军覆没。

至此，武则天派出的第一批平叛部队，以及二十八员大将，死伤殆尽。

九月，唐军大败的消息传回了洛阳，武则天气得一口老血差点喷涌而出。

一年之内，西边败于吐蕃，东边败于契丹，而且全都是大败亏输，在大唐开国八十年以来绝无仅有。自己精挑细选了二十八个人，本来想以多欺少，对契丹实行降维打击，挽回年初兵败吐蕃的面子，没想到契丹如此生猛，左一刀，右一刀，刀刀不离后脑勺。

愤怒到极点的武则天不顾大臣的反对，连续下达五道命令，摆出了拼命的架势：

第一道，释放全国所有能打仗的囚犯以及家奴，火速发往幽州前线。

汉武帝当年万里远征大宛，也不过是"赦囚徒扞（捍）寇盗，发恶少年及边骑，岁余而出敦煌六万人"。如今武则天把全国能打的犯人都放了，堪称史无前例。大臣陈子昂上书反对，说武则天让犯人当兵有损国家体面。武则天理都没理，都啥时候了还讲体面？

陈子昂就是写下"前不见古人，后不见来者。念天地之悠悠，独怆然而涕下"的那个著名诗人。

第二道，崤山以东边境各州，全部一级警戒，扩军备战，增设武骑团兵，全天防备契丹。

第三道，重新起用被贬名将王孝杰为清边道行军总管，苏宏晖为副总管，统兵十八万讨伐契丹。

第四道，起用狄仁杰为魏州（今河北邯郸市大名县）刺史，代替已经被吓傻的原刺史。

第五道，以武则天的侄子武攸宜为清边道行军大总管，陈子昂为参谋，总揽全局。

命令发出以后，武则天终于长长舒了一口气，最能打的人，最有名的人，全都派了出去，剩下的就只能交给天命了。

可惜的是，墙倒众人推，鼓破万人捶，武则天想安静一会儿，大唐周围的其他小兄弟却一点也不想让她休息。王孝杰等人刚刚出发，大唐的西南、西北边境就纷纷出了问题。

吐蕃的论钦陵看到唐朝新败，立马派人到洛阳要求和亲，实际上则是威胁武则天，要求她割让包括安西四镇，以及西突厥十部落在内的上百万平方公里土地。

后突厥的可汗阿史那默啜也趁机踹了大唐一脚，率领数万大军突袭凉州，并俘虏了凉州都督许钦明（李白老婆的族兄）。随后，他也学习吐蕃威胁武则天，逼迫武则天的儿子娶自己的女儿。

大家可能会很奇怪，强迫别人儿子娶自己女儿当老婆怎么能算是威胁？哪怕对方长得再丑，两眼一闭，忍忍也就过去了。古代的男人嘛，老婆多一个也无妨。

如果真的这么简单，武则天的确不吃亏，但问题在于，这位亲家公狮子大张口，要的彩礼让武则天直揪心：

归还当年投降唐朝的数千户突厥人（一户至少五人，共几万人）；

谷物的种子四万斛（四百多万斤）；

各种丝织品五万段；

农具三千件；

铁四万斤。

想当年李治在位时期，唐军是多么辉煌，面对四周强敌还能同时三线出击，刘仁轨打百济、苏定方打高句丽、薛仁贵打回纥，而且全都是压着敌人打。如今才过去三十年，往日的巨唐却要被小弟们轮流欺负。

要是答应他们的要求，那就不是武则天一个人丢人，整个大唐都丢不起这人。

要是不答应他们的要求，吐蕃和突厥同时发难，巨唐就可能提前几十年进入安史之乱时期了。

难啊，焦头烂额的武则天左思右想，也不知道该如何是好，只好把宰相们召集起来开会讨论。

这时候，当朝的几位宰相都是平庸之辈，处理政事马马虎虎，领兵打仗全都不会。所以，没有人敢于承担重任，到边境防备突厥或者吐蕃。争论了半天，最后大家一致同意，签下丧权辱国的城下之盟，接受突厥的无礼要求。

为什么说这份协议丧权辱国呢？如果武则天能够像当年的李世民那样，养精蓄锐，几年之后再推平突厥，那么这份协议应该叫权宜之计，我们得夸赞武则天的雄才大略，能忍常人所不能忍。可惜的是，在之后的将近十年里，武则天不仅没有推平突厥，还让突厥靠着她的"彩礼"势力大增，控地上万里，搞得大唐北方边境鸡犬不宁。

对于吐蕃的要求，宰相们都两眼翻白，也不知道如何是好。割地百万平方公里，没有人能承担起这责任。但如果不割地求和，吐蕃万一打过来，又没有人能抵挡得住。

在万般无奈之下，武则天只好又开了一个军事扩大会议，把文武百官全都召集起来商量对策。

幸运的是，终于站出来一个人，他完美地解决了这个问题，没有让武则天再签另一份丧权辱国的协议。

九十　王孝杰战死沙场，这一仗赢得真窝囊

出来帮助武则天解决问题的人叫郭元振，如果不是考虑到他以后为唐朝作出的巨大贡献，笔者真的很想骂他。

他以前在四川射洪当县尉。这个职位本来应该保卫一方平安才对，但他却当起了黑社会老大。好事一件不干，坏事一件不落，制造假钞不说，还到处拐卖妇女儿童。

武则天虽然对自己的儿子很刻薄，但也知道干这种事缺大德。所以她知道这件事之后，就让人把郭元振押到京城，准备杀了他以解民愤。

但是在杀郭元振之前，武则天也不知道哪根筋搭错了，把他叫到宫中聊了一次。

刚聊一会儿，武则天就敏锐地察觉到郭元振竟然是一位奇才，不仅文章写得好，谋略还极深，脸皮还极厚，很有做大事的风范。

于是，武则天转怒为喜，网开一面，不仅没有治他的罪，还把他提拔为奉宸监丞，相当于武则天的男秘书。

郭元振给出的办法很简单，既然不能答应割地赔款，又不能不答应，那就走中间路线——拖。

唐朝可以表面上同意割让安西四镇以及西突厥十部落，但前提条件是吐蕃需要用吐谷浑的故地来交换，到时候论钦陵肯定不会同意。双方一来二去，就得花好几个月时间，那时契丹早就被平定了。到时候再拒绝论钦陵，他也不敢把唐朝怎么着。

另外，吐蕃百姓都渴望和平，只有论钦陵天天吆喝着打仗，所以大唐还可借谈判之机挑拨论钦陵和吐蕃老大赤都松赞的关系，来个借刀杀人（论钦陵和赤都松赞的关系，相当于曹操和汉献帝）。

一语惊醒梦中人。郭元振刚说完，武则天就拍板同意了他的意见。

按照谁出主意谁干活的原则，郭元振当仁不让地作为大唐使者出使了吐蕃。后面的事情，也基本按照他写的剧本发展了下去，大唐保住了安西四镇和西突厥十部落。

三年之后，论钦陵，这位雪域第一战神，终于被赤都松赞所杀。他死之后，吐蕃再也没有出现比他还能打的将领，从此唐朝一举扭转了面对吐蕃的不利局面。

郭元振也因功连跳几级。在以后的岁月里，他改邪归正，又是治理凉州，又是都护安西，又是官拜宰相，为大唐边疆的安定作出了巨大的贡献，成为出将入相的一代楷模。以至于大名鼎鼎的杜牧直夸他：镇凉州仅十五年，北却突厥，西走吐蕃，制地一万里，握兵三十万。

看来人呐，还是不能凭一时好坏定输赢。现在的小人，可能是未来的君子，而眼前的君子，亦可能是暗地里的小人。

周处少年凶煞，晚年却忠勇无二，以身殉国；王莽台前忠义，幕后却篡汉滔天，虐烈商辛。所以，不要轻易给一个人定性，不到最后，你永远不知道一个人究竟如何。

就在郭元振出使吐蕃的时候，突厥那边也传来一个巨大的好消息。阿史那默啜没有食言，在得到武则天的承诺之后，立刻带兵偷袭了契丹的老巢松漠，李尽忠和孙万荣的妻子儿女全部被俘。当年十月，李尽忠连气带病，一口气没上来，竟然死了。

五个月了，契丹叛军终于被打败了一次，虽然不是被唐军打败的，但终究还是败了。

王孝杰刚刚被起用，就收到了如此大礼，一时间心花怒放，立马就准备提刀砍人。他相信只要能够趁着敌军人心惶惶之机，火速前进，主动出击，必然能够大获全胜，平定契丹叛乱，已经指日可待。

但不幸的是，道高一尺，魔高一丈，叛军老二孙万荣也敏锐地察觉到了这一点。

他知道自己一旦回兵救援老巢，或者畏缩不前，唐军就会在后面痛打落水狗，自己就将踏入万劫不复的深渊。

而摆脱这种不利局面的唯一办法，就是装作若无其事，让士兵们看到自己的信心，然后再出其不意地攻击唐军，唐军必然没有防备。如果获得几次大胜，士兵们就能恢复斗志，到时候自己再派一部分人回救老巢，唐军必然不敢轻易追击。

事实也全部按孙万荣的预料发展了下去。王孝杰根本没料到孙万荣智商如此之高，契丹很快就攻破了瀛州（河北河间），好好吃了一顿河间驴肉火烧。

接着契丹又攻破冀州（河北衡水），喝了一碗衡水老白干，杀了刺史陆宝积，以及其他官吏和百姓数千人，大有当年刘黑闼席卷整个河北之势。

等到孙万荣连胜两次之后，王孝杰这才反应过来，急忙率领十八万大军扑了过去。

孙万荣对王孝杰早有耳闻，知道这是一员曾经两胜吐蕃的猛将，与之硬拼必然损失惨重。

所以当王孝杰扑过来之后，孙万荣根本没有和他正面硬刚，而是机智地采用了敌进我退、敌疲我打、敌驻我扰的战术，一路上且战且退，一直向后退了七百多里，到了卢龙西北（今河北唐山迁安）。

此时已经到了第二年的三月，王孝杰和孙万荣打了差不多五个月。

刚开始，王孝杰还是很重视孙万荣的，毕竟这个对手在自己眼皮底下攻破了瀛州和冀州，让自己吃了一个大闷亏。

随着时间的推移，王孝杰开始发现孙万荣也不过如此。在过去的五个月时间里，他除了后退就是后退，根本没有组织过像样的进攻，事实已经充分证明，他根本不是自己的对手。

一种狂妄自大的情绪开始在王孝杰心中蔓延，他相信再打一仗，就可以把孙万荣赶到燕山以北，当年自己兵败吐蕃的耻辱就可以洗刷得干干净净，他依然是大唐最能打的名将，而且没有之一。

为了尽快证明自己，王孝杰放弃了之前稳扎稳打的作战计划，决定毕其功于一役，和对方来一次主力大决战。

孙万荣看到王孝杰把十几万唐军全部压了过来，他也不愿意再退了。不是说他有多勇敢，而是他知道如果被赶入燕山，让唐军堵住山口，再想进入河北就太难了，到时候后有突厥，前有唐军，等待他的只有死路一条，所以他必须进行最后的决战。

697年三月十二日，双方在卢龙西北附近展开了最后的决战。

战争刚刚开始，王孝杰就拿出了拼命三郎的架势。作为三军主帅，他没有像往常一样坐在中军帐中运筹帷幄，也没有搞阴谋诡计从侧面偷袭，而是把主力交给副将苏宏晖，自己带着唐军中的精锐向契丹军冲去。

孙万荣虽然对王孝杰的勇猛早有防备，但他万万没有料到，对方竟然一上来就要拼命。孙万荣一下子就蒙了，还没等他反应过来，王孝杰就已经冲到眼前。孙万荣急忙组织人奋起反抗，但是已经错过了最佳时机。

在王孝杰的带领下，唐军就跟打了鸡血一样，个个奋勇向前，拼命砍人，不到半个时辰，数万契丹大军就被打得落荒而逃。

王孝杰自然不会放过这种痛打落水狗的机会，所以在后边拼了命地狂撵。

双方你追我赶，一直跑到了唐山附近的东硖石谷才停下。因为孙万荣觉得，只要进入峡谷，唐军人多势众的优势就无法发挥，自己如果趁机占领高地，就能反败为胜。

作为一代名将，王孝杰当然也意识到了这一点。但是他不想放弃这个大败敌军的机会，他已经出征半年，还没有打过几次胜仗，如果这次又让孙万荣跑了，契丹的叛乱何时才能平定，国家何时才能安宁？

正所谓狭路相逢勇者胜，契丹人敢进的峡谷，他同样敢进。他相信自己的勇猛肯定在孙万荣之上，只要自己率领精锐冲过峡谷，打出一片阵地，后面的唐军再陆续赶到，孙万荣就必败无疑。

王孝杰想得没有错，孙万荣的确没有他勇猛。在他的带领下，唐军个个以一当十，很快就冲出峡谷，打下了一片阵地。但他忽略了另一件事，后面的唐军真会像他那样不要命吗？

人到用时仁义少，这个世界上怕死的人要远远多于不怕死的人，而王孝杰的副将苏宏晖就是其中的一个。

苏宏晖带着主力冲到一半的时候，遇到了契丹军的顽强阻击，每走一步唐军都要付出惨重的代价。可事实已经证明，只要他能够像王孝杰一样，豁出性命，勇往直前，就一定能冲出峡谷，与王孝杰合兵一处，获得大胜。

但是，当苏宏晖看到越来越多血肉模糊的残肢、呼号挣扎的伤兵、堆积如山的尸体的时候，他突然尿了。

不能再冲了，万一流箭射中我怎么办？很疼的啊。我才不像王孝杰那么傻呢，动不动就要豁出性命。留得青山在，不怕没柴烧，赶紧跑吧。什么？不能抛弃战友？算了吧，战友在哪里，反正我没看见。

在这场战争最关键的时刻，在王孝杰已经杀出一条血路的时刻，在战友们急需援助的时刻，苏宏晖竟然真的带着主力开溜了！

此时，在山谷的那一头，王孝杰还不知道苏宏晖已经抛弃了他。他还骑着战马，挥舞着陌刀，一遍又一遍地喊着冲锋，与数量远多于自己的契丹军拼命死战。

一次冲锋、两次冲锋、三次冲锋，一千人，五百人，五十人，时间越来越长，战士越来越少，王孝杰急切地看着援军来的方向，可是除了密密麻麻的契丹军以外，什么也没有。

王孝杰仰天长叹，一声冷笑。当年被吐蕃俘虏的场景在眼前急速地闪过，他用尽一生的精力来洗雪那份耻辱，如今终于到了该彻底了断的时刻。他收起了沾满敌人鲜血的陌刀，骑着遍体鳞伤的战马，缓缓走向了一旁的悬崖。

春，三月，孝杰遇契丹，率精兵为前锋，力战……坠崖死，将士死亡殆尽。

大胜之后，孙万荣急忙乘胜追击，向着唐军的大本营幽州杀了过去。此时王孝杰虽然战死了，但是唐军主力尚存，还有十几万精兵，完全可以与之一战。

但是清边道行军大总管武攸宜，也就是武则天的侄子，第二波围剿契丹的总指挥，恰好是一个从来没有上过战场的纨绔子弟，听说王孝杰全军覆没之后，他立马尿了，吓得赶紧带着主力躲了起来，不敢再战。

孙万荣随后在幽州大地上连续攻克几座城池，大肆烧杀抢掠，如入无人之境。

如果说二十八员大将几乎全军覆没对于武则天来说是当头棒喝的话，那么在契丹老巢被突厥偷袭的情况下，一代名将王孝杰还会兵败身亡，那就是妥妥的五雷轰顶。武则天简直不敢相信自己的耳朵，最能打的人都失败了，还能派谁呢？

思虑再三，再三思虑，武则天终于选定了一个人，时任右金吾卫大将军的武懿宗。他虽然在此之前没有上过战场，但是他有一个别人所没有的优势——武则天的侄子。

在武则天看来，兵败不要紧，输了还能打。但是兵权不能交到外人的手里，不然外人万一造反怎么办，还是自己人用着放心嘛。

事实证明，从武则天第一次派出的武三思开始，到第二次的武攸宜，再到这一次的武懿宗，三个侄子，一个比一个屁。武三思和武攸宜虽说只是个摆设，什么仗也没有打赢过，但好歹人家还到了前线。

而武懿宗连到前线的勇气都没有，他刚到赵州（今石家庄赵县）就停了下来，派出探子到处打探敌军的消息。

当听说有几千名契丹骑兵已经打到了距离自己还有两百多里的冀州（河北衡水）的时候，他大喝一声，骑上战马，丢下辎重和兵器，就往南狂奔四百里，躲到了相州（今安阳，距离洛阳只有六百里）。

契丹骑兵打了一辈子仗，也没见过这么能跑的敌人，在后面怎么追都追不上。于是，只好顺带拿下了冀州和赵州，并在赵州城里进行了惨无人道的大屠杀。

仗打到这个份上，把武则天比作慈禧恐怕都是在侮辱慈禧吧？

慈禧接手的是一个四面楚歌、破败不堪的大清；武则天接手的是一个蒸蒸日上、实力超群的巨唐。慈禧面对的是与之有武器代差的西方列强；武则天面对的是名不见经传、实力远不如巨唐的契丹。

丢人啊，实在是太丢人了。如果再任用自己的亲戚，恐怕洛阳的大臣们都要造反了。

697年五月，被逼无奈的武则天只好再次起用娄师德，任命他为清边道副大总管，领兵二十万进攻契丹。娄师德也就是和王孝杰一起打吐蕃，兵败被贬的那位老兄。

现在整个大唐的希望都寄托在娄师德身上，如果他再失败，估计平定李敬业叛乱的魏元忠，以及前面讲的唐休璟也没有多大希望获胜，唐朝真的就要提前进入安史之乱时期了。

幸运的是，武则天的运气实在是太好了。

就在所有人焦头烂额、神经紧绷的时候，天上咔嚓一下，真的又掉下了一个超级大馅饼——孙万荣被手下人砍了。

原来就在唐军节节败退的时候，后突厥的阿史那默啜又从背后把契丹的老巢端了。不过这一次端契丹老巢的原因，并不是大唐给的彩礼多，满足了阿史那默啜的要求，纯粹就是契丹的运气背到家了。

孙万荣大败王孝杰之后，准备再接再厉，继续南下。但他害怕突厥再从背后突袭，于是就在营州（今辽宁朝阳）西北四百里的地方，凭借险要地势建了一座新城，把老弱病残、妇女儿童，以及这一年以来抢夺的所有物资都塞进城里，并让他的妹夫率兵守护城池。

为了更加保险起见，孙万荣又派了五名使者带着大量礼物到后突厥，准备和阿史那默啜结盟，共同攻打唐朝。

按说这样的操作一点问题也没有，筑城加结盟，都是好计划，但有句话说得好：没有执行力，再好的计划也只是纸上谈兵！

孙万荣万万没想到，这五个人当中，竟然有两个人是契奸（契丹奸臣）。

在出使突厥的路上，五个人不知道为什么闹了点小矛盾，就分成了两拨。其中三个人体力好，走得快，率先见到了阿史那默啜。他们表明了此次出使的目的，并添油加醋地说了后面两个人的坏话。

阿史那默啜听说王孝杰战死之后，大喜过望，立刻就准备撕掉刚和大唐签订的盟约，派军南下，和契丹一起到大唐边境捞一把。

可是就在阿史那默啜准备行动的时候，后面的两位契丹使者到了。按照外交潜规则，一个国家的君主在见到对方使者的时候，一般都会给对方一个下马威，这样有利于接下来的外交谈判，阿史那默啜当然也不例外，更何况这两个人的确来晚了。

于是，阿史那默啜佯装大怒，以迟到为由，就要把两位使者砍了。这两人根本没想到迟到还会被砍头，被他这么一吓，竟然就叛变了。

为了活命，他们把契丹后方空虚，并且有大量金银财宝的情况全抖了出来，并且积极表示愿意做向导，偷袭自己的主子一把。

一边是配合契丹打巨唐，不一定能抢到多少东西；另一边是偷袭契丹，把他们抢了一年的好东西全给抢过来。阿史那默啜的数学即便是幼儿园水平，也知道哪一个更划算。

所以他又一次改变立场，带着大军就偷袭了契丹的老巢，抢光了所有的金银珠宝，俘虏了所有的契丹军家属。

消息传到前线，契丹士兵们的心态瞬间就崩了。兄弟们出生入死抢了一年，就为了那点宝贝，结果却全被突厥抢了。宝贝丢了不说，城里的老娘、老爹、老婆也没了。人没了不说，突厥又和唐朝联合起来前后夹击自己，这仗还怎么打？

更悲摧的是，原本和契丹一起造反的奚人，看到这种情况后，也临阵倒戈了。当唐军对契丹发起进攻的时候，他们在后面狠狠插了一刀。几万契丹大军瞬间土崩瓦解，孙万荣只带着几千名骑兵逃出了战场。

不久之后，无路可逃的孙万荣就被家奴砍了。他的脑袋被送到洛阳，挂在四方馆门前示众。

为时一年的契丹叛乱，就以这种戏剧性的方式结束了。这一仗，唐朝虽然赢了，却打得极为窝囊。

十几万唐军竟然被几万契丹军压着打，换帅三次，却没有一次获得胜利，主帅不是被杀，就是被打成缩头乌龟。

偌大的河北竟然成了契丹人肆意驰骋的战场，而近千万平方公里的土地上，竟然没有一个人能力挽狂澜。与三十年前，甚至十几年前相比，简直就是天壤之别。

如果不是契丹运气太背，如果不是突厥从背后突袭，这场战争，恐怕将成为大唐由盛转衰的转折点。武则天这位要与玉皇大帝试比高的女皇，恐怕会遗臭万年。

事实上，如果只看军事，她的确应该遗臭整个唐朝。因为在契丹叛乱之后，各少数民族都看到了大唐的虚弱。突厥在接下来的几年中，开始大举侵犯大唐边境，一直到十年后，张仁愿在黄河北岸修筑三城，才开始消停。

东北的少数民族靺鞨也脱离了大唐的统治，建立了一个延续长达二百二十多年的政权，其疆域几乎包括了原来的高句丽。唐玄宗为什么给安禄山、史思明那么多军力？其中一个原因就是东北不安，需要他们前去平叛。

当然这些都是后话，无论怎样，现在大唐还是赢了，天助武则天啊。

更加幸运的是，这场战争也彻底打醒了这位高高在上的女皇。她终于认识到滥杀的恶果，开始不断地审视自己的错误。在之后的将近十年里，这个遍体鳞伤的国家，终于重新步入了正轨。

九十一 改邪归正（一）：武则天清除酷吏

697年六月，也就是契丹叛乱被平定的第二个月，精疲力尽的武则天终于彻底体会到了滥杀的代价。

皇帝认识到自己的错误咋办？一般会有两种解决方案：

第一种是下罪己诏，话不妨说，错不妨认，事不妨照做不误，老百姓嘛，就是争一个理，您让他们气顺了，啥事也就能办了。

第二种就是像《西游记》里的神仙们一样，老板没有错，都是员工、坐骑惹的祸，杀一个员工祭天。

武则天自诩为"神皇"，是一个要向玉皇大帝看齐的女皇，自然非常了解神仙们的套路。于是，武则天就对武周时期的最后一个酷吏来俊臣露出了慈祥的微笑。

来俊臣怎么就成最后一个酷吏了呢？要说清楚这件事，我们得把时间往回拨。

有个笑话是这样的：洞房花烛夜，新娘看到米缸里有一只老鼠在偷吃米，羞涩地对新郎说："快看，有只老鼠在偷吃你家大米。"第二天早上起来，新娘又看到了那只老鼠，二话不说，抄起拖鞋就拍了过去，并大骂："死老鼠，敢偷吃我家大米！"

笑话很夸张，但确实符合不少新娘的心路历程。结婚前你的是你的，我的是我的，结婚后我的是我的，你的也是我的。武则天虽然已经结过两次婚，早已不是新娘，但心态和新娘依然差不多。

690年九月九日，武则天改唐为周，自称为帝，相当于和"天下"结了婚。从此以后，天下不是李家的天下，而是武家的天下了。作为家里的主人，当然不能允许米缸有老鼠，所以，第二天一大早，武则天抄起拖鞋就向酷吏们拍了过去。

至于拍酷吏的理由嘛，武则天也懒得编，几乎清一色是谋反。

691年，她杀了周兴、丘神勣（杀废太子李贤的那个酷吏）、索元礼、傅游艺。

692年，酷吏来子珣被流放到爱州（今越南靖化），不久之后死在了当地。随后，武则天又派人去查冤假错案，释放了八百多人。

693年，宰相李昭德把酷吏侯思止活活打死在了朝堂之上，他就是以前讲过的那个武大郎的同行。

694年，酷吏王弘义被流放到琼州，不久之后被人活活揍死了。他就是诬告做佛事的父老乡亲谋反，导致两百多位乡亲被杀的那人。

总之，除了来俊臣以及他的几个狗腿子以外，其他酷吏基本被拍死了。至于为什么没有及时拍死来俊臣，大概有两个原因。

第一个原因，武则天还需要有人干脏活累活，例如诬陷狄仁杰（后面会讲）、魏元忠等大臣。这些大臣虽看起来挺本分，但一点也不老实，都是心向李唐的主，需要时不时敲打一下，来俊臣就是最好的敲打工具。

第二个原因，恶人还需恶人磨，杀酷吏最好的办法，就是让其他酷吏动手。来俊臣既注重实际应用——发明了无数刑具；又能搞理论创新——写出了《罗织经》，堪称酷吏中的精英、小人中的极品，让他去对付那些酷吏，简直不要太简单。

例如酷吏周兴，就是被来俊臣轻轻松松搞定的，两个人还因此碰撞出了文化的火花，发明了一个成语——请君入瓮。

691年，有人诬告周兴谋反（严重怀疑是来俊臣派的人），武则天就让来俊臣去审理。

按照正常人的思维，判定一个人是否谋反，起码得有人证、物证，甚至人道主义一点的，还要允许对方请律师，但到了来俊臣这里，一切就简单多了。

他拿到圣旨以后，给周兴发了一条信息，大概内容是邀请他一起喝酒谈天。

作为来俊臣的亲密"坑友"，周兴当然不会有丝毫怀疑，当晚坐着小轿唱着歌，高高兴兴就去了。

中间两人干了啥，此处省去一万字。

反正两人吃好喝好玩好以后，来俊臣突然紧皱眉头向周兴请教了一个问题："大哥，犯人如果不认罪，你说我该怎么办？"

周兴听罢，大笑不已，把自己的独门绝学传授给了来俊臣："太容易了，把犯人放到瓮里，四周点上火，来个活烤全人，不信他不招（易耳，内之大瓮，炽炭周之，何事不承）。"

来俊臣脸色一沉，露出了一副不易察觉的奸笑。随后，他一边稳住周兴，一边吩咐手下去找来一口大瓮，搬到了跟前。

已经喝高的周兴，还以为来俊臣要拜自己为师，赶紧让人在瓮的旁边点了一堆火，准备给来俊臣讲解一下使用方法。

哪知道，他刚走到瓮边，刚刚还笑容满面的来俊臣，一下子满脸严肃，指着被烧热的瓮道："来某奉旨查兄，请兄入瓮吧！（有内状推兄，请兄入此瓮）"
说完，来俊臣的手下一拥而上，抬起周兴就准备往瓮里扔。

喝得迷迷瞪瞪的周兴，这才意识到来俊臣是玩真的，他充分发挥男子汉能屈能伸的精神，赶紧跪地求饶，表示愿意认罪。随后，周兴被流放到了岭南（今广东），但在流放的路上被仇人杀了。当然，杀他的人，最后肯定没抓住。

这位总喜欢把别人扔进瓮里的杀人小能手，就以这种令人啼笑皆非的方式丢了脑袋，和当年制作检举箱的能工巧匠鱼保家有一拼。这样看来，"天道好轮回，苍天饶过谁"还真不是一句空话啊。

把其他酷吏基本杀完之后，垄断了坑人行业的来俊臣，俨然成了史上最牛的"坑货"。

武则天为鼓励他坑人到底的行为，又将他连升两级，从六品御史中丞提拔为四品大员——司仆少卿。

来俊臣也没有辜负武则天的期望，在这个任上，他又搞出一系列载入史册的惨案，我们只挑两三件讲述，请大家随意感受下。

一个叫樊戬（jiǎn）的小官，因为一些小事得罪了来俊臣，来俊臣便按照惯例诬陷他谋反，给他判了死刑。

樊戬的儿子是个大孝子，为了营救父亲，天天到相关部门申诉，可是任凭他喊破了喉咙，捶破了怨鼓，也没有人敢接这个案子。

绝望到顶点的儿子，一怒之下，竟然当着朝廷官员们的面剖腹自尽了。

这种凄凉、悲壮的场面，相信但凡还有一点良知的人，看了都会伤感不已。时任四品大员的秋官（刑部）侍郎刘如璿就是一个性情中人，一时没忍住，泪水从眼中夺眶而出。

但很不巧的是，这一幕刚好被来俊臣看到了。随后，来俊臣就诬告刘如璿是樊戬同党，要把他绞死。刘如璿极力辩解，说自己是因为年龄太大，风一吹，眼睛就流泪，并不是同情樊戬。武则天虽免了刘如璿一死，但还是把他贬到了四川。

西汉时淳于意被权贵陷害，送到长安即将遭受肉刑。其幼女淳于缇萦上书汉文帝为父申冤，并表示愿意身充官婢，代父受刑。汉文帝看到上书之后感动不已，不仅赦免了淳于意，还废除了肉刑。

如今樊戬的儿子剖腹明志，不仅没能救了父亲的性命，还阴差阳错地牵连了无辜。

没有对比，就没有伤害。武则天的心肠到底如何，由此也可见一斑啊。

除了坑害汉人以外，来俊臣对少数民族兄弟也毫不手软。

当时西突厥老大叫阿史那斛瑟罗，因为受不了后突厥与吐蕃的联合双打，就带着人来到长安，被武则天封为右屯卫大将军。

哪知道阿史那斛瑟罗刚逃脱虎穴，就进了狼窝。在一次宴会上，来俊臣看中了阿史那斛瑟罗身边的一个婢女，就想占为己有。于是，他以谋反的罪名把阿史那斛瑟罗逮捕入狱了。

西突厥的几十个酋长听说之后大怒不已，准备去营救老大。但是他们两眼一抹黑，上书申冤，不会写汉字；擂鼓喊冤，别人听不懂。

无奈之下，他们一群人带着大砍刀就冲进了衙门，见到一群官老爷在那里坐着办公，举起刀就开始乱砍。不过，他们砍的不是官老爷，而是自己。有人划自己的脸，有人割自己的耳朵，原本正大光明的大堂，瞬间变成了哀鸿遍野的屠宰场。

大唐的官员们都被吓蒙了，看过曲苑杂坛，见过魔术杂技，可没见过敢这么表演的啊。

过了好一会儿，终于有机灵的官员反应过来，赶紧把情况上报给武则天，这才让阿史那斛瑟罗免于一死。不过，来俊臣并没有因此而受到任何惩罚。

不管就是默认，默认就是纵容，来俊臣虽然没有抢到少数民族妹子，但也知道了武则天对自己的态度。

从此以后，坑货来俊臣终于又多了一个新身份——淫棍。和做酷吏一样，在做淫棍的道路上，来俊臣也是精益求精，注重创新。

他不仅喜欢抢别人的女儿，还喜欢抢别人的老婆，尤其是官员们的老婆，为此，他还专门制作了一个精美的花名册。只要不是宰相的老婆，年龄大小无所谓，统统登记上，哪一天来了兴致，就顺手诬陷一个官员谋反，把对方的老婆抢到手。

春去秋来，年复一年，几年以后，来俊臣终于成为大唐老王的霸主，简称"老王霸"。

经过八年的不懈努力，他终于坐上第一淫棍的宝座，这种征服的快感也就慢慢消失了。

697年，身心俱疲的来俊臣决定改过自新，以后再也不抢人妻了，开始抢别人的未婚妻。

当时有个叫段简的小官（几年之后，这人害死了大文学家陈子昂），他的未婚妻是太原节度使王庆诜的女儿，据说长得肤白貌美，还有大长腿。来俊臣听说之后，立刻淫欲大起，假传圣旨，把段简的未婚妻抢了过去。

而这一抢，也拉开了来俊臣走向死亡的序幕，因为他得罪了一个和他一样的小人。不过这个小人不是段简，也不是王庆诜，而是他的好朋友卫遂忠。

九十二 改邪归正（二）：来俊臣被灭族

前面讲到，来俊臣因为抢了段简的未婚妻而得罪了自己的好朋友卫遂忠。估计很多人会认为，这肯定又是一段狗血的四角恋：卫遂忠要和来俊臣抢段简的未婚妻，然后这两个渣兄弟就反目成仇了。

但事实没有这么狗血，谁都知道来俊臣家至少两代人都喜欢抢兄弟的老婆，谁敢和他抢女人，他爸来操第一个从坟里爬出来不愿意。

其实卫遂忠本来是准备拍来俊臣马屁的，听说来俊臣刚抢了一个美女，他就准备到来俊臣的府上看看嫂子长啥样，顺便送上两百元红包。

但是卫遂忠出门那天明显没有看皇历，拍马屁的时辰很不好，此时来俊臣正在家里和新娘子忙着招待新娘子的家人，根本没有时间接待卫遂忠。

所以，家丁就对卫遂忠说来俊臣出门去了，让他改天再来。

卫遂忠当然不会相信这种鬼都不信的鬼话，谁也不会那么缺心眼，刚抢来一个美女，就把她丢在家里，自己出去耍。

于是，卫遂忠不顾家丁的阻挡，径直闯了进去，一边走一边骂来俊臣见色忘友。

如果放在平时，朋友之间互相骂对方见色忘友其实也没啥，男人嘛，和最好的朋友都喜欢骂骂咧咧开玩笑。但此时，王家人都在现场看着呢，大喜的日子，有人从门口一直骂到房里，那不是打脸，而是当众打脸啊。

这种事来俊臣肯定忍不了，一怒之下，他也顾不得什么兄弟情谊，让下人们把卫遂忠揍了一顿。

两人友情的小船自此沉到了万丈深渊。卫遂忠也不是吃素的，从此开始四处搜集证据，准备一举把来俊臣扳倒。

堡垒最容易从内部攻破，作为来俊臣曾经的坑友（坑人的好友）想找来俊臣的罪证，简直不要太容易了。很快，卫遂忠就打探到了一条绝密消息，来俊臣准备诬陷当时的明堂尉吉顼（xū）。

吉顼，洛州河南（今河南洛阳）人，生卒不详，早年经历不详，是一个在历史上比较有争议的人物，《旧唐书》中说他是个心狠手辣的酷吏，而《新唐书》中说他是有功于李唐的宰相。在笔者看来，两本书中说的都对，他应该算是一个没有彻底坏透的坏蛋。

当时的箕州刺史刘思礼是个糊涂虫，年轻的时候，有个老道说他天圆地方，骨骼清奇，以后必定大富大贵，会先当上箕州刺史，再当上一品大员太师。

刘思礼对老道的话深信不疑，因为他叔是李渊起兵时期的元谋功臣刘世龙，曾经救过李渊一命，所以他长大以后，凭借他叔的关系，真的担任了箕州刺史。

如何百尺竿头，更进一步成为太师呢？

这哥们思来想去，觉得只有一条路可以走，那就是帮助别人成为皇帝。这种想法也没有错，一品大员之职就是皇帝赏给股肱之臣的。

正常人肯定会把宝押到李旦或者李显身上，因为武则天死后，必定会把大权还给李家（武承嗣根本没有成为太子的可能，原因后面会讲）。帮助这两人中的一个登基后，成为太师并不难，后来张柬之等五位大臣搞了个神龙政变，不就全部被封王了嘛。

可是刘思礼的脑子也不知道是怎么长的，他竟然把宝押在了一个小得不能再小的人物身上——时任八品洛州参军的綦连耀。

此人除了姓氏特殊一点以外，再没有任何特殊之处。可是刘思礼这位四品刺史大人，真就把八品的綦连耀当皇帝对待了，两人还暗中约定了君臣关系，也就是说，刘思礼见到綦连耀得喊一声陛下。

为了能让綦连耀顺利登基，刘思礼开始大搞传销，到处忽悠老百姓，说綦连耀面相高贵，有个儿子是"两角麒麟儿"（麒麟儿是个词语，一般用于夸别人家的孩子，相当于人中龙凤，前途无量）。

这么一搞，阴谋就变成了阳谋。没过多久，吉顼意外得知了这件事。为了拍来俊臣的马屁，吉顼又把这件事告诉了来俊臣。

哪知道来俊臣真不是个东西，连队友也坑，他不但想独吞功劳，还准备罗织罪名，把吉顼也坑了。

幸运的是，螳螂捕蝉，黄雀在后。卫遂忠刚好探听到了来俊臣的阴谋，他在第一时间派人通知了吉顼。吉顼大吃一惊，急忙上书武则天，告发了刘思礼。

武则天便让吉顼去调查此案，并给他派了一个助手——自己的侄子武懿宗。

武懿宗，我们在前面讲过，武则天第三次派去打契丹的主帅就是他。当时他还没看到敌人，就丢盔弃甲狂奔了四百多里。

但是，这个人对待敌人很尿，对待自己人却狠得无边无际。在平定契丹叛乱之后，他在河北大开杀戒，凡是被叛军拉去当过壮丁的人，一律先挖胆再虐杀。

让这两个狠人去审案，结果可想而知。他们忽悠刘思礼，说只要他招的人足够多，就可以免了他的罪。

刘思礼本来就糊涂，被人这么一忽悠自然就信了。于是他一不做二不休，把自己的三十六家仇人全给扯了进来，其中还包括李元素、孙元亨两位宰相。

吉顼和武懿宗好不容易逮到如此大案，自然是大喜过望，他们也懒得审查，就把这三十六家，合计一千多人全砍了或者流放了。

已经两三年没有发生过如此大的惨案了，武则天知道吉顼如此残忍之后，大为高兴，从此对他信任有加，不久之后就把他提拔为御史中丞，也就是来俊臣原来的职位。

吉顼的飙升让来俊臣非常愤怒。自从把周兴等人杀了之后，来俊臣已经连续几年稳坐"坑货之王"的宝座了。

虽然这几年他又开发了新业务，变成了淫棍，但他还是很在乎这个"坑货之王"宝座的，如今竟然有人要和他抢，而且这个人还是自己准备坑的人，简直是可忍孰不可忍。

来俊臣决定挽回自己的声誉，他要坑人，坑更多的人，坑官职更大的人，要让所有人都知道，他坑人的实力依旧无人能及。

这一次来俊臣把目光投向了所有人想都不敢想的人物：武则天的侄子武承嗣、武三思，以及武则天的孩子太平公主、李显、李旦等人。

上天欲使人灭亡，必先使其疯狂。敢一起坑这么多武则天的亲人，来俊臣的行为已经不能用疯狂来形容了，简直就是丧心病狂。

这群人中的大部分我们在前面都介绍过，而太平公主算是第一次出场，我们就简单介绍下。

太平公主是武则天和李治最小的女儿，大概出生于665年，也就是上官仪要求李治废掉武则天的那一年（上官仪也真会选日子，老婆怀孕时，老公起诉离婚，法律不允许啊）。

她的封号为啥叫太平公主呢？因为她八岁那年她姥姥死了，武则天为了给亲妈祈福，就让女儿出家当了小道姑，道号叫太平，不过吃穿住行仍然在皇宫里。

在她姥姥葬礼期间，她表哥贺兰敏之差点把她强奸了，不过最后只强奸了与她随行的宫女（有人说贺兰敏之强奸了太平公主，我们在讲贺兰敏之的时候解释过，这种情况几乎不可能）。

有的人用童年治愈一生，有的人用一生治愈童年。差点被表哥强奸的童年经历，让太平公主在以后的日子里，对"性"这件事有了一种畸形的态度。

在比较保守的古代，女孩子出嫁的事，一般由父母一手操办。如果对父母介绍的人订可，女儿就对父母说，父母之命，媒妁之言。如果不喜欢，女儿就对父母说，还想在自己家中多孝敬父母两年。

太平公主则与众不同，她化悲愤为力量，化被动为主动，变着花样主动提出要嫁人。

在太平公主十三四岁的时候，李敬玄带领十八万唐军，在大非川打了大败仗，战后唐吐双方进行了不热烈也不亲切的和平谈判。在会谈中，吐蕃提出了一个过分的要求，指名道姓让太平公主嫁过去，陪他们老大搞密宗双修。

武则天十分不高兴，因为她就这么一个闺女，而且太平公主长得还很像自己，方额头、宽脸颊，这个小胖墩不是一般的俊俏。

可是直接拒绝吐蕃，又怕影响两家本就恶劣的关系。于是，武则天就想了个好办法，真的给太平公主建了道观，让她出家去了。

不嫁给吐蕃王，并不代表太平公主不想嫁人。没过多久，道观中的太平公主自己想嫁人了。

有一次，李治和武则天去看望太平公主，太平公主趁此机会，赶紧穿上武官的衣服在二老面前秀了一段舞蹈。李治和武则天被搞得一头雾水，问她缘由。她这才悠悠地回了句："将它赐给驸马可以吗？"

小小年纪就会主动提要求，而且还拐弯抹角。从这件事情上就能看出，太平公主和武则天一样，是一个很有心机、个性很强的女人。

女儿都这样说了，李治当然明白她什么意思。不久之后，李治就让自己的亲外甥薛绍娶了太平公主。

太平公主完全继承了她老妈优秀的生育能力，从681年到688年，就给薛绍生了两个儿子和两个女儿。

不过，在她刚生下小儿子的时候，她老公的大哥因为参与李冲谋反案被杀了，她老公也因此受到牵连，被打了一百大杖，丢到监狱里活活饿死了。

对于有钱有势的人来说，老婆没了可以再找，老公没了，自然也可以再找。薛绍还没死几天，武则天就给太平公主找了新的老公——自己的堂侄武攸暨。

可是武攸暨是个老实人，他并不想娶太平公主，不是因为太平公主长得太难看，而是他已经有老婆了，让太平公主做小显然不现实，休了老婆他又不舍得。

武则天知道武攸暨的想法之后，倒是很想得开，男人嘛，有几个老婆不要紧，不舍得休老婆也不要紧，把你老婆杀了就可以了嘛。于是，武则天双手一挥，真的就把武攸暨的老婆杀了。

旧妻的鲜血还没有擦洗干净，新娘的红盖头已经掀起，在那个混蛋的世道，哪里还有一点公道。

嫁给武攸暨之后，太平公主再接再厉，又生了两个儿子和两个女儿，不过这些孩子不一定都是武攸暨的，因为二十多岁的太平公主早已过了羞涩的年龄，开始和她妈一样，大肆包养男宠，或者与朝臣通奸，甚至还把跟自己相好的张昌宗献给了老妈。

长得像武则天，都养男宠，两人还分享同一个男人，这对母女的关系简直不是一般的好啊。

来俊臣准备诬陷太平公主，分明是找死啊，更别提还有武承嗣、武三思等人了。

然而，还没等来俊臣诬告的文书递上去，他原来的"坑友"卫遂忠又一次打听到了这个绝密消息。卫遂忠再接再厉，把这件事透露给了太平公主等人。

神奇的一幕发生了。李家人和武家人，这原本斗得你死我活的两家人，第一次体现了前所未有的团结精神，在他们的共同努力下，来俊臣毫无悬念地被关进大狱，判处了死刑。

不过，在准备斩来俊臣的关键时刻，武则天又犹豫了。

这个人已经跟随自己将近十年了，这几年来他尽职尽责，精益求精，自己想坑的人，他能坑，自己想不到坑谁的时候，他还能坑，这种坑友哪里找去？其他酷吏都已经被杀完，只剩下了来俊臣，如果再把他杀了，以后谁还能替自己背锅呢？

正在武则天犹豫不决的时候，来俊臣的仇人吉顼正好在她身边。

武则天随口问了一句："最近宫外有什么重要的事吗？"

吉顼故作神秘地说道："不瞒陛下，外边的人很奇怪，问处死来俊臣的奏章为什么还没有批下来。"

武则天一声叹息："来俊臣有功于国家。"

吉顼不慌不忙地说道："当年于安远状告李贞谋反，后来李贞真的反了，于安远现在只是成州司马。来俊臣为非作歹，诬陷好人，贪财堆积如山，被他冤死的人鬼魂满路，这样的人有什么可惜的！"

类似这样的话，武则天已经听过很多遍了，前几天宰相王及善也劝过她，如今吉顼也来劝她，她终于有所动摇了。这么多人想让来俊臣死，为了他而得罪其他所有人，值得吗？

武则天还在犹豫，吉顼一言不发，他知道武则天已经动了杀心，这个时候需要给武则天一点空间。专断独行的皇帝，都喜欢做大臣们都反对的事情来显示自己的权威。如果逼急了，武则天肯定会反悔，到时候来俊臣报复起来，第一个被整死的人肯定是自己。

时间仿佛突然静止下来，空气像死了一般宁静。而就在这个决定历史转向的时刻，王孝杰战死沙场，契丹叛军横扫河北的消息传到了洛阳，一时间满朝震惊。

官员们愤怒了，士兵们愤怒了，百姓们也愤怒了。大唐建国几十年，从来没有如此窝囊、如此惨败过，所有人都将愤怒的目光投向了武则天。

武则天终于下定决心，除了杀掉来俊臣外，没有什么事能化解积压已久的民愤了。697年六月三日，来俊臣被斩于洛阳闹市。

来俊臣死的当天，洛阳城内百姓充分发挥了"能动手绝不嚷嚷"的精神，争先恐后地把他的身体、器官，一刀一刀地剐了，就连最后剩下的骨头，也被人骑着马踏成了一段段碎骨。

武则天听说后大吃一惊，来俊臣固然有罪，但他曾经也是自己的小伙伴啊。如今死得如此惨烈，实在让人于心不忍。于是，她决定让来俊臣在黄泉路上不再孤单寂寞，就把他的家人全都推到了刑场。

老子曰："强梁者不得其死，吾将以为教父。"人们说："天狂有雨，人狂有祸。"来俊臣这个从头到脚都坏到了极点的人，终于以应有的方式结束了罪恶的一生。当然，更进一步讲，他也是个"无辜"的人，因为他只是武则天的走狗，或者另一个武则天而已。

无论如何，来俊臣终于死了，长达十四年的酷吏时代也终于落幕了。

一位又一位贤臣名将开始陆续登上历史舞台，在以后七八年里，为大唐重返荣耀作出了巨大的贡献，武则天也因为重用他们而基本改变了以前暴虐的形象。

九十三　重用能臣，武则天的另一面

有人可能会觉得奇怪，为什么武则天滥杀无辜，如此残忍，历史对她的评价还那么高，说她上承贞观下启开元？

思来想去，笔者觉得主要原因可能是这六个字：既能破，还能立！

这六个字看起来很简单，但是能做到的人，真的是寥寥无几。

举一个大家耳熟能详的例子，孙悟空上天入地，七十二变，法力通天。

但是，不知道大家有没有发现，他只会破不会立。大闹天宫是破，降妖除魔也是破。五庄观被打倒的人参果树，他不能立起来；乌鸡国死去的国王，他不能复活。前者孙悟空不得不请来观音菩萨，后者孙悟空不得不求助太上老君。

放到现实里，孙悟空的能力就类似项羽，作战勇猛，所向披靡。而观音菩萨和太上老君更像刘邦，既能推翻暴秦，又能建立强汉。正所谓，楚王虽强难免乌江自刎，汉王虽弱却有万里江山。

武则天的能力远不及刘邦，她毁掉的是一个巨唐，建立的是一个争议颇大的武周。

后突厥独立，蒙古高原上百万平方公里土地，从此离开巨唐版图；渤海国兴起，东北上百万平方公里土地，从此变成藩属之地。

但是除了李世民之外，放眼中国几千年，似乎也没有几个皇帝能控制住如此大的疆域（元清是例外，属于少数民族入主中原）。所以说，武周时期的版图以及成就，还是很多帝王难以望其项背的。

在与吐蕃的较量中，她虽屡屡处于下风，但也没让吐蕃打进大唐江山，而且雪域战神论钦陵也间接死于她手。

在和契丹的对决中，她虽然被打得满地找牙，但无论如何，还是平定了叛乱，守住了中原。

最重要的是在用人方面，她虽然杀了很多大臣，仅仅宰相就至少二十一位，但是也有更多的贤臣被提拔上来。例如比较著名的宰相有李昭德、狄仁杰、姚崇、魏元忠、娄师德、唐休璟等人，其他大臣有徐有功、郭元振、张仁愿等人。

在这群人中，娄师德、唐休璟、郭元振和魏元忠，之前都讲过。接下来，我们简单介绍一下徐有功和李昭德。

姚崇虽然也是牛得无边无际，但他的功绩主要在唐玄宗时期，我们到时候再详细讲，而张仁愿也要留到武则天的儿子李显时期讲。至于狄阁老嘛，知名度太高，贡献也最大，必须单独留一回讲啊。

徐有功是我们列举的名臣里官职最低的一个，最高时只有五品，而其他人最后都当了宰相。

我们之所以讲这么一个"小官"，是因为他是武周时期唯一无数次顶撞武则天、无数次直面硬杠酷吏而没有被杀的正直官员，被历史学家高度评价为"虽千载未见其比"。

他的出生日期不详，以往的经历也不详，但他做过的好事，《新唐书》洋洋洒洒写了近两千字，实在太多了。在这里，我们只讲一件事，大家随意感受一下。因为他的一生基本都是如此，可以用简单的一句话来评价——优秀法官的标杆。

688年，李世民的孙子、琅琊王李冲起兵勤王。当他兵败被杀之后，武则天为了显示自己的仁德，就下达了一道赦令，大概意思是说，主谋已经被杀，其他从犯全部赦免死罪。

但是，赦令刚刚发布，就有人告发贵乡县的县尉颜余庆也参与了谋反。原因很扯淡，颜余庆曾经帮助李冲收过贷款利息，两人还互通过消息。

武则天认为，颜余庆不是从犯，应该立刻斩了。

徐有功则据理力争，认为朝廷刚刚颁发赦令，说主谋已经处死，那么就没有主谋了。颜余庆在颁发赦令之后被告发，就是从犯。赦免了又判罪，不如不赦免；放生了又要杀，不如不放生。

武则天大怒不已，坚持要斩了颜余庆，徐有功毫不退缩，不管不顾坚持己见。两人你一言，我一语，竟然在朝堂之上吵开了，把满朝文武大臣吓得连大气都不敢喘一口。最后，武则天只好无奈地赦免了颜余庆的死罪。

这一吵，让徐有功扬名天下，也让武则天意识到了他是一位忠臣。所以，在接下来的几年里，武则天一直对徐有功又敬又恨，三次将他逮捕入狱，想把他一刀剁了，但最后还是把他放出来，再加以重用。

后来，周兴准备杀徐有功，武则天还专门下了一道禁止逮捕徐有功的命令。徐有功一直活到六十八岁，才因病去世。

历史的天空闪烁几颗星，人间一股英雄气在驰骋纵横。在那个酷吏横行的年代，徐有功能够不畏强暴，坚守法律，让人们看到希望，完全可以称得上黑夜里的一束星光。

他公正、忠诚、无私、无畏的作风，虽时隔千年，仍在激励着一代又一代的法律人勇敢前行。作为官员，徐有功是渺小的，但作为法官，徐有功是伟大的，这样的人，必将名垂千古。

李昭德和徐有功一样，也是出生日期不详，但是他的出生地点倒挺详细，陇西成纪（今甘肃秦安县），属于陇西李氏。

这个家族不得了，从东晋一直牛到宋朝，时间跨度长达六百年，而且势力在唐朝达到了巅峰，因为李渊也出身于陇西李氏，不过有后世人打假，说李渊是蹭陇西李氏的热度。不管是真是假，反正李昭德和李渊没有什么血缘关系，最多五百年前是一家。

李昭德他爹叫李乾祐，官至刑部尚书，是个优缺点分明的人。他的优点是精明干练，敢怼皇帝，曾经当面顶撞过李世民不守法律。他的缺点是长了颗八卦玲珑心，喜欢打听国家机密。李治登基之后，他因此得罪了褚遂良，被贬到越南溜达了一圈。

敌人的敌人就是朋友，因为他爹和褚遂良有过节，李昭德就受到了武则天的重用。不过，李昭德和他爹一样，也是个优缺点分明的人，优点也是敢怼皇帝。

691年，李昭德还没有当上宰相，就开始怼武则天了。

自从武则天当上皇帝之后，她的侄子武承嗣就得了妄想症，一心想当太子。于是，武承嗣指示一个叫王庆之的人，纠集几百人上书武则天，请求立自己为太子。他们的理由很简单："自古天子未有以异姓为嗣者。"

武则天没有表态，把这件事交给大臣们讨论。宰相岑长倩、格辅元，礼部尚书欧阳通（大书法家欧阳询的儿子）等人上书反对，他们表示："李旦（武则天的四儿子）已经被立为太子，不能再更改。"

碰了一鼻子灰的武承嗣大怒不已，立刻指使来俊臣诬陷反对他的大臣们谋反。不久之后，武则天便下令把格辅元、欧阳通以及岑长倩和他的五个儿子等数十人全部斩了。

我们在前面说过很多次，武则天自始至终都没有想过把武承嗣、武三思立为太子，那她为何又要斩了岑长倩等人呢？

很多人的观点是，武则天一直对立谁为太子犹豫不决，斩杀岑长倩等人就是一个证据。后来武则天还当着大臣们的面，说要立武三思为太子，只是被狄仁杰怼了回去。

笔者认为这种观点只看到了其一，没有看到更深层次的原因。

第一个原因，亲情关系。

武则天的亲生儿子，活着的还有两个：李显和李旦。武承嗣和武三思只是她的侄子，武则天怎么可能立侄子，而不立儿子？

有人可能会说，武则天这人心狠手辣，连亲儿子、亲孙子都杀，立侄子为太子也很正常。

但是不要忘了，武则天这人，不光心狠手辣，还睚眦必报。无论是谁，只要和她有一点仇，她都会痛下杀手。王皇后和萧淑妃不说，属于她的竞争对手，但贺兰氏、贺兰敏之、武惟良、武怀运、武元爽、武元庆等人呢？这些人可是武则天的外甥女、外甥、哥哥啊。

武承嗣的老爹是武元爽，武三思的老爹是武元庆，他们在武则天小时候，把她和她妈赶出了家门。武则天当上皇后以后，把前者贬到了振州（今海南），把后者贬到了龙州（今广西），两位很快都死在了当地。

杀其父，用其子，古代帝王的确都喜欢这么干。但杀其父，把皇位传给其子，没有一个皇帝这么做。这个道理很简单，人家的孩子登基之后，肯定会反攻倒算。到时候，先皇别说进太庙了，骨灰能不能保住都另说。

更何况，武承嗣和武三思的老爹被流放的时候，他们也跟着被流放了几十年，能不恨武则天？武则天能不知道他们恨自己？

如果说武则天心狠手辣不喜欢自己孩子，那么她又怎么可能喜欢仇人的孩子呢？

第二个原因，政治因素。

武则天打仗水平不行，但政治手腕相当高明，她完全知道李家和武家水火不相容。

后来宰相吉顼问武则天："把水土和成泥，会有纷争吗？"武则天说不会。

吉顼又问："那把泥分为两半，一块塑成佛祖，一块塑成天尊（道家），会有纷争吗？"武则天说会。

吉顼又说："皇子和外戚各守本分，则天下安定。如今太子已然确立，而武氏却依旧为王，臣怕他们不会两安啊。"

武则天沉默良久，长叹一声："朕也知道，但事已至此，能怎么办啊？"

在明知道侄子当了皇帝会杀了自己儿子的情况下，武则天怎么可能把皇位传给侄子？这不是一个母亲会做的事，也不是一个政治家会做的事。

第三个原因，历史记载。

前两个如果算是推理，那么最后一个原因就是写在史书上的了，只不过需要认真分析，才能明白。

武则天称帝之后，一共有三拨人明确反对武家人当太子，而支持李唐皇室。

第一拨就是前面所讲的被杀的岑长倩等人。

第二拨就是接下来要讲的李昭德。

第三拨是后面要讲的狄仁杰。

这三拨人的结局是不一样的，岑长倩等人劝说后被杀；李昭德劝说后被重用；狄仁杰劝说后，武则天听从了他的意见。

为什么会有三种不同的结局呢？我们来看他们三拨人都是怎么劝说的。

岑长倩："岑长倩以皇嗣在东宫，不可更立承嗣。"

翻译：岑长倩认为，太子（李旦）已经在东宫了，不能改立武承嗣为太子。

岑长倩等人被杀之后，武承嗣大喜过望，以为武则天准备把自己立为太子了，于是，他又故伎重演让王庆之等人上书给自己加油助威。

武则天依然没有表态，把王庆之交给了李昭德。李昭德拿起打狗棒，直接把王庆之打死了。

打完之后，李昭德拍拍手上的灰尘，上书武则天："自古有侄为天子而为姑立庙乎？以亲亲言之，天皇，陛下夫也；皇嗣，陛下子也。当传之子孙为万世计。陛下承天皇顾托而有天下，又立承嗣，臣见天皇不来食矣。"

翻译：自古以来，有侄子当皇帝，给姑姑立庙的吗？要论亲情，天皇是陛下的丈夫，太子是陛下的儿子，将皇位传给子孙，才是长久之计。陛下的天下来自天皇，若立武承嗣为太子，以后天皇的坟头可以放羊了。

武则天看完上书之后依然没有表态，但她也没有责怪李昭德打死王庆之。后来，李昭德又劝说武则天："武承嗣已经封王，不宜再担任宰相。父子之间还有篡位的，何况是姑侄。"

武则天听从了李昭德的意见，不仅罢了武承嗣的宰相，还把李昭德提拔为宰相。后来，武承嗣不断诋毁李昭德，而武则天却厌烦地说："自从李昭德当了宰相，我才能睡得安稳。他能为我分忧，你比不上他啊。"

我们再来看狄仁杰，他劝得有点多，这里摘抄几段吧：

后（武则天）欲以武三思为太子，以问宰相，众莫敢对。（狄）仁杰曰："臣观天人未厌唐德。今欲继统，非庐陵王（李显）莫可。"

"文皇帝（李世民）栉风沐雨，亲冒锋镝，以定天下，传之子孙。太帝（李治）以二子托陛下。陛下今乃欲移之他族，无乃非天意乎！"

"且姑侄之与母子孰亲？陛下立子，则千秋万岁后，配食太庙，承继无穷；立侄，则未闻侄为天子而祔姑于庙者也。"

太后（武则天）曰："此朕家事，卿勿预知（这是我的家事，你就别管了）。"

（狄）仁杰曰："王者以四海为家，四海之内，孰非臣妾，何者不为陛下家事？君为元首，臣为股肱，义同一体，况臣备位宰相，岂得不预知乎！"

狄仁杰说的这几段话，铿锵有力，言简意赅，大家应该能看懂。

大家发现他们三拨人说的话有什么不一样吗？

岑长倩支持的是当时的太子李旦。李昭德极为聪明，不说支持谁，只表明支持武则天的儿子。狄仁杰更加聪明，让武则天立李显为太子。

他们结局不同的原因就在这里。

武则天的疑心病极重，李旦当时是太子，就在她身边，几个大臣敢联合支持李旦，武则天怎么可能不防备他们联合起来造反。

李显则不同，被软禁在湖北，大臣们不可能和他勾结，也发动不了政变。所以，大臣们可以支持她儿子，比如可以支持李显，但就是不能支持李旦。

岑长倩等人作为第一批反对武承嗣的大臣，又没有学过心理学，当然不知道武则天的心理如此变态。所以，他们被杀，真的是既冤枉又无奈。

由此也能看出李昭德的厉害之处，反对立武承嗣为太子的人刚刚被杀了三十多个，他仍然敢于反对武承嗣，直接把王庆之打死，而且还能猜到武则天的心思，这种勇气、魄力、胆识、智慧，当时的文武百官恐怕无人能及。

李昭德当上宰相之后，性格依然强势，处处和酷吏们对着干。酷吏们大肆陷害忠良，导致百官见到他们就两腿发软。李昭德则经常在朝堂之上当着酷吏们的面参奏他们知法犯法，无恶不作。

有一次，酷吏侯思止想娶赵郡李氏为妻，李昭德对着各位宰相拊掌大笑："以前来俊臣强娶太原王氏为妻，已让国家蒙羞。今日侯思止这个奴才还想让国家再次蒙羞吗？"

后来，侯思止被人告发贪污受贿，李昭德负责审案，再次拿起打狗棒，直接把他打死在了朝堂之上。

不过，打人一时爽，小心火葬场啊。李昭德打死王庆之、侯思止，固然勇猛解恨，但也反映出他性格中的缺点——脾气太暴躁。

如果仅仅是对敌人暴躁也就算了，拉拢一派，打击一派，当正义官员们的带头大哥未尝不可。但是，他对自己人也很暴躁，加上武则天对他的信任，他的性格开始慢慢走向极端，而其他五位宰相只能对他唯命是从，不敢指出他的错误。

694年，也就是李昭德升任宰相两年之后，李昭德的暴躁终于引来了越来越多朝臣的不满。

连续几位大臣上书弹劾他乾纲独断，武则天一怒之下，将他贬到钦州南宾（今广西灵山）当县尉，而不敢纠正他错误的豆卢钦望、韦巨源、杜景俭、苏味道、陆元方等五位宰相，也统统被贬为刺史。

697年，武则天又想起李昭德，把他提拔为监察御史，但是没过几个月，他就遭到了来俊臣的诬陷，被捕入狱。不久之后，李昭德和来俊臣一同被斩于洛阳闹市。

李昭德是前文所说的九位名臣中唯一被斩的人，他为什么被杀，至今仍然是一个谜。武则天时隔三年又把他提拔上来，明显是想重用他，但他却死在了黎明之前，实在让人扼腕叹息。

后来，武则天的儿子李显登基之后，终于为他平反，追赠他为左御史大夫。782年，唐德宗又追赠他为司空，算是给了他在天之灵一点安慰吧。

九十四　除了断案，狄仁杰还伟大在什么地方

一座百年老宅内，突然出现了一具女尸，她四仰八叉地躺在地上，鲜血流了一地，脸肿胀得几乎分辨不出原来的模样，下半身则有明显撕扯过的痕迹。

徐娘正像往常一样，准备出门购买一天所需的食材，但还没有打开家门，就看到了如此惊悚的一幕。她不由得一声尖叫，想跑回后院禀报老爷，可是双腿不听使唤，就像灌了铅一样一步也挪动不了。

几个麻利的下人，听见徐娘的尖叫声之后，也顾不得外面的寒冷，穿着睡衣就冲了出去。原来沉寂无声的院子里，瞬间闹哄哄地吵成了一团。

最后还是管家机警，他一边安抚众人，一边安排人到县衙报官，另一边又冲到后院去通知老爷。

不一会儿，一个身着大唐官服的胖子，带着几个衙役，火急火燎地赶到了老宅。还没来得及和宅子的主人打声招呼，胖子就自顾自地走到了尸体旁边，开始验尸。

不到一刻钟，胖子就检查完尸体，这才抬起头和老爷寒暄了几句，然后向周

围的人问起当天的情况。

就在大家七嘴八舌绘声绘色地描述七不搭八的东西的时候，胖子突然发现不远处有一位少年正低着头一声不吭地坐在一张桌子旁边，眼神似乎在偷偷瞄向自己。

胖子迅速推开人群，三步并作两步，向少年冲了过去。还没等少年反应过来，胖子怒喝了一声："小子，你在干吗？"

少年猛地一惊，迅速抬起了头，看到胖子一脸怒色之后，他又不慌不忙地低下头，指着面前的东西说："我正在和圣贤对话，哪有时间和你们这些俗吏说话？"

老爷看到少年敢这样和官老爷说话，不由得大怒骂道："怀英，你读书读傻了吗？怎么和大人说话的！"

这个少年就是小时候的狄仁杰，而这个胖子呢，就是一个普普通通的官吏。

这个故事可不是笔者瞎编的，狄仁杰就是以这种方式登上历史舞台的。不过，很遗憾地告诉大家，这件命案有没有侦破，史书中并没有记载，所以我们也无从得知。

事实上，所有关于狄仁杰探案的书籍、电影，除了人名以外，几乎都是后人编的。不对，大部分人名也是编的，例如大家耳熟能详的李元芳，历史上并无此人。另外，狄仁杰的人生也没有像电视中演的那么传奇。

以上故事只是想告诉大家两点：

狄仁杰家境优渥，家教良好。

630年，狄仁杰出生在太原狄氏，他们家至少五辈祖宗都是高官，他爷爷官至四品，他爹官至五品，绝对的官宦世家。

狄仁杰从小心理淡定，能做到泰山崩于前而心不乱，他还酷爱学习。

从古至今，这样的人必然兼有大志、大勇、大才。一千多年后，湖南一师也有一位少年，故意跑到最喧闹的地方读书，以锻炼自己的意志和定力，不用笔者多说，大家肯定知道这个人是谁。

功夫不负有心人，拥有铁人两项之才的狄仁杰，刚刚成年就考中明经，被分配到汴州（今河南开封）做参军。

参军可不是当兵的意思，在古代这是个官职，大概是八品或九品。

官位虽说不高，但是位置很关键，还能跟着领导学习为人处事、处理政务的方法。二十岁左右就能当上这种官，与狄仁杰的出身加实力应该都有关系。

李治登基之后，为了选拔人才，就向全国各地派出十几名特派员，其中著名大画家阎立本被派到了汴州。

狄仁杰的仇人趁此机会写了一封举报信，诬陷他"白天酒店吃喝，晚上洗澡按摩，正事不干一件，坏事会得挺多"。

阎立本听闻大怒，让人把狄仁杰叫过去当面对质。令诬陷者万万没想到的是，两人一顿切磋，竟然碰撞出了文明的火花。阎立本拍着桌子给了狄仁杰一个极高的评价：君可谓沧海遗珠矣。成语"沧海遗珠"就是这么来的。

随后，在阎立本的推荐下，狄仁杰回到并州（山西）老家，担任了法曹，而此时的狄仁杰最多不超过二十五岁。

如此年轻就能执掌一省刑罚，狄仁杰自然成了众人羡慕的对象。按照这个趋势发展下去，四五十岁当尚书应该不是问题。

可是不久之后，阎立本因为业绩突出，自己也升官了，先后担任了工部尚书和宰相。正所谓贵人多忘事，阎立本一升官就把这个"沧海遗珠"彻底漏了，一直到他去世，也没有再提拔过狄仁杰。

就这样，二十五岁已经当上法曹的狄仁杰，一直到四十五岁，还是法曹。

当年要与圣贤对话的少年，如今成了沾满柴米气的俗吏；当年红衣怒马气吐眉扬，如今满鬓风霜一梦黄粱，狄仁杰终究还是活成了自己当年讨厌的模样。中年危机加上事业停滞，他的郁闷可想而知。

不过，还没等他郁闷完，更加郁闷的事又来了。

他多年的好朋友郑崇质要走了，不是要死了，但也差不多，郑崇质被调到老少边穷地区支援边疆建设，在那个没有公路与铁道的年代，这一别几乎意味着永别。而郑崇质的母亲因为年老多病行动不便，如果带着母亲上路，估计她会命丧黄泉，如果不带，留在老家又没有人照顾。

自古忠孝难两全，郑崇质左右为难，不知如何是好，就找到狄仁杰喝了一通闷酒。看到朋友如此痛苦，狄仁杰也是感同身受。几杯薄酒下肚，狄仁杰行侠好义的秉性和雄心未已的壮志，全部被激发了出来。

自己四旬已过，半生薄凉，二十年奔波一事无成，可少年壮志仍在胸中激荡。留在并州，还得多久才能实现梦想？也许换换地方，既能成全朋友的孝心，也会让自己的事业出现转机。

就这样吧，苟活于世不如轰轰烈烈死在路上，是该做点什么了。

狄仁杰回到家中，也没有和老婆商量一下，就给领导蔺仁基写了一封信，表示自己愿意代替郑崇质驻守边疆。

如果剧本照这么写下去，历史上恐怕就要少了一个神探，多了一个不知名的将军。幸运的是，世界上还是好人多，蔺仁基也是性情中人，而且刚好他和朋友正因为一点小事闹得不可开交。

看到狄仁杰的书信之后，蔺仁基被狄仁杰这种"我不入地狱谁入地狱"的精神感动了，不由得也发明了一个成语：北斗之南，唯此一人。后世用"斗南一人"形容天下无双。

人家甘愿为朋友两肋插刀，自己却因为一点小事要插朋友两刀。这样的人才，怎么能去边疆喝风，必须向上级举荐。

于是，没过多久，趴窝二十年的狄仁杰，终于否极泰来，靠着"突出"的业绩，以及领导的赏识，从地方调到中央，当上了从六品的大理丞，和其他五名大理丞一起负责全国各州司法案件的复审工作。从此，狄仁杰终于踏上了青云之路。

狄仁杰到中央工作之后，仅用一年时间，就判完了积压多年的案件，牵扯人数达一万七千多。他如此高的工作效率，很快赢得了部门领导的赏识。而另一个意外事件的发生，更是让狄仁杰直接引起了李治和武则天的注意。

676年，有一个小兵在李世民的坟头值班的时候，一不小心打了瞌睡，这时左武卫大将军权善才刚好从那里经过，就把小兵揍了一顿。这本来就是一件小事，上班偷懒，军令如山，挨揍不冤。

可是小兵刚好是个暴脾气，士可杀，不可揍，回过头就到李治那里告状去了。告状的原因不是权善才滥用刑罚，而是权善才曾经在李世民的坟头上砍过一棵树。

如果是普通的小墓，砍人家上面的树的确不道德。但问题是，李世民的坟头不是一般的大，占地两百平方公里，没写错，是公里不是米，整个就是一座山啊。

另外，权善才也不是故意砍树的，因为这坟面积实在是太大了，具体边界在哪，别说权善才蒙了，李治估计也蒙，砍之前他根本就不知道那是李世民的坟头。

可是李治不管这个，中国之大，难道还容不下他爹两百平方公里的坟头？谁敢在他爹坟上动刀，他就敢在谁脑袋上开瓢。李治一边痛哭（真哭了），一边下令要杀了权善才。

狄仁杰听说之后，立刻上书劝谏李治，他表示按照大唐律令，在你爹坟头上砍树，罢官就行了，不能杀人。

为了更有说服力，狄仁杰又举了一个西汉时期的例子：当年有人偷了刘老三庙里的玉，汉文帝要灭这人九族，著名谏臣张释之（这哥们的官是买来的）劝过之后，汉文帝就收回了成命。你现在为了一棵树就要杀大将，后世该咋说你？

李治一听，赶紧回去翻书，一看还真有这回事，只好赦免了权善才。为了表彰狄仁杰敢于进谏的勇气，几天之后，李治就将狄仁杰升为侍御史。

在以后的岁月里，狄仁杰从法官摇身一变成了杠精，只要看到李治做的事有什么不对，他就要怼两句。

李治的宠臣王立本犯了法，李治想饶了他。狄仁杰说，你要么选择他，要么选择我，你看着办吧。

李治出行，当地官员要修路。狄仁杰说，原来的路还挺好的，又不是不能过，修什么修。

李治也是个受虐狂，狄仁杰怼他一次，他就夸狄仁杰一次，或者给对方升官一次。几年之内，狄仁杰就连升八级，从六品小吏升为正四品大员（六品和四品中间不是只差一个五品，还有从五品、正五品等）。

武则天掌权之后，狄仁杰先后被派到了甘肃、江南、河南等地当父母官。和当年在并州做法曹不同，这一次狄仁杰到地方上做出了无数功绩，无论走到哪里，他都会建设到哪里，并在当地留下一段又一段传奇佳话。更为难得的是，他始终把老百姓的生命看得比自己的生命还要重要。

688年，越王李贞在河南起兵勤王，宰相张光辅率三十万大军前去平叛。打败李贞之后，张光辅自恃功高，纵容部下大肆劫掠，甚至杀降请功。狄仁杰当时正好为豫州刺史，气得他指着张光辅的鼻子大骂，老子要有尚方宝剑，一准把你砍了，就算老子因此死了，也无怨无悔。

更让人瞠目结舌的是，狄仁杰骂完宰相还不过瘾，竟然还要给李贞的两千多党羽求情。

放在任何一个朝代，但凡涉及谋反的人必死无疑，在武周时期更是如此。当时武则天正在大规模清除异己，为称帝作最后的冲刺，杀人根本不眨眼。没有谋反的人，还经常被酷吏们安上谋反的罪名斩了，更别说替谋反的人求情了。

狄仁杰对此心知肚明，可是让他眼睁睁看着两千多人被杀而坐视不管，这实在是办不到。

于是，他就写了一封奏章，要为这两千多人求情，但是写完之后，他看着自己一家老小几十口又犹豫了。一边是陌生人，一边是自己家人，孰轻孰重？万般无奈之下，他只好把刚刚写好的奏章又撕了。

但是撕了之后，他看着两千多人的性命，又实在于心不忍，几番犹豫，他再一次写起了奏章。他写了又撕，撕了又写，反反复复几次之后，他终于还是坚持住了初心，冒着全家老小被杀的风险，替两千多人求了情。

什么叫作英雄？英雄不是那种拥有不死之身，动不动就拯救地球，拥有超能力的人，而是这种畏惧过权力，害怕过死亡，但最后依然坚持住信念、战胜了恐惧的平凡之躯。

正是这些英雄的路见不平一声吼，正是这些英雄的明知山有虎偏向虎山行，才让我们的历史变得如此精彩，才让我们的世界多了一份人情味。

幸运的是，武则天杀人如麻，只是针对反对自己的统治阶级，这些小民的性命她并不在意。所以，她同意了狄仁杰的请求。只是，狄仁杰准备拿尚方宝剑砍宰相的事情，被张光辅狠狠参了一道，武则天没有查清原因，就将他贬到了复州（今湖北）。

不过，狄仁杰并没有被贬多久，因为转过年的689年，宰相张光辅遭人诬陷谋反，被武则天砍了。这报应来得有点及时啊，前一年还杀降请功，第二年就被处斩，张光辅也算是罪有应得了。

既然张光辅要谋反，那么痛斥张光辅的狄仁杰肯定就是忠臣，所以武则天又把他提拔上来。691年，也就是武则天登基的第二年，她便将狄仁杰升为宰相。

如果放在一般朝代，哪个大臣当上宰相，绝对算是功成名就、光宗耀祖的事情，完全可以放鞭炮庆祝一下。

但在武则天时期，谁要当上宰相，家里基本可以准备丧事了。因为武则天在掌权的二十二年间，杀了至少二十名宰相，这还不包括贬官之后郁闷死的，或者被人诬陷谋反而吓死的（宰相苏良嗣就是被吓死的）。

狄仁杰当然也逃脱不了被人诬陷的命运。刚刚当上宰相三个月，他就被来俊臣诬陷谋反，关进了监狱。

来俊臣整人的手段天下皆知，要是有十个人落在他手里，他最后能杀几百人。狄仁杰深知如果不招，必然会被严刑逼供。所以，刚见到来俊臣，他就迫不及待地承认了所有罪行。

见过软骨头，没见过这么软骨头的。见浓眉大眼、正气浩然的狄仁杰就这么招了，来俊臣颇为得意，他立刻把狄仁杰关起来，只等武则天一声令下，就推出午门斩首。

显然，来俊臣完全低估了狄大人的为人，他也不想想，一个敢怼皇帝、骂宰相、冒死为民请命的人，怎么可能因为害怕受皮肉之苦，就承认被诬陷的罪行？

狄仁杰认罪，只是为了麻痹来俊臣而已。他知道如果自己嘴硬不招，牙齿被一颗颗敲落，然后自缢而死的名将黑齿常之就是自己的下场。此举虽然壮烈，但死得过于窝囊，他要的不是迟到的正义，而是当下的清白。只有认罪，来俊臣才会放松对自己的监管，才有机会自救。

果然，不久之后狄仁杰就等来了机会。

一天深夜，狄仁杰偷偷撕下了一片床单，又悄悄向狱吏借来笔墨，把冤情写下来，藏进自己的棉衣里，让人带了出去。

狄仁杰的儿子狄光远正在为父亲的冤情四处奔走，看到这份帛书之后，犹如抓到了最后一根救命稻草，第二天一大早，他就把这份帛书呈报给了武则天。

武则天大吃一惊，因为前几天她刚看到了狄仁杰签字画押的口供。当时武则天就很郁闷，凭她的直觉，狄仁杰不会造反，可画押处的签名，确实是狄仁杰的笔迹。如今申冤的书帛也是狄仁杰的笔迹，这其中必有隐情。

于是，武则天又派了一个叫周綝的人前去狱中查看实情。不幸的是，周綝恰好是个标准的屁货，到狱中之后，来俊臣给了他一封信，说是狄仁杰自己写的《谢死表》，让他交给武则天。周綝也不敢和被告狄仁杰说一句话，拿起《谢死表》就回宫复命去了。

遇到这种人，看来狄仁杰是必死无疑了。

可有些事情有时候就是特别的奇怪，坏到极点的事情也许就会变成好事。周綝带来的这份《谢死表》倒救了狄仁杰一命。武则天一看，这不是狄仁杰的笔迹，于是，她决定亲自审问狄仁杰。

事实很快就被查了出来，狄仁杰是被冤枉的，而《谢死表》是来俊臣伪造的。按道理讲，事实已经查清，武则天就应该让狄仁杰官复原职，并惩罚诬陷大臣的来俊臣。

可是，武则天并没有这么做。她还需要来俊臣这条恶狗帮自己除掉更多的反对派。至于狄仁杰，武则天则将他贬到彭泽当县令。

此时，狄仁杰已经六十二岁了。他兢兢业业、克己奉公了一生，回头望官职还不如起点，真是莫大的讽刺。

在狄仁杰准备离开京城，到江西赴任的时候，前来践行的朋友们也纷纷为此鸣不平。他们觉得世界不应该如此不公，还想努力一把，希望武则天能够收回成命。

但狄仁杰却摇了摇头，虽然此去凶多吉少，很有可能再也回不了京城，但他对自己的一生已经很满足了。

有无数老百姓因为他得以存活，有无数冤魂因为他得以平反，他已经位极人臣，虽然只有短短几个月，但已经值了，此去彭泽就当退休了吧。

狄仁杰坐上马车，头也不回地一路南行而去，他的背影苍凉而孤独。

如果不发生意外，狄仁杰的一生恐怕也就如此了。唐史上会有狄仁杰的名字，但估计也就和大部分宰相一样寥寥数语，能够青史留名，其实这样也不错。但历史不能假设，四年之后，契丹叛乱了。

按说契丹叛乱和狄仁杰并没有关系，一个在北，一个在南，狄仁杰又是一个文官，根本没有打仗的经验，让他去平叛显然不现实。奈何唐军二十八员大将忒不能打，带领的几十万大军被契丹数万之众打得毫无还手之力，整个河北被搅得天翻地覆。

无人可用的武则天不得不又想起了狄仁杰，判案靠的是智商，打仗拼的也是智商，两者也许能通用。于是，武则天便将狄仁杰从县令火速提拔为魏州（今河北邯郸）刺史，前去抵御契丹。

说实话，这个用人策略挺扯的，能不能打仗，狄仁杰自己心里都没底。但奈何武则天的运气实在是太好了，不是狄仁杰文武双全很能打，而是契丹军的老大孙万荣早就听说过他的大名。

他知道狄仁杰是个好官，无论走到哪里都深得民心，和这样的人打仗，不一定会有好果子吃。所以他很识相地绕开魏州，折腾其他地方去了。

不费一兵一卒，就能吓退敌军，狄仁杰竟然还有这功效，武则天对自己的用人策略颇为满意。

第二年，在来俊臣被杀以后，武则天便让狄仁杰重新担任了宰相。698年，后突厥大举进犯河北，武则天干脆让狄仁杰做起了将军，领军十万前去抵抗。

遗憾的是，狄仁杰的大军还没有开到前线，突厥军夹起尾巴就跑了。狄大人唯二能够成为名将的机会，就这么全部泡汤了。

折腾完这一切之后，狄仁杰已经六十八岁了，距离他去世只剩下两年的时间。明显感觉到身体一天不如一天的狄仁杰提出要退休，但这一次，武则天并没有允许。

这个国家已经被折腾得太虚弱了，一个名不见经传的契丹就能连续三次大败唐军，如果不是突厥帮忙，武周恐怕就要完蛋了。武则天需要忠臣，需要能臣，她要让这个国家重新强大起来。

所以，在接下来的两年时间里，武则天对狄仁杰格外重视。她放下身段，尊称这个比自己小六岁的老头为国老，不让狄仁杰行跪拜之礼，还免除了狄仁杰晚上值班的义务，并告诫其他官员："如果没有十分重要的军国大事，就不要去打扰狄公。"

狄仁杰凭借武则天对他的信任，在最后的时光里，做了两件大事：

第一件事，给武则天挖了一个坑。

第二件事，给这个坑加了一个盖。

第一件事，我们之前略有讲过，就是武则天立太子的事件。

有一天，武则天突然想立侄子武三思为太子。狄仁杰表示：天下是武则天的大老公李世民打下来的，二老公李治传给她的，怎么能移交给外姓人。另外，从来没有听说过，侄子当了皇帝，姑姑可以配享太庙的。

武则天很生气，表示立谁为太子，是自己的家事，不用狄仁杰来管。

狄仁杰则丝毫没有退让，争辩道："王者四海为家，天下的事都是陛下家事。君王为元首，臣下为四肢，犹如一个整体，怎能不管？"

其实故事到这里还没有结束，武则天并没有因此将李显立为太子。

后来，武则天做了一个梦，梦到一只鹦鹉的两个翅膀断了。狄仁杰听说以后，瞬间变成了算卦老道，他急忙说："鹦鹉的鹉，代表了武姓，两个翅膀就是指陛下的两个儿子，只要起复二子，两翼便能振作。"

武则天被这么一通瞎忽悠，结束了李显长达十几年的软禁生涯，她将他从湖北接到洛阳，重新立为太子。

第二件事，是狄仁杰向武则天推荐了一个人才，此人名叫张柬之。

关于张柬之的故事，后面我们详细讲，现在大家只需要知道一点，几年之后，就是这个人发动神龙政变，搞掉了仍在皇位上的武则天。

张柬之是怎么和狄仁杰成为好朋友的，我们不得而知。只知道有一次，武则天让狄仁杰给她推荐堪当宰相的人才时，狄仁杰说："如果要找有文采的人，李峤、苏味道就适合。如果要找出类拔萃的奇才，那么只有荆州长史张柬之。"

武则天听完之后，就把张柬之提拔为洛州司马。

后来武则天又让狄仁杰推荐人才。狄仁杰却说："我推荐的张柬之，您还没有用呢。"

武则天说："我已经给他升官了啊。"

狄仁杰则说："我推荐的张柬之是可以当宰相的人才，不是让他做司马的。"

于是，武则天就把张柬之任命为秋官侍郎（刑部老二），不久之后，又提拔他为宰相。

做完这两件大事，多年的工作与劳累终于彻底拖垮了狄仁杰的身体，他再也熬不住了。700年九月，狄仁杰因病在家去世，享年七十岁。

武则天得知狄仁杰去世之后，不由得痛哭流涕，仰天长叹："朝堂空矣！"

从此以后，每当有大事不能决断时，武则天都会再次想起狄仁杰，对群臣叹道："天夺吾国老何太早邪！"

笔者相信，此时此刻的武则天是真心的。因为纵观整个武周，甚至包括李治一朝，能和狄仁杰相提并论的大臣屈指可数。

他几十年如一日秉公执法，所判案件少说也有万起，但都做到了尽量公平公正，问心无愧。

他不畏权贵，无论是皇帝还是宰相，只要对方犯了错误，他都敢当面顶撞，甚至还直言要杀了对方。

他爱民如子，在酷吏横行，群臣对造反者避而远之的年代，在陌生人与家人的性命之间，他毅然决然地选择了为苍生说话。

他让武则天杀人的枪口抬高了一寸，仅这一寸，便拯救了成千上万的百姓。

"不为君王唱赞歌，只为苍生说人话"是他一生的真实写照。

他虽然也有缺点，第一次当宰相时，是宰相娄师德推荐了他，但他却丝毫不知，反而多次排挤娄师德。

武则天问他："娄师德知人吗？"

他却说："臣曾与他同朝为官，从没听说过他知人。"

武则天拿出娄师德举荐他的奏章，狄仁杰这才惭愧得无地自容。

第二次当宰相时，他想让武则天取消安西都护府和安东都护府，舍弃数百万平方公里土地，幸好武则天没有听从他的意见。

可是人无完人，这两个缺点就像太阳的黑子，并不影响他的伟大。他已经做了他能够做的一切，这样的人值得我们每一个人尊敬。这样的人生，值得我们每一个人追求。

另外，他的一生也是励志的一生。二十五岁当上州法曹，堪称青年才俊，可到四十五岁依然未升一级。二十年的磨砺没有让他消沉，反而激发了他更强大的斗志。

时来天地皆同力，运去英雄不自由。

从五十岁的李靖，到五十六岁的唐休璟和六十岁的刘仁轨，再到如今四十五岁的狄仁杰，全部都是大器晚成。

所以，无论何时大家都不要放弃希望，生命不息，奋斗不止，指不定你的好运就在前方。

人到中年并不可怕，可怕的是被柴米挫了锐气，为苟且丢了梦想。

九十五　武则天晚年的荒唐生活

异己除了，皇位登了，酷吏灭了，名臣用了，大唐在经历了十几年的摇摆之后，终于慢慢恢复了正常。

这时候，武则天已经是一个将近八十岁的老人了。虽然妆容让她看起来显得并不太老，虽然她的精力依旧旺盛，虽然她号称又长了几颗新牙，并因此把年号改为"长寿"，但所有人都知道，她已经没有几年可以折腾的了。

而且还有人一直期望着她赶紧驾崩，以便给自己腾挪位置，这其中就包括她最亲近的三拨人：男宠、儿子和侄子。

不要觉得亲人都盼望着她死，是武则天的悲哀，不要感叹人活一世，晚年落得如此凄凉。其实作为武则天的亲人，他们比武则天更加悲哀，男宠在武则天的眼里只是玩偶，儿子和侄子都是在她的压迫下长大。

这种被权力扭曲的爱情与亲情，就像武则天当年夺权时一样，让武周末年的权力争夺战变得颇为狗血和残忍。

下面我们先介绍一下这三拨人的具体情况，以便为最后的大戏做好铺垫。

武则天有很多男宠，参与夺权的是张易之和张昌宗兄弟二人，没错，他们是同父异母的亲兄弟。

不过在讲这兄弟二人之前，出于看热闹不嫌事大的目的，我们还是有必要了解一下武则天之前的两个男宠。

她的第一个男宠叫冯小宝，这人原来是个洛阳街头卖狗皮膏药的小贩，因为长得英俊潇洒，肌肉发达，一个不小心，被千金公主的婢女相中了。

千金公主就是李渊的第十八个女儿，李世民的妹妹，李治的姑姑，武则天的干女儿。这个辈分有点乱，但笔者没写错，千金公主为了活命，的确当了武则天的干女儿。从这件事上就能看出，她也是个没有底线的人。

既然没底线，那啥事都能干。婢女觉得冯小宝不错，就把他介绍给了千金公主。千金公主此时已经是个六七十岁的老太太了，但是她人老心不老，当天晚上就把冯小宝叫到了闺房。

经过千金公主以及婢女的不断实验和调教，冯小宝很快就掌握了闺房里的独门绝技。

正所谓独乐乐不如众乐乐，为了巴结干妈武则天，千金公主跑到皇宫，向武则天介绍冯小宝："小宝有非常材用，可以近侍。"

不是太监，可以近侍，又有非常之材，同样是寡妇的武则天，基本就明白了这是啥意思。

再转过头看千金公主，两颊红润，气血上涌，武则天也不由得心花怒放，立刻把冯小宝叫进宫中，两人从此过上了长达十年的幸福生活。

不过刚开始，武则天并没有明目张胆地公开冯小宝的身份，因为这个时候她才刚刚守寡一年。

几个月前，在李治下葬的时候，她还特意写了封一千多字的情书，里面的话那叫一个情真意切，其中有几句是这么写的：

"肠与肝而共断，忧与痛而相寻……魂销志殒，裂骨抽肠……悲千罔极之悲，痛万终天之痛。呜呼哀哉！"现在很多人认为这几句话就是武则天真爱李治的证据。

既然如此爱，怎么能转过头就去找其他男人，武则天自己也觉得不太合适，所以她刚和冯小宝好上，转过身就把冯小宝刮了，不是刮脖子，而是刮毛，脑袋上的毛。

武则天信佛，经常让和尚入宫为其布道施法，将冯小宝的毛一刮，丑是丑了点，但行事方便多了。考虑到武则天曾经当过尼姑，这样看来，武则天给冯小宝剃毛也是挺轻车熟路的。

685年白马寺重建之后，武则天就让冯小宝当了白马寺的方丈，又给他另外起了个名字：薛怀义，并让自己的女婿薛绍认他做了叔叔。薛绍自然没意见，毕竟继老丈人当叔叔，辈分也不算太乱。

可纸终究是包不住火的，尽管武则天作了层层包装，没过多久，大臣们还是知道了这件事。

有一次，薛怀义准备进宫伺候武则天，按照规矩，他应该从北门进宫，只有宰相们才能从南门进宫，但薛怀义觉得武则天的心门他都已经敲开了，天下的门哪一个他都可以随便进，于是，他也要从南门进宫。

好巧不巧，在宫门口他就遇到了暴脾气的宰相苏良嗣，按地位肯定是宰相先进门，方丈薛怀义后进门，可是薛怀义偏偏要抢在苏良嗣的前面进宫。苏良嗣大怒不已，就让随从在宫门口把薛怀义狠狠揍了一顿。

薛怀义一拐一瘸地跑到武则天面前大喊：打狗还得看主人，苏良嗣打自己的屁股，就是在打武则天的脸。

武则天一方面不好意思公开薛怀义的身份，另一方面也认为宰相做的没错，所以，这一次倒挺公平，她不但没有安慰薛怀义，还劝告他以后老老实实从北门进宫，不要去南门找宰相们的麻烦。

没想到，武则天软了这一次，大臣们就得寸进尺了。

没过几天，一个叫王求礼的大臣给武则天上了一封奏疏，大概意思是说：有一个琵琶高手叫罗黑，李世民想让他教宫女们弹琵琶，就把他给阉了。武则天如果想让薛怀义经常进宫，按照规矩也得先把他阉了。

武则天看完之后气不打一处来，就把奏疏扔给了薛怀义。

薛怀义虽然大字不识几个，但也认识那个阉字，还没等他看完奏疏，溜光的脑袋上就已经满头大汗。

他紧张地抬头看了看武则天，武则天见薛怀义如此尴尬，不由得哈哈大笑，一把夺回奏疏扔到了一旁……

"阉割"风波过后，武则天干脆也不遮遮掩掩了，是啊，打狗也得看主人，再不挺一挺薛怀义，万一他被大臣们吓死，那不就扯犊子了。

所以，武则天不仅没有阉了薛怀义，对他的宠爱还变本加厉，先是给他配备了一群小太监，接着又干脆让他骑着自己的马出入宫中，看谁还敢再说阉了他。

后来，武则天要修建大唐最豪华的地标建筑，也是自己将要举办登基大典的明堂（又名万象神宫），就让薛怀义做了包工头。

据史料记载，明堂高九十米，中间有巨木十围，上下贯通。

明堂建成之后，武则天又让薛怀义在它的北边建了一座超级大佛，光佛的小拇指上就能站几十号人。

为了让这座佛像有个家，武则天又准备盖一个更高的天堂。据说要建到三百米高，但这个明显不现实，即使现在有了钢筋混凝土，盖三百米高的建筑也很不容易，何况那个年代。所以天堂自始至终都没建成过，先是被大风吹倒了，后来又被人烧了。

电影《狄仁杰之通天帝国》中对明堂以及佛像的还原度还是蛮高的。

反正为了建这两个地标，工地上每天都得有一万多农民工来回忙碌，在修建几年之后，大唐的国库基本被掏空了（所费以万亿计，府藏为之耗竭）。

被武则天这么一捧，只要眼睛不瞎，就知道薛怀义的真实身份了。薛怀义也开始仗着武则天的宠爱为非作歹。

一位叫冯思勖的官员明知山有虎，偏向虎山行，还想学习王求礼弹劾薛怀义，武则天依旧把奏疏交给了薛怀义。上一次差点被阉的他，这一次不再尿了，直接派人把冯思勖揍个半死。武则天知道后，微微一笑，什么话也没有说。

不管就是纵容，纵容就是鼓励犯罪，薛怀义从此开始走上了一条无法无天的道路。

他觉得武则天赐给他的十几个太监不够用，就自己剃度了近千名无赖，让他们当和尚。文武百官以及普通百姓只要在路边见到他，就得趴到地上行礼，谁要敢不趴，这群无赖和尚上去就是一顿揍，至于会不会被揍死，全凭自己的运气。甚至连武则天的侄子武承嗣和武三思也得给他牵马，或者行奴仆之礼。

折腾完文武百官还不够，这位半路出家的和尚，也不知道哪里来的敬业心，为佛教事业的发扬光大操碎了心：文武齐上阵，金钱当后盾。

文的方面，他找来一大批和尚，天天扒拉唐僧运回的经书，寻找武则天可以称帝的依据。功夫不负有心人，天竺的历史中还真有位女王，正好又被记录在《大云经》里，薛怀义大喜过望，声称武则天就是弥勒佛转世，必定能当皇帝。

弥勒佛要知道自己转世变成了女人，也不知道是啥感受。就因为这个依据，武则天称帝之后，还把薛怀义封为三品的左威卫大将军。

武的方面，薛怀义天天去折腾道士。只要让他见着，那个道士就倒了血霉，要么被他揍，要么被他剃光头，要么被他带到庙里当和尚。

在他的示范下，大唐的和尚们算是迎来了人生第一春。

从李渊把太上老君认为祖宗开始，道教一直都是李唐的第一宗教。

当年唐僧从西天取经回来，劝说李世民和李治大兴佛教，被两位皇帝连续怼了好几次，如今一个半路出家的和尚却圆了唐僧毕生的梦想。这个世界还真的是挺讽刺，努力不一定会有好结果，无心之举有时候还真能成大事。

武则天见薛怀义武德充沛到处打人，又是揍百姓，又是打大臣，又是扁道士，就想当然地认为他应该也会打仗。

689年五月，后突厥大举侵犯大唐边疆，武则天稳定地发挥了军事上的糊涂虫精神，任命薛怀义为清平道大总管，率军前去抵御。让一个没有打过仗的和尚当主帅，若没有丰富的想象力，一般的君主还真不敢这样干。

幸运的是，薛怀义的运气还不错，从洛阳一直溜达到呼和浩特，走了大约两千里，一个突厥兵也没遇到，然后就回来了。为了奖励他瞎溜达的功劳，武则天又把他封为辅国大将军、鄂国公。

693年，突厥又侵犯边境，武则天再一次犯糊涂，让薛怀义领军出征，还派了两个宰相给他当幕僚。

薛怀义当年不是被宰相苏良嗣揍过吗，这时候虽然苏良嗣已经死了，但他仍然没有解气。按照正常人的思维，苏良嗣和你有仇，你想报仇也应该揍苏良嗣或者他的家人嘛，但薛怀义不这么想，他觉得揍宰相就等于报了当年的一箭之仇，不用管这个宰相是谁。

我们前面讲的著名宰相李昭德，就是这时候被薛怀义狠狠揍了一顿，一直被揍到跪地求饶才算完事。

一个不怕武则天的宰相，一个敢硬杠所有酷吏的宰相，一个为了恢复李唐甘愿被杀的宰相，却被薛怀义揍得跪地求饶，可见他已经嚣张到了什么程度。

大军还未出征，主帅和宰相就斗了起来，这仗要能赢，突厥的战士们就可以去西伯利亚放羊了。幸运的是，薛怀义又撞上了一次大运，唐军刚刚准备开拔，突厥就主动撤退了。

虽然仗没有打成，但是揍了当时最红的宰相，薛怀义的声望通过这件事，一下子达到了顶峰。回朝以后，他已经膨胀得完全迷失了自我，在他看来，无论他做什么，武则天都会宠着他、由着他。

他想的也确实没错，武则天对自己每一个男宠都格外宽容和放纵，但前提有一个，你得干好本职工作。

男宠的本职工作是啥？不是当和尚，不是去打仗，而是得把武则天伺候高兴了。

薛怀义一膨胀，就把这事给忘了，或者说他已经厌烦了本职工作。武则天已经七十岁了，老树再发新芽那也是老树啊，而薛怀义还是个年轻力壮的小伙子，天天和七十岁的老太太谈情说爱，装一年容易，装十年太难了。

所以，薛怀义开始慢慢疏远武则天，经常借各种理由待在白马寺里逍遥快活，让武则天在宫中独守空房。即便被逼无奈被武则天叫到宫中，他也是敷衍了事。

武则天很快就发现了薛怀义对自己态度的转变。作为女强人，作为玩弄人的高手，武则天当然不会像一般的女人那样一哭二闹三上吊，她若狠下心来，连自己都会感到可怕。

正所谓，在乎你时，你说什么就是什么，不在乎你时，你说你是什么？

武则天根本就没有给薛怀义任何解释或者悔改的机会，她马上又找来一个男宠，此人名叫沈南璆（qiú），本职工作是御医。

沈南璆很快就从各个方面顶替了薛怀义的位置，朝中的大臣们没过多久，也敏锐地发现了这一变化。

此时不痛打落水狗，还待何时？

侍御史周矩趁机向武则天上了一封奏疏，揭露薛怀义剃度了上千名地痞无赖，肯定要谋反。

武则天就坡下驴，给薛怀义下了一道诏书，让他到周矩的官署说明情况。

一直到这个时候，薛怀义还没有意识到自己已经失宠了。他接到命令之后，骑着武则天当年赐给他的御马，大摇大摆地来到御史官署，袒胸露乳地坐到椅子上，还没等周矩问话，转过身就骑着马飞奔回了白马寺。

武则天知道后大怒不已，便让周矩把薛怀义剃度的上千名无赖全部流放到边疆喝风，还将周矩升为天官员外郎（吏部）。

所有狗腿子被贬之后，薛怀义这才意识到，原来离开了武则天，自己什么都不是。自己根本就没有厌倦武则天的资格，这十年的感情，根本就不是一场平等的爱情，只是武则天玩的一场爱情游戏而已。什么时候武则天厌倦了，就会将自己一脚踢开，不带一点犹豫。

薛怀义越想越害怕，越害怕越睡不着。他想进宫看看武则天，当面问清自己被甩的原因，但武则天根本不给他这个机会。

尽管遭受了种种挫折，但薛怀义还是和很多被甩的男人一样，不相信女人分手之后会如此无情。他觉得靠自己的魅力以及真心，肯定能让武则天回心转意，毕竟，他们已经在一起整整十年了。

薛怀义说干就干，他精心挑选了一个表白的日期，又精心准备了一份礼物，他相信，只要武则天在这一天看到这份礼物，就会回心转意的。

695年元宵节，洛阳城像往年一样热闹非凡，来自世界各地的男女老少纷纷涌上街头，赏灯、猜谜、偶遇，感受着大唐的繁华。

武则天和普通人一样，也爱凑一把热闹，她带着文武百官以及薛怀义，登上了洛阳的地标性建筑明堂，在这里，洛阳的繁华与热闹可以尽收眼底。

就在武则天有说有笑地看着芸芸众生的时候，突然，明堂前面的地底下缓缓地升起了一尊十五米高的大佛，不远处的天津桥上又升起了一条高达五六十米的幕布，幕布上是用牛血画的一尊大佛。

薛怀义得意地指着这些，对武则天说："看，我为您精心准备的礼物，幕布上的佛是我割破膝盖，用自己的血画成的。"

他本以为武则天会感动得满含泪水，倾入自己怀中，但还没等他说完，武则天就厌恶地扭过头，根本不想搭理他。人的血能画那么大的佛？武则天又不傻。

薛怀义一下子从满怀期待变成心如刀绞。他知道自己已经完了，过去的时光再也不可能回来了。

第二天的夜晚，洛阳城内狂风大作，昨日的灯火通明变成了漆黑一片，昨晚的热闹非凡变成了寂静无人。

可是，空旷的大街仍有一匹骏马在飞速疾驰着，骑马的不是别人，正是已经被醋意和仇恨浸没的薛怀义。昨晚武则天的绝情已经让他彻底丧失了理智，他要报复，他要让武则天也体验一下痛苦的滋味，他的目的地是明堂和天堂。

既然你那么在乎这两个地标，既然它们是我亲手建造的，既然你已经如此无情，那我就把它们统统烧了，我得不到的东西，谁也别想得到。

当晚，火借风势，风助火威，那两座掏空了大唐国库的建筑，那两座让武则天引以为傲的地标，把洛阳城照得如同白天一样通明。

武则天第一时间就知道了真相，她的愤怒也随之到达了顶点。但是没过多久，她便迅速冷静了下来，作为君主，她不能，也不愿让天下人知道，那两座耗尽国库的地标是自己的男宠烧的。不然，她怎么向天下人交代？

第二天，她装作什么也没发生过一样，对外谎称是临时工工作失误导致的，和所有的大臣以及看护明堂的人都没有关系。看来把锅甩给临时工，是自古以来的传统啊。

宰相姚璹（shú）更加离谱，他竟然丧事喜办，把明堂着火从理论上说成了好事。

他说："周朝的时候周城宣榭失火，占卜的结果是朝代更加兴盛；汉武帝的时候柏梁台失火以后再盖建章宫，汉朝更加强大。现在明堂着火了，证明咱武周也会越来越旺盛啊！"

文武大臣们都惊呆了，武则天也惊呆了。啥叫流氓不可怕，就怕流氓有文化。见过流氓，但没见过如此荒唐的流氓，不过这种流氓还真让人喜欢。

武则天听完之后也乐开了花，当即下令按姚璹说的办，在原址上再建一座明堂。至于钱嘛，再收税就是了。至于包工头嘛，原来是薛怀义，现在还是薛怀义。

消息传到白马寺，薛怀义惊讶得简直不敢相信自己的耳朵，天底下竟然还有这种好事，难道武则天回心转意了？

一时间，薛怀义又充满了干劲，一边找图纸，一边找施工队，忙得不亦乐乎。

但他不知道的是，一把亮闪闪的屠刀已经架在他的脖子上，武则天让他再建明堂，只是和他玩的最后一场游戏而已。

半个月之后，当薛怀义志得意满地到宫中赶赴武则天的约会的时候，一群早已埋伏好的武士冲了出来。

在一通乱棒下，那个喜欢动不动揍别人的薛怀义，终于结束了极其荒唐的一生。

旧爱不去，新欢何来？张易之和张昌宗兄弟俩，早已经迫不及待地等着上场了。

九十六　七十五岁武则天，广选天下美少年

695年，薛怀义被武则天杀了以后，御医沈南璆开始独霸整个后宫。与薛怀义除了好事其他什么都干不同，他为人很低调，既不仗势欺人，也不卖官鬻爵，堪称男宠中的上品。

可惜好人不长命，这位老哥的身体素质明显不如前任，仅仅过了三年，沈南璆身上便添了几个病症，不久之后，他就一口气没喘上来，见阎王去了。

皇帝的男宠又死了，这则消息很快就传遍了洛阳的大街小巷。

武则天着急，太平公主比她妈还急。毕竟"百善孝为先"嘛，老妈有需求，做女儿的就有责任去满足。太平公主颇有几分舍己为人的精神，一狠心就把自己的身边人张昌宗送给了武则天。

张昌宗，定州（今河北）人，不仅长得好，玉树临风，白白净净，还出身于官宦世家。他二大爷（爷爷的弟弟）是李治时期的宰相张行成。按说这出身不低，只要老老实实干，以后混个刺史肯定不成问题，如果再努力一点，勤奋一点，和他二大爷一样，当个宰相也不是没有可能。

但是张昌宗和现在的不少年轻人一样，年纪轻轻就有了"不想奋斗，只求包养"的心态。当时太平公主三十多岁，正是如狼似虎的年龄，肆意包养男宠，两人一个不小心，王八瞪绿豆，便看对眼了。

等到沈南璆死的时候，张昌宗在太平公主的调教下，已经成了新一代"宠林"高手。

女儿精心调教出来的人物，武则天自然非常满意。十几天之后，张昌宗就成了当红炸子鸡，权势震惊天下。

可是这十几天下来，张昌宗有点不乐意了，不是他良心发现，不愿被包养，更不是嫌弃武则天人老色衰，而是"色子头上一把刀，精神小伙也吃不消"啊，毕竟沈南璆还没有死多久呢。

虽然自己现在身强体壮，可是再过几年怎么办呢？

因为这个问题，张昌宗每天都头大不已。想了半个月，他终于想到了一个好方法——打虎还得亲兄弟啊。

一次云雨之后，张昌宗终于扛不住了，对武则天说，我哥张易之"器用过臣"，还会用药，陛下要不要也试试（臣兄易之器用过臣，兼工合炼）？

武则天大喜过望，毕竟买一送一这种好事不是谁都能碰上的。四十年前李治享受过自己和姐姐的服务，如今风水轮流转，乙方变甲方，岂能放弃这么好的机会？

于是，武则天立即下令召见了张易之，结果很满意。

为了表示自己有多满意，武则天直接将他们升为四品大员，并直呼他们的小名五郎和六郎。你还别说，有些事情还挺巧，如果按李世民、李治、薛怀义、沈南璆顺序排下来，张易之和张昌宗正好也是老五和老六。

不仅他们得到了封赏，他们的家人也享受到了圣恩。他们死去的老爹被追赠为刺史，就连他们还活着的老妈阿臧，武则天还让宰相李迥秀特意在晚上去送温暖。他们的老爹如果地下有知，也不知道对这恩典有啥感受。

不过，这兄弟二人倒也对得起武则天的封赏，在他俩的拼命折腾之下，已经七十五岁的武则天不仅没有宽衣解带终消瘦，还枯木焕发另一春了。

武则天原来只是想尝尝鲜，但自从遇到他俩之后，便金戈铁马入梦，气吞山河如虎了。

不久之后，武则天就下达了"选美令"，让人选取天下美少年进宫伺候自己。为了便于管理这群美少年，武则天又成立了控鹤监，任命张易之为第一任监主。

啥叫控鹤监呢？控鹤就是骑鹤的意思，古人认为神仙是骑着鹤上天的，因此经常用"控鹤"代指皇帝的亲兵。

几千年来只有君主选女人，没听说过君主选男人的，这个诏令一出，身怀利器的各路英雄豪杰便彻底坐不住了。他们抱着"朝为田舍郎，暮登天子床"的梦想，火急火燎地毛遂自荐开来。

宫中的一个门卫侯祥，听说之后，就到处宣扬自己"过于薛怀义"，希望武则天能多看他一眼。

一个叫柳模的官员，长得虽有点潦草，但他到处吆喝，他儿子长得是又白又高又好看，希望把儿子送到控鹤监。

等选完美少年之后，武则天就过上了神仙般的逍遥日子。张易之等人天天浓妆艳抹地围绕在武则天的左右，陪她玩各种游戏。

不过，武则天并没有在后宫无忧无虑地潇洒多少年。

一方面因为朝臣们的反对，唐代虽然比较开放，但仍然是男权社会，女皇全国选美少年，简直就是找骂。一个人骂你，那叫寻衅滋事；一群人骂你，你就是无良商家；天下人都骂你，你就是人民公敌了。

武则天是个政治家，也是要面子的人，自然不愿意当人民公敌。所以，两年之后，她就把控鹤监改成了奉宸府，又组织一批人在里面编书，为自己的行为盖上了一层遮羞布。

另一方面，武则天尽管异于常人，但终归也是人啊，将近八十岁的她，也不得不为接班人的问题发愁了。

我们之前讲过，武则天自始至终都没有立武家人当太子的打算，后面其实应该还有一句，武则天自始至终也没有让儿子把武家人杀了的打算。

作为一名不太合格的母亲，武则天清楚地知道天下肯定要传给儿子。作为一名优秀的政治家，武则天也清楚地知道，自己死后，李唐皇室以及大臣们肯定要清除武家人的势力，刘老三的老婆吕后的下场，就是武则天的结局。

如何不让历史重演？武则天必须为死后的事情提前作出精妙的安排。

另外，与一般的皇帝不同，武则天在考虑身后事的同时，还必须格外注意生前事——她得时刻提防着大臣或者儿子发动政变。

政治就是人心，权力就是人心。

在儒、释、道三家文化成百上千年的熏陶之下，在讲究君君臣臣、父父子子的封建男权社会里，父死子继，皇帝为雄，早已成了上自贵族、下至平民的共识。

武则天虽然当上了皇帝，但她无法从根本上改变人心。她可以利用酷吏杀掉成千上万反对她的人，但她无法杀掉天下所有的读书人。只要这些人读的还是四书五经，他们就会像潮水一般，一波又一波地站起来反对武则天。

宰相裴炎虽然帮她废掉了皇帝李显，但要她把权力交给李旦。宰相刘祎之虽然帮她扳倒了裴炎，但仍然反对她临朝称制。

武则天当了十几年的皇帝，到她晚年的时候，支持李唐的宰相仍然有一大批：狄仁杰、魏元忠、姚崇、张柬之、崔玄暐（wěi，武则天一手提拔的）、韦安石（韦孝宽的曾孙）、唐休璟、吉顼等。

套用一句名言：武则天可以暂时压制所有人，也可以永远压制一部分人，但是绝不可能永远压制所有人。

除了大臣们心向李唐之外，武则天的两个亲生儿子，也都和她有巨大的仇恨。

自684年起，李显被武则天软禁在湖北长达十四年之久。在这十四年里，他一直过着白加黑二十四小时忐忑不安的日子。

白天，一听说他妈要派使者来看望自己，还没等使者到，他就早早准备好了白绫，随时准备上吊自杀。如果不是他老婆韦氏苦苦相劝，他恐怕早就自杀或者被吓死了。

晚上，他没有睡过一个完整觉，刚刚睡着就会被噩梦惊醒。尤其是武则天大肆屠杀李唐皇室的时候，李显差点被吓出神经病。

李旦比他哥更加悲摧，李显被废之后，他成了皇帝。登基的当天，武则天就把他软禁到了皇宫中。

当傀儡憋屈不说，他还得时时刻刻陪老妈演戏，武则天下诏要还政于他，他得赶紧推辞，请求武则天继续临朝。

武则天准备称帝，他装得比任何人都积极，支持老妈称帝，而且还要求武则天赐自己武姓，武则天还真就赐了。

武则天称帝之后，他被立为太子，但是这个太子更加窝囊，甚至还要经常受到死亡威胁。

武则天到万象神宫祭祀天地，本来应该太子亚献，但是武则天偏偏让武承嗣亚献，武三思终献，根本没有李旦的位置。

武承嗣争夺太子之位的时候，支持李旦的几十位大臣以及家属全被武则天所杀（被杀的有格辅元、欧阳通、岑长倩等数位宰相）。

哪怕只是私下拜见过李旦的大臣，也全部遭到了武则天的屠杀。

看到支持自己的文武百官全部牺牲，身在东宫中的李旦一句话也不敢说，只能装傻充愣。

事情发展到最后，连武则天手下的仆人，也欺负到李旦的头上。

692年年底，武则天的丫鬟韦团儿春心大发，不停对李旦暗送秋波。李旦自身都难保，哪里还有心思和一个丫鬟勾勾搭搭，所以就一直对她无动于衷。哪知道韦团儿竟然恼羞成怒，诬陷李旦的妃子刘氏和窦氏利用巫蛊之术诅咒武则天。

693年春节，整个大唐都洋溢着节日的气氛，洛阳城里更是热闹非凡。噼噼啪啪的爆竹声响彻云霄，走亲访友的市民摩肩接踵，孩子们穿着五颜六色的新衣戏耍打闹，大人们一边吃着饺子，一边喝着酒，互相诉说着丰收的喜悦。

皇宫中自然也是一片热闹、快乐的气氛，甚至平日里一脸严肃的老太监们，也变得和气了不少，无论看见谁，都满脸堆笑，以求来年有个好的兆头。

按照规矩，太子的妃子们一大早就得去给婆婆武则天请安，刘氏和窦氏自然也不例外。

但谁能想到，在这个连普通人都忌讳杀气的日子，一向信佛的武则天会对刘氏和窦氏（李隆基的亲妈）痛下杀手。

当两个儿媳将精心准备的礼物，兴高采烈地进献给武则天的时候，武则天却命令身边的几个太监，将她们绑起来秘密处死，并埋在了宫中。

晚上，年仅八岁的李隆基，在东宫哭着喊着要找妈妈，可是任凭他喊破了喉咙，李旦也不敢派人到宫中打听一下妃子们的下落。

他一会儿看看躲在被窝里痛哭的儿子，一会儿伸长了脖子望着一墙之隔的皇宫。走廊上一串又一串闪着亮光的红灯笼，把走向皇宫的道路照得通明，可李旦的心却一点又一点地暗了下来，如同深邃的夜空，死寂无声。

第二天，抱着儿子瑟瑟发抖了一夜的李旦，去给武则天请安的时候，仍然不敢提及两位妃子，仿佛这两个人，从来没有到过这个世界。

可是刘氏和窦氏也有母亲啊，老公可以当她们没有来过这个世界，母亲怎么能当女儿没有来过这个世界呢？

大年初二，别人家的女儿都回了娘家，她们也想见见自己的女儿啊。

窦氏的母亲庞氏在家中焦急地等待了一天一夜，也没有等到女儿，不由得心急如焚。当天晚上，她便点燃了几炷香为女儿祈祷平安。可是如此平常的举动，却差点招来杀身之祸。

武则天知道以后大怒不已，以"不道"的罪名判处庞氏死罪。幸好，正直的大臣徐有功看不下去了，极力为庞氏辩护，这才让她免除了死罪。可是，死罪可免，活罪难逃，她和家人全部被流放到了岭南。

作为一个下人，随便一个诬告，就能将太子的妃子们整得死无葬身之地，韦团儿不禁心潮澎湃，转过身，她就把矛头对准了李旦。当初你对我爱答不理，现在我要让你高攀不起。

幸运的是，老天实在看不下去了，韦团儿的阴谋在实施之前暴露了，最后也被武则天所杀。

不过，李旦并没有因此而转危为安。因为韦团儿的诬告让更多心怀不轨的人看到了希望，如果韦团儿的阴谋没有败露，也许倒台的就是李旦。

所以，韦团儿刚死不久，就又有人诬告李旦谋反了。

武则天听到诬告之后，大喜过望，立刻派出最得力的杀人小能手来俊臣去审理此案。

来俊臣整李旦，还是颇有心得的，当年支持李旦的宰相们就是被来俊臣搞死的，现在冤家路窄又遇到了，来俊臣自然不会有丝毫的手软。

他把东宫的属官全抓了起来，二话不说，抽鞭子的抽鞭子，插手指的插手指，非要逼大家招供不可。

有几个人还没被打几下就扛不住了，嗷嗷叫着要招供。来俊臣大喜过望，急忙让人拿来了纸和笔，让他们画押签字。

就在这最危急的时刻，一个唢呐九级音乐家，祖籍波斯名叫安金藏的小伙子站了出来，他大声喊道："太子无罪，你若不信，我愿剖心挖肺以证太子清白。"

话音刚落，只见他抽出配刀就向自己的肚子捅了进去，瞬间血溅三尺，肠流满地，场面极为血腥。

来俊臣尽管杀人无数，但也被眼前这一幕吓傻了，武则天让他审案，但没有让他杀太子的人啊，如果把事情闹得太大，恐怕他也会吃不了兜着走。于是，来俊臣赶紧让人把此事汇报给了武则天。

武则天也惊呆了，一个和太子无亲无故的外人，就能对太子如此忠诚，自己作为母亲，怎么能因为一个小人的诬告，就怀疑儿子谋反呢？

武则天的良心受到了极大的震撼，她赶紧派去最好的御医给安金藏疗伤，并撤销了对李旦的调查。

极其幸运的是，安金藏命不该绝，在伤口被缝合以后，他竟然奇迹般活了下来，直到766年才因病去世。

安金藏是个渺小的人，也是个伟大的人。渺小在于，他只是一个乐工，《唐律》规定乐工就是贱民，地位卑下。伟大在于，他不畏生死、耿耿忠心的精神，天地可证，日月可鉴。

古人讲究忠孝仁义，也讲究大杖则走。武则天这样对待她的两个儿子，李显和李旦怎么可能没有一点想法，更何况还有李世民那个榜样在。

所以，李显和李旦如果造反，成功率极高，而且还毫无心理压力与道德负担。

生前要防儿子造反，身后又要防武家被灭门。武则天在后宫逍遥的同时，也不得不为这两个问题不断叹息：业已然，且奈何？

武则天是怎么解决这两个世界级难题的呢？

九十七　驱虎吞狼，武则天妙用人

不得不说，武则天在政治上是一个绝顶高手。

面对"生前要防儿子造反，身后又要防武家被灭门"这两大世界级难题，她在生命的最后几年里，通过一系列精心安排，差一点就完美解决了。

我们先看她是怎么精心安排的，再讲她差的到底是哪一点。

为防止儿子可能造反，武则天作了两方面安排。

第一方面，将李显立为太子。

武则天的大儿子李弘死得早，二儿子李贤又被她杀了，活着的只剩下了老三李显和老四李旦。将他俩对比一下，大家就会发现，谁更适合当下一代接班人。

先看能力：

李显680年被立为太子，李治让他监国，他上班迟到，下班早退，吃喝嫖赌变着花样折腾。李治对他很失望，大臣们对他也很失望，从680年到683年李治驾崩，整整三年的时间里，他都没有培养出自己的势力。

683年，李显刚刚继位，还没有掌握一点实权，也不看看周围啥环境，就敢和顾命大臣裴炎硬刚，这才导致自己被废。

《旧唐书》中毫不客气地说他："贤臣不能辅孱主……志昏近习，心无远图。""孱、昏"这两个字的分量可不轻啊。

李旦和他哥不同，从小就谦恭好学，善于书法，通晓经典，深受李治的喜爱。684年，他被立为皇帝之后，非常明白自己的位置。

武则天要把权力交给他，他不断上书拒绝。武则天要称帝，他赶紧上书让位，并要求赐自己武姓。后来，武则天把哥哥李显从湖北接到洛阳，他赶紧把太子的位置让给哥哥。

作为武则天的儿子，他装得比孙子还像孙子。这种人，不是一般的可怕啊。

再看勇气：

李显被废之后，被软禁在湖北。在长达十四年的时间里，夜夜做噩梦，白天犹如惊弓之鸟，天天想着自杀，还得靠老婆的不断鼓励才有勇气活下去。

而李旦呢，支持他的宰相被杀了近二十个，他也没有想过要自杀。他的两个妃子，在大年初二被武则天秘密处死了，他还能装作什么事情也没有发生过一样，泰然自若。

最后看人气：

李显第一次当皇帝被废的时候，竟然没有大臣站出来支持他。而李旦，刚开始得到了宰相裴炎的支持，后来武则天一手提拔的宰相刘祎之竟然也支持他。

武则天登基之后，他被立为太子，在倍受打压的情况下，还得到了宰相岑长倩、格辅元等人的支持。

另外，当李旦被小人诬陷谋反的时候，一个小小的乐工，竟然敢为他剖腹自尽，以证清白。

政治就是人心，两人一对比，很明显，无论是能力、勇气还是人心，弟弟李旦都明显强于哥哥李显。

而且当时李旦已经被立为太子好几年了，李显则一直被软禁在湖北，不存在立长还是立贤的问题。如果为了帝国的未来着想，毫无疑问，老四李旦是最合适的接班人。

可是，武则天偏偏选了已经被软禁十四年、最为软弱和无能的李显。表面上看是长幼有序、合乎礼法，实则是防范儿子能力过强、密谋造反。

这可不是笔者瞎猜，从下面这个证据中也能看出武则天对她的儿子们严防死守。

李世民和李治当皇帝的时候，只要去公费旅游，基本上都会让太子监国，以便提前锻炼太子的执政能力。

尤其是在他们大病的时候，一般都会早早地让太子代理国事，避免自己一口气上不来，权力交接出现岔子。

645年三月八日，李世民打完高句丽，背上长了大毒疮，刚刚回到京城，就让李治代理国事了。

没几天，他再次感到身体不适，又下令李治在金掖门代理国事。

李治和他爹李世民一样，682年，曾让李显代理国事。683年十一月，也就是李治去世的前一个月，又让李显代理国事。

但是，在武则天统治的二十三年里，她没有让太子监国一次，包括她病重的时候。

第二方面，打压亲近李唐的势力。

尽管已经立了懦弱的李显为太子，武则天仍然不太放心，当然，从后面发生的事情看，不放心是对的。

在随后的几年里，武则天对亲近儿子的势力进行了一定程度的打压，最著名的莫过于魏元忠事件（魏元忠就是当年给李治提建议，要求杀了薛仁贵的那个学生，和后来李敬业起兵反叛时，前往镇压李敬业的那个书生）。

699年，也就是李显再次被立为太子的第二年，张易之的家奴在洛阳城内胡作非为、欺凌百姓，正好被时任宰相兼太子左庶子、兼洛州长史的魏元忠撞见了。

这三个官职都是很重要的：宰相，说明人家地位很高；太子左庶子，说明他是太子的人；洛州长史，说明洛阳城内发生的事，他是可以管的。

所以，魏元忠按照大唐律法，直接让人把这家奴打死了。还没等张易之反应过来，魏元忠又上奏武则天，检讨自己承蒙先帝和武则天的厚恩，却不能为国尽忠，让小人待在了武则天的身边。

武则天看完之后，很不高兴。

第一，你把李治挖出来干啥？我刚包养两个男宠，你就在我面前提前夫，尴尬不尴尬？

第二，凭什么李治可以有三宫六院，我的男宠就是小人？

第三，他们的家奴犯罪，已经被你打死了，你扯到他们身上干吗？

如果放到以前，武则天说不定就要贬魏元忠了，但是年老之后，武则天的脾气着实好了很多，尽管不高兴，她仍然忍了下来。

不过，作为武则天的贴身男宠，张昌宗很敏锐地捕捉到了武则天的愤怒。

一次，趁着武则天生病，最怕别人要自己命的时候，张昌宗给魏元忠准备了一份大礼——诬陷魏元忠与司礼卿高戬密谋"挟太子而令天下"。

武则天依旧很民主，既然你说魏元忠要挟太子而令天下，那就一起到朝堂上对质吧。

武则天把李显、李旦、太平公主（司礼卿高戬是太平公主的人）以及所有宰相都叫到宫中，一起当评委，看魏元忠和张昌宗怎么辩论。

魏元忠的本领大家都有目共睹，还是学生的时候他就敢上书给李治提建议，后被周兴诬陷，押赴刑场准备砍头的时候还能泰然自若笑嘻嘻。这种德艺双馨的老干部，张昌宗怎么可能是他的对手。两个人刚一交手，张昌宗就被干趴下了，除了骂骂咧咧以外，什么逻辑也没有。

两人打了一会儿嘴炮，武则天实在看不下去了，赶紧帮张昌宗说了一句话：你找个证人不就行了？

张昌宗这才想起来，门外还站着自己早已找好的证人张说。

张说，667年出生，洛阳人。此人极其有才，武则天掌权之后，为了选拔人才，曾在洛阳举办过一场近万人的考试，张说荣获天下第一。

后来，武则天为了掩盖"控鹤监"的行为，就召集大批文人到控鹤监编书，其中就有张说。这样看来，张昌宗算是张说的直接领导了。

和魏元忠辩论之前，张昌宗曾威逼利诱张说做伪证，张说也同意了。所以当武则天让张昌宗叫证人的时候，他非常高兴，急忙派人三步并作两步宣张说进殿。

张说此时承受着极大的压力。做伪证，诬陷忠良，圣人的书白读了，将被永远钉在耻辱柱上。而且，谁都知道武则天已经活不了几年，张昌宗迟早要倒台，现在屈服于张昌宗，未来将永无出头之日。

但是不做伪证，万一武则天已经下定决心要杀魏元忠，自己肯定也要跟着倒血霉，按照武则天以前的风格，不灭他全族就该烧高香。

怎么办？是正是邪，是善是恶，是生是死，全在一念之间。

张说的额头冒出了一丝丝冷汗。幸运的是，此时他的旁边刚好站着几位忠臣。

第一个站出来劝张说的人，是未来的大名相宋璟。就是历史课本中写到的帮助李隆基开创开元盛世的那位名相。

宋璟此时的官职是凤阁舍人（中书舍人），没有资格入殿当评委，但有资格在门外当听众，到张说准备入场的时候，他一把拉住了张说，义正词严地劝道：

"名义至重，不可陷害忠良以求苟活。如果因此受贬，也是名满天下。如果君有不测，我必将入殿力争，与你一同赴死。"

宋璟刚刚说完，另一位叫刘知几的史官，一边戳着史书，一边说："千万不要玷污清白啊，不然你的子孙可是会在史书上受牵连的哦。"

宋璟的话让张说感动不已，兄弟真是一条汉子，能与自己共进退。刘知几的话，又让张说虎躯一震，这人竟然拿史书来威胁自己。

在两位同僚又拉又打的劝说之下，正义又一次战胜了邪恶，张说进入辩论现场之后，直接揭穿了张昌宗威胁自己做伪证的阴谋，为魏元忠据理力争，赢得了朝臣们的一致喝彩。

可惜啊，你辩论水平再高，证据再充分，结果还得由裁判说了算。武则天大怒不已，骂张说是一个反复无常的小人，并将他和魏元忠一起关进了监狱。

随后，在大批大臣的求情之下，武则天才免了魏元忠和张说的死罪，但把他们一个贬到了广东高要县，一个贬到了越南。

在临行之前，魏元忠气愤难平，当着武则天的面，指着张昌宗和张易之的鼻子大骂：这两个小人，必将祸害朝堂。

这番话再次引起了武则天和张昌宗等人的不满。魏元忠刚刚离开京城，张昌宗便再次使人诬陷魏元忠心怀不满，在被贬的路上还准备谋反。

武则天顺水推舟，立刻指派监察御史马怀素前去审问，并再三叮嘱他事实已再清楚不过，可以快速结案。但让武则天没有想到的是，马怀素也是一个极其正直的大臣，无论武则天怎么对他施压，他都不为所动，最后抗住压力，保住了魏元忠等人一命。

通过将李显立为太子，并打压支持李唐的大臣，武则天基本上堵住了儿子可能造反的通道。那么，她又是如何防止自己死后武家被灭门的呢？在这方面，她也是做了两手准备。

第一手准备，李家武家盟誓、联姻。

699年，也就是李显重新被立为太子的第二年，武则天把李家人和武家人全都叫到明堂，要求大家在各位神灵和祖宗们的面前发誓，化干戈为玉帛，化仇恨为大爱。并将誓言刻在铁券上，放在大唐图书馆收藏。

当然，誓言是不可靠的，如果誓言可靠的话，那么结婚的时候，估计没人会发誓了，成人讲究的是利益。

为了将两家的利益绑到一起，武则天又亲自做媒，让李显的大女儿永泰公主嫁给了武承嗣的长子武延基，让李显的小女儿安乐公主嫁给了武三思的儿子武崇训。

注意，全都是李显的女儿嫁给了武家人，而不是李家人娶武家的女儿。

为什么这样安排，武则天是有深意的。

老丈人杀女婿，对于帝王家来说根本不叫事，三条腿的蛤蟆少，两条腿的男人遍地跑，女儿守了寡，很快就可以找下家。

但是，李显，你能够狠下心来，杀掉你的亲外孙吗？

哪怕永泰公主和安乐公主只有一个儿子能够活下来，那就是武家的血脉，就对得起了武则天的安排。仇恨是会被时间冲淡的，有了星星之火，武家人早晚还会起来。

第二手准备，为李家、武家树立共同的敌人。

俗话说"夫妻本是同林鸟，大难临头各自飞"，"穷人站在十字街头耍十把钢钩，钩不着亲人骨肉；有钱人在深山老林耍刀枪棍棒，打不散无义宾朋"。

这种话，很多人从小就听过。它向我们揭示了一个道理：人呐，都是同富贵易，共患难难。

但是，这个道理放在帝王之家，就不太准确了。他们的人生哲学往往要与普通人颠倒过来：共患难易，同富贵难。

当面对强大敌人的时候，君臣可以一心，兄弟可以齐力。但是，当敌人被打败之后，别人安排你杯酒释兵权，你还得夸他一千年。

武则天深知这个道理，为了让李武两家齐心协力，在人生的最后几年里，她不断挑拨离间，让张易之兄弟成了李武两家极为痛恨的共同敌人。

张易之兄弟刚刚受宠的时候，其实是想当个好人的。他们也知道武则天随时都有死掉的可能，必须抱紧下一条大腿，才能多享受几年。

当武则天为立太子的事情犹豫不决的时候，张易之兄弟鼎力支持了李显。按道理讲，他们对李唐是有功的。

李显和李旦也很懂事，一方面为了投桃报李，另一方面为了拉拢张易之兄弟，他们联合太平公主，一起上书武则天，要求将张易之兄弟封为王。

武则天直接拒绝了，后来他们又一次申请，武则天这才给张易之兄弟封了公爵。

武家人见李显等人在拉拢张易之兄弟，他们也使出了浑身解数，去巴结张易之兄弟。张易之兄弟赌博，他们跟着赌；张易之兄弟骑马瞎溜达，他们自降身份，甘当马夫跟着去溜达，简直成了张易之等人的随身秘书。

看到儿子和侄子都去拉拢张易之兄弟，武则天很不高兴，因为很明显，他们是准备联合张易之兄弟，打倒另一派的。刚刚发过誓成为儿女亲家，竟然还想着置对方于死地，李家和武家的仇恨，实在是太深了。

怎么办呢？武则天费尽心机，终于想到了一套绝命三板斧：

第一斧，给张易之兄弟更多的权力。

本应该让李家或者武家人负责的事情，武则天偏偏让张易之兄弟负责。

例如武则天生病的时候，她从不让儿子和侄子照顾，只让张家兄弟照顾。因为每到这个时候，李家和武家人都会提心吊胆、人人自危，害怕万一武则天死了，大权旁落。

这就跟一群儿子争家产一样，争得再凶，看见家里进贼了，也得先把贼赶走再说。

当然，最主要的权力，武则天是不会交给张易之兄弟的。例如禁军的兵权，从701年开始，武则天就让李旦负责左右羽林大将军事务。

再例如，主要的行政权。张易之兄弟虽然权势熏天，但他们的权力全部来自武则天，具体职能有点像太监。像宰相这种掌握重权的职位，武则天从来没有让张易之兄弟担任过，而且她用的大部分宰相，都是心向李唐的人。

第二斧：偏心偏到底。

孔子说："不患寡而患不均。"人性啊，几千年来从来就没有变过。

想让两拨人产生仇恨，偏心是最好的药方。父母对儿女偏心，儿女能成为仇人；领导对哪个下属偏心，这个下属能成为公司公敌。

武则天就很好地利用了这一点。李家、武家的人犯了错，就狠狠处罚，例如前面讲的魏元忠，明知他是被人诬陷谋反的，武则天还要拼命敲打。但是轮到张易之兄弟了，武则天就拼命包庇。

张昌宗曾经召集术士给自己算命，一个术士忽悠他祖坟冒青烟，当上天子很乐观。张昌宗大喜过望，在家偷偷乐了好几天。但是，不久之后，事情就败露了。张昌宗见大事不妙，立马把这话提前汇报给了武则天。

按照规矩，哪个大臣遇到这种事，只要没有第一时间将术士抓起来上报朝廷，那就是大逆不道的死罪。

当年开国元勋裴寂被贬在家时，一个术士说他"有天分"，他立马把术士杀了，不敢上报朝廷。李世民知道后还大怒不已，差点把裴寂杀了。

所以，给张昌宗判死刑并不为过。但是，任凭数十位大臣不停地劝谏，武则天就是不管不问。最后，迫于压力，只是让张昌宗到宋璟家里道歉了事。

一个被诬陷谋反，一个已有谋反的动机，前者差点被整死，后者只需要一句道歉。如此不公，李家和武家怎么可能不恨张家兄弟。

第三斧：血祭。

如果说前两斧砍下来，李家和武家还有和张易之兄弟和好的可能，那么下面这件事，就将这种可能彻底变成了零。

有一次，李显的嫡长子李重润、武承嗣的长子武延基，以及武延基的老婆永泰公主（李显的女儿）在一起侃大山的时候，说了几句对张易之兄弟不满的话。

不曾想，如此私密的事情，竟然被张易之兄弟知道了，他们就把这件事添油加醋地汇报给了武则天。

亲孙子、孙女、侄孙在一起抱怨一个男宠几句，放在任何时候也不是什么大罪，但是武则天一狠心，竟然逼着他们三个自杀了。

此事一出，李家、武家痛哭流涕，杀儿杀女之仇，不共戴天。张家兄弟一脸错愕，所有退路都被武则天焊死了。

从此以后，李家、武家真就变成了一家人（当然，这也有武三思和李显的老婆偷情的功劳），张易之兄弟则成了人人得而诛之的公敌。

将懦弱的李显立为太子；打击亲近李唐的势力；让李武两家立誓、结盟；将张易之兄弟变成两家公敌。武则天用她高明的政治手段，在最大限度上保住了武家人的性命，杜绝了儿子造反的可能性。

两个看似不能解决的政治难题，被武则天三下五除二就解决了；两个有着血海深仇的家族，被武则天一招借力打力就化解了。一个七八十岁的老太太，头脑还能如此清醒，不得不让人格外佩服。

无论从哪个角度看，武则天的安排都堪称完美，尤其是利用张易之兄弟这一招，堪称经典。

高，实在是高！凭此一点，说武则天是玩弄政治的奇才，恐怕没有人会反对。

可惜的是，谋事在人，成事在天啊。武则天费尽心机，还是差了那么一点点，不过，这一点还真的不能怪她，只能怪这个世界太玄幻。

谁能想到，在武则天还活着的时候，一个八十岁的老头，才当上宰相两个月，就敢偷天换日，改天逆命？

别说武则天想不到，就是隔了一千多年，我们回头再看时，也不得不为此啧啧称奇！

九十八　神龙政变（一）：八十岁张柬之大器晚成

张易之、张昌宗兄弟其实挺可怜的。

本来张昌宗只是想和三十多岁的太平公主调情，没想到公主看他就跟看宠物一样，转头就献给了七十多岁的老太太武则天。

二十多岁的小青年被迫和七十多岁的老太太谈情说爱，即便对方再有权、再有钱，他心中的痛苦也可想而知。

好不容易捏着鼻子受得了武则天，没想到，武则天为了保护武家，又给他们挖了一个巨大的火坑，让他们彻底得罪了李家、武家以及绝大多数大臣。

自从701年九月，武则天因为他们而逼死自己的孙子李重润、侄孙武延基之后，张易之、张昌宗就一直活在巨大的恐惧之中，生怕武则天变回弥勒佛（武则天号称弥勒佛转世），他们的小命也跟着上西天。

明明是武则天害了他们，他们还得希望武则天多活几年，什么叫被卖了还得帮别人数钱，这兄弟俩就是最好的例子。

没有金刚钻，就别揽那瓷器活，人呐，始终得有自知之明。

走投无路的张易之兄弟为了自保，不得不在生命的最后几年里大肆结党，以期在武则天病重或者驾崩之后发动政变，夺取最高权力。

经过几年的苦心经营，他们的确有了不小的收获，几位软骨头的宰相（同凤阁鸾台平章事），如李峤、苏味道、李迥秀（张昌宗老妈的姘头）、韦承庆、房融等人全都投到了他们的麾下（这些人不是同时担任宰相的）。

704年，张易之、张昌宗兄弟担心已久、也等待已久的机会终于来了。

这一年年底，刚刚过完八十一岁生日的武则天突然一病不起，经过几个月的治疗仍然不见好转。即便如此，武则天仍然没有让太子李显监国，更加危险的是，她只让张易之、张昌宗兄弟侍奉左右，其他人一概不见。

张易之、张昌宗下一步会干什么？大编剧司马迁早就为他们写好了剧本。

春秋五霸第一霸齐桓公病重，宠臣易牙、竖刁侍奉左右，齐桓公被活活饿死，随后，他们假传君命，立公子无亏为君，导致太子昭出逃，齐国大乱。

千古一帝秦始皇病重时，赵高、李斯二人侍奉左右。秦始皇驾崩后，他们篡改遗诏，逼死扶苏、蒙恬，拥立胡亥为帝，导致大秦帝国二世而亡。

如今第一女皇武则天病重，张易之、张昌宗兄弟侍奉左右……

李家人、武家人以及心向李唐的文武大臣们不仅读过史书，还会写史书，对下一步会发生什么自然心知肚明。

他们该如何自救？

我们大多数人知道"神龙政变"，但是事情可没那么直接。牛人们做事，不可能上来就孤注一掷，更不可能只有一套方案，其实在发动政变之前，他们还实施过两套方案。

第一套方案：劝。

在武则天病情有所好转的时候，宰相崔玄暐曾给武则天上过一封奏疏："皇太子（李显）和相王（李旦），孝顺母亲，友爱兄弟，完全可以在您身旁侍奉汤药。皇宫是重地，事关重大，希望陛下不要让异姓人随意出入。"

武则天看完之后，表示十分感激崔玄暐的提醒，然后就没有然后了。

第二套方案：造势。

李唐势力见劝说无效之后，只好又起用第二套方案：造势。他们不断给武则天写匿名信，告发张易之兄弟要谋反。最后，他们又散布消息、张贴大字报，宣布张易之兄弟要谋反，以期把武则天吓住。

但是，任凭他们风吹浪打，武则天就是闲庭信步，对这些流言蜚语根本不管不问。

武则天也是熟读史书的帝王，她自然知道齐桓公和秦始皇的结局，但为何就是不听大臣们的意见，非要立于危墙之下呢？

史书中没有给出答案，很多人觉得她是脑子进水了，宠信小人。但笔者觉得还有另一种可能。

武则天对自己的身体状况特别自信，认为自己一时半会儿死不了。要知道她被赶下台后，在极其郁闷的情况下，还活了将近一年的时间。如果没有被赶下台，心情舒畅，再活两年估计也不会有什么问题。

在两套方案都失败的情况下，李唐势力不得不在大器晚成的典型代表、宰相张柬之的带领下，发动了冒险的军事政变。

张柬之，字孟将，625年出生于襄州襄阳县（今湖北襄阳），比武则天小一岁。少年时因为学习成绩优异，他被补录为太学生。

为什么是补录呢？史书上也没说，大概率是因为他家里没背景。唐朝的太学，一般情况下，只有五品以上官员的孩子才能上，而张柬之的老爹是谁，史书中并没有记载，大概率就是普通人老张头。

自知家境一般的张柬之，在大学期间格外努力，一毕业就顺利地考中了进士。著名的大历史学家，《周书》的作者、《齐书》《梁书》《陈书》《隋书》

的主编之一令狐德棻（fēn）对他的这种刻苦精神非常赏识，一边竖起大拇指，一边夸他有王佐之才。

但是，令狐德棻也是个不靠谱的老头，比当年的阎立本还不靠谱。阎立本赏识狄仁杰，还提拔了人家一下，然后才把狄仁杰忘了。令狐德棻刚刚夸完张柬之，扭过头就把他忘了。后来，令狐德棻天天和魏徵等一群宰相聚在一起编书，也没有举荐过张柬之一次。

一个没有背景、没有人脉、没有关系的人，能在官场混出什么模样？张柬之的前半生就是最好的样本。

中了进士之后，他就被分配到清源县当县丞（从八品），相当于县里的二把手。二三十岁就能当二把手，绝对算是青年才俊，张柬之为此十分激动。上班之后，他格外珍惜来之不易的工作机会，天天不吃饭、不睡觉，打起精神赚钞票。

功夫不负有心人，十几年之后，他终于熬成了中年才俊，仍只是清源县县丞。

眼看着同学们一个个从县丞升任县令，又从县令升任刺史，甚至还有人当上了宰相。被生活暴捶的张柬之，和我们大部分人一样，也有过郁闷，想过妥协。

但是，他并没有被生活的残酷磨去棱角。在之后的岁月里，他依然不趋炎附势，不蝇营狗苟，一直坚持着自己的初心。

功夫不负有心人，二十年之后，他以六十四岁的高龄，又熬成了老年才俊，却还是清源县县丞。

别人是出道即巅峰，他是出道即县丞，县丞即一生。这种怀才不遇的郁闷可想而知，也可见当时的官场是多么的黑暗。

更可怕的是，按照《礼记》"大夫七十而致事"的惯例，再过六年，张柬之就该退休了。

当了四十年的官，没有升过一级，从少到老都是从八品的县丞。如果这时候有人跟他说，他以后能当上宰相，张柬之肯定会抄起拐杖抽对方。

但是，属于他的机会就这么奇迹般地来了。

689年，武则天为了选拔人才，在全国范围内搞了一场大型考试，张柬之一不小心，拿了第一名。

武则天看着眼前这个比自己小一岁的老头大吃一惊，想不到一个小小的县里竟然还能出这种奇才。于是，立刻将他提拔上来，并延迟了他的退休年龄。

在之后的十年里，张柬之的官职开始坐火箭般上升，到698年的时候，已经升任为正五品上的中书舍人。

按这个趋势发展下去，再过几年当上宰相，应该不是什么大问题。可是，意外又一次发生了。

这一年，刚刚在突厥的帮助下平定契丹叛乱，武则天准备履行原来和突厥签下的丧权辱国条约，让侄孙武延秀迎娶默啜可汗的女儿当老婆。

张柬之对此很不满，一封奏疏递上去，直打武则天的脸："自古以来，中国的王就没有娶过夷狄女人，更何况还是天子主动去求婚。"

为什么说这句话是在打脸呢？

这里面牵扯到一个问题：历史上的和亲，基本都是中原王朝嫁女儿，很少有中原王朝皇帝或王爷娶少数民族女人当老婆。

以我们现代人的眼光看，娶别人老大的女儿当老婆，明显是占了便宜，反正又不是只娶一个，猪拱白菜，不拱白不拱。

但古代人可不是这样认为的，原因大概有三条：

第一条，越是贵族，越讲究门当户对。

少数民族在中原王朝眼里，始终是没有开化的夷狄，哪怕对方是可汗，那也不例外。

尽管中原王朝的有些皇室可能也存在夷狄血统，但是，他们只要汉化之后，就会一样看不起夷狄。

中原的皇帝和王爷娶夷狄的女人当老婆，不符合礼制，所以这事没人愿意干。

第二条，培养亲近势力。

和亲的目的表面上是维护两国和平，但是还有个隐形目的，就是在敌国培养亲近势力。

中原王朝皇帝的女儿嫁过去，肯定要做大老婆，她所生的儿子以后大概率会继承王位或汗位，带着中原血统的王子或可汗，大概率会亲近中原。即便这个儿子没有继承王位，中原王朝也可以挑拨离间，分裂对方。

第三条，提防王爷和外族勾结。

假如和亲是反过来的，少数民族首领的女儿嫁给了中原王朝的皇帝，少数民族势力肯定会支持他女儿生的儿子，老皇帝病重的时候，谁能保证该皇子不会勾结少数民族来夺权？一个皇子的手里，始终间接掌握着几十万大军，你说吓不吓人？

综上所述，嫁女儿要比娶老婆划算得多。更何况，中原王朝的皇帝一个比一个鸡贼，嫁的都不是自己的亲生女儿。

武则天当然也知道以上三条原因，但奈何自己武力值太低，当初契丹叛军把河北搅得天翻地覆，武周军队屡战屡败，需要突厥的帮忙，她不得不答应迎娶默啜可汗的女儿，并给对方大量金银珠宝当作聘礼。

如今默啜可汗帮助自己平定了契丹叛乱，作为武周天子，她又怎么好意思违约？违约之后默啜可汗率军打过来怎么办？

武则天其实也难呐！

在要脸还是保命之间，她必须选择保命，保自己的命，也保武周战士和百姓们的命。

更何况，武则天在和亲这件事上，已经作出了很大贡献。默啜可汗原本是让李显或者李旦娶自己女儿的，但武则天私下里换成了侄孙，也算是挽回了一点点面子吧。

所以，张柬之提出反对意见之后，武则天十分生气，一怒之下就把他贬到了合、蜀二州（川渝地区）当刺史。

张柬之收到这个命令之后非常郁闷。他说的话有错吗？没有错。

想当年大唐何等强大，如今却被逼着娶突厥可汗的女儿，实在是丢人啊。

一定还有更好的办法，当年嫁女儿可以整一个养女，如今娶老婆，为什么不可以整一个养子？

自己熬过了四十年的怀才不遇，才等来十年的公平对待，如今只是因为提了一个反对意见，就要被贬到偏远的地方，天理何在？

人生七十古来稀，自己已经七十四岁了，还能活几年呢？

于公于私，张柬之对这一次被贬都十分不满。可是君命难违，万般无奈和满腹委屈的他，最后还是叹息一声，怀着沉重的心情，恋恋不舍地离开洛阳，去往偏远的四川。

所有人都以为这是永别，当然，也包括他自己。

但奇迹又一次出现了，谁能想到，他彪悍的晚年才刚刚开始。

刚到四川没多久，张柬之就发现了一个问题：

唐朝每年都需要向姚州（今云南姚城）派去五百名士兵驻守边疆。但是，从四川到云南，山高路远、磐石险峻，仅仅是走过去，就要摔死不少士兵。而且当地税赋不能自给，还要从四川转运粮食，消耗巨大，完全是有百害而无一利。

所以，他又上书武则天，要求学习当年的诸葛亮，把这些地方当作羁縻之地，不再派人前去管理。

武则天虽然没有听从他的意见，但也觉得他说得很有道理，很快又把他提拔为荆州大督府长史。

不久后，武则天就把张柬之任命为秋官侍郎（刑部老二），距离宰相仅一步之遥。

而这一机会，在狄仁杰去世整整四年之后，他才终于等到。

在电视剧《神探狄仁杰》中，张柬之和狄仁杰同时担任宰相，这在历史上其实是不存在的。

704年九月，另一位大名相姚崇，因为得罪了张易之兄弟，被武则天调往灵州担任行军大总管。

临行之前，已经身患重病的武则天让姚崇举荐可以担任宰相的人才。姚崇在明知张柬之准备发动政变的情况下，给武则天挖了一个巨坑："张柬之沉厚有谋，能断大事，而且已经很老了，陛下一定要赶紧使用。"

十月二十二日，武则天终于下诏：擢秋官侍郎张柬之为同凤阁鸾台平章事（宰相）。

张柬之接到这个命令之后，不禁打了个冷战，他知道，最后的时刻终于要来了。

八十岁的他站在皇宫的门口，抬头望了一眼紧闭着的大门，露出一副满意的微笑。

历时两个多月的"神龙政变"，终于拉开了帷幕！

九十九　神龙政变（二）：武则天被逼退位

张柬之当上宰相之后，立刻把早已串联好的四位老同学崔玄暐、敬晖、桓彦范、袁恕己等人召集起来，商讨下一步行动计划。

为什么说他们早就串联好了呢？大家可以看一下他们的简历，好好体会一下：

崔玄暐，六十五岁，河北人。为官清廉，刚正不阿，在狄仁杰的提拔下步步高升，703年正式担任同凤阁鸾台平章事（宰相），兼太子左庶子。

敬晖（不是虎敬晖，历史上没有虎敬晖这个人），山西人。为官清廉，很有才干，在狄仁杰的举荐下，从泰州刺史调入中央，时任中台右丞（正四品下）。

桓彦范，五十一岁，江苏人。为人慷慨豪爽，担任司卫寺主簿（京城武库管理员）的时候，得到狄仁杰的格外赏识，后来被提拔为司刑少卿（正四品下）。

袁恕己，河北人。时任司刑少卿兼相王府司马（相王府即李旦府）。

再加上张柬之，一共有五个主谋。为了方便记忆，我们就叫他们"神龙五虎"吧。眼尖的人应该已经发现了，五虎中竟然有四虎都是狄仁杰提拔的。

对了，前文提到的推荐张柬之为宰相的那个名相姚崇，也是狄仁杰推荐的。而且姚崇也参与了神龙政变。当时，姚崇刚从灵州回到洛阳，张柬之就迫不及待地把政变计划告诉了他。

狄仁杰的一群门生故吏，在张柬之担任宰相两个多月后，就把玩了一辈子鹰的武则天搞下了台，你要说他们没有事先准备好，恐怕狄仁杰自己都不信。

甚至，我们可以严重怀疑，狄仁杰活着的时候，也有过搞掉武则天的想法。物以类聚，人以群分，他提拔了一群造反的人，会没有想过造反？

当年狄仁杰死后，武则天曾经数次对着群臣感叹："天夺吾国老何太早邪！"

其实不是夺你"国老"太早啊，而是太晚了。如果早一点，哪有这么多造反的人？如果再晚一点，你能不能再当五年皇帝都很难说啊！

所以，你的国老不是国老，而应该叫作"坑老"，是挖一个坑还不够，连挖了四个坑的"坑老"。

"神龙五虎"经过激烈的讨论，制定了一个十分周密，但我们不知细节的计划。

简单来说，就是张柬之设法搞定武则天的保安团——左、右羽林军，然后找一个黄道吉日，带着太子和羽林军冲进宫中，杀了张易之兄弟，逼迫武则天退位。

这个计划看起来很难完成，施行起来更是难上加难。因为一般人根本没法搞定左、右羽林军。

左、右羽林军也就是北衙禁军，源自李渊晋阳起兵时的那三万人，军队内实行父死子继制度。他们的主要职责就是保卫皇帝的人身安全，平常屯驻在玄武门左右，属于皇帝的私人武装，只听皇帝的命令。

左羽林大将军和右羽林大将军都是正三品，和宰相平级，任免权在皇帝手中。

大将军下面还有两名将军，属于从三品，任免权也在皇帝手中。

想把这六个人全部搞定，还不被精明的武则天发现，无异于老虎窝里放鞭炮，放完了还要去拔虎牙。

所以，这个计划其实应该修改一下，搞定一两个将军就可以了，等这两个将军值班的时候，让他们做内应，突然发动政变，成功概率也是很大的。

但是，张柬之是什么人？

是被狄仁杰和姚崇称为"沉厚有谋，能断大事"的奇才啊，如果他真这么做，那就不是奇才了。

他竟然在两个多月时间内，搞定了五个半人。

第一个被他搞定的是右羽林大将军李多祚，注意，是大将军，也就是右羽林军的老大。

李多祚，原来是靺鞨酋长，后来投降唐朝。因为作战时骁勇善射，屡立军功，被李治提拔为右武卫大将军（正三品），驻守皇城北门。

696年，契丹叛乱时，武则天派出的第一批二十八员大将之中就有他，契丹被平定之后，他就被封为右羽林大将军。

张柬之在此之前，应该已经对他作了长时间的观察，所以，在拉他加盟的时候，两个人的谈话非常直接。

张柬之问："将军在北门多少年了？"

李多祚答："三十年了。"

张柬之又问："将军地位尊崇，位列武将之首，是谁给的？"

李多祚瞬间就被问得泪流满面，可见早就对武则天不满了。他哭着答道："大帝（李治）给的。"

张柬之见此情景，知道此人已经被搞定，干脆把话挑明了："如今大帝之子被二竖子所危，将军该如何报答大帝？"

李多祚哭得更厉害了，咬牙切齿说道："苟利国家，唯听相公安排。"

张柬之见大事虽成，但他仍然放心不下，害怕李多祚中途反悔，又急忙找来三炷香，拉着李多祚就跪了下去，喊了一些"不求同年同月同日生，但求同年同月同日死"之类的豪言壮语，这才心满意足地离开了。

随后，张柬之的操作手法就陷入一团迷局之中，他竟然一口气把四个心腹安排进了羽林军：

敬晖、李湛（李义府的儿子）担任了左羽林将军。

桓彦范、杨元琰担任了右羽林将军。

怎么安排的？史书中说他是利用职务之便。但是这个说法明显不靠谱，别说四个羽林将军了，就是一个羽林将军，张柬之也没有任免权。

所以，笔者猜测这件事情的幕后肯定另有高人，而这个高人极大概率是相王李旦（李隆基他爹）。

因为自701年开始，武则天就让李旦负责左右羽林军相关事务。

701年九月三日，武则天逼死孙子李重润等人。

701年九月二十七日，"以相王（李旦）知左右羽林大将军事"。

另外，李旦应该也深度参与了神龙政变的全过程，而不是只在政变当天最后露了一次脸（后面会讲细节）。

因为推荐张柬之为宰相的姚崇，在担任宰相的同时，还兼任着相王府长史。"神龙五虎"之一的袁恕己，职位是相王府司马。

长史和司马是什么职能呢？类似于皇帝身边的宰相。这两人从一开始就知道或参与了政变，李旦怎么可能会袖手旁观？

那么史书为什么不重点强调李旦在前期的功劳呢？

笔者认为，是李旦在当上皇帝之后，故意隐藏了自己在前期的功劳。他妈把羽林军交给他，是以为他可以和他哥李显互相制衡，没想到他却站在了他哥的那一边，故意安插造反的人，在讲究孝道为上的古代，李旦的这种做法，无论如何也说不过去。

所以，他只能像李世民隐藏玄武门之变当天囚禁老爹的事一样，隐藏自己一开始就有了坑掉老娘想法的事实。

终于搞定了五个人，分别是右羽林大将军一人，右羽林将军二人，左羽林将军二人，现在只剩下左羽林大将军没有搞定了。

当时谁是左羽林大将军呢？史书中没有写。但是，史书中写了这样一段话。

"（张）柬之又用（桓）彦范、（敬）晖及右散骑侍郎李湛皆为左、右羽林将军，委以禁兵。（张）易之等疑惧，乃更以其党武攸宜为右羽林大将军，（张）易之等乃安。"

这段话不用翻译，相信大家应该能看懂。

当时李多祚为右羽林大将军，张柬之又让张易之的同党武攸宜担任了右羽林大将军。可是右羽林大将军的编制只有一名，怎么突然会出现两个？

所以，笔者怀疑张柬之是先让李多祚担任左羽林大将军，再让武攸宜担任右羽林大将军的。至于证据嘛，来自两年之后的景龙政变，当时李多祚的头衔，就是左羽林大将军。

如此，武攸宜虽然拥有右羽林大将军的头衔，但他的手下都是李多祚的人，政变当天根本不会听从武攸宜的命令。

一切都安排妥当之后，时间终于来到了705年一月二十二日。

春节和元宵节刚刚过去，洛阳市民们还沉浸在一片欢快的气氛当中。武则天为了冲喜，刚一过年就把年号改成了"神龙"，并宣布大赦天下，甚至把当年跟随李唐王爷们起兵造反的从犯也赦免了。

可是，她的病情并没有因此而好转，只得一直住在迎仙宫长生殿里养病。张易之兄弟则一直伺候在她左右。

一切都和往常一样，看似那么平静，让人感觉无趣。

可是这种平静的背后，早已暗流涌动。玄武门上的羽林军早已绷紧了神经，密切地注视着前方，他们知道，改天换日的重大历史时刻就要来了。

天还没有亮，张柬之就兵分三路发动了政变：

第一路：张柬之与崔玄暐、桓彦范等人，率领五百名羽林军火速杀向玄武门。

第二路：左羽林大将军李多祚、左羽林将军李湛以及驸马爷（李显女婿）王同皎，火速赶往东宫，迎接李显前往玄武门。

第三路：相王李旦、相王府司马袁恕己带领南衙禁军逮捕张易之的同党宰相韦承庆、房融及司礼卿崔神庆等人。这一路，在政变之后，史书上不疼不痒地提了一句，原因我们上文讲了。

但笔者认为政变开始的时候，他们就已经行动了，如果是事后才行动，袁恕己的功劳怎么能和其他神龙四虎并列？另外，李旦也精明得很，到这时候还不愿意去宫中，背上造母亲反的"骂名"。

张柬之等五百多人率先到达玄武门，很顺利地打开了城门。但他们并没有着急进宫，因为李显此时还在东宫里装蒜呢。

几天之前，敬晖就把准备发动政变的事情告诉了李显，李显二话不说就同意了。但是，当李多祚等人到达东宫的时候，李显却不愿意出来了。

原因和李旦一样，他也不愿意轻易背上造母亲反的骂名。如果非要背，得让大臣们逼一把才行。

李显表示，小人的确需要铲除（背后意思就是大家发动政变是对的），但是老妈圣体欠安，不能让老妈受惊，以后再政变也行嘛。

王同皎和李湛一听这话，立马就知道李显什么意思了，想甩锅呗，万一武则天受惊死了，那绝对不是李显的过错，都是他俩给逼的。

可是，事到如今，这口锅他俩也必须背了。所以，他俩只好配合李显的表演，把老天爷、李治、百姓全都抬了出来，终于把李显劝到了玄武门。

接下来的事情非常顺利，这五百人在李显的带领下，不费吹灰之力就赶到了迎仙宫。刚刚睡醒的张易之兄弟，还没来得及跑两步，就在走廊上被这群人砍掉了脑袋。

武则天听到动静的时候，五百羽林军已经杀到了她居住的长生殿，将她团团围了起来。

刚刚睡醒的武则天大惊失色，急忙坐起来大喊："谁在作乱？"

张柬之不慌不忙地答道："张易之、张昌宗阴谋造反，臣等已奉太子之令将其诛杀，只因担心消息泄露，才没有向您禀告！"

这话说得真好听啊，明明是自己造反，却要说张易之等人造反，反正死人不会说话，张柬之的厚黑学看来已经到了炉火纯青的地步。

听张柬之这么一说，武则天心头一惊，已经猜到这是张柬之等人发动的兵变，但她仍然不愿意相信事实，转过头盯着李显问道："是你让他们干的？那两个人已被诛杀，你可以回东宫去了。"

还没等李显回答，桓彦范就急忙上前义正词严地答道："太子怎么可以再回东宫？先帝把皇位传给太子，太子无故遭到废黜而被幽禁，皇天后土、士民百姓义愤填膺已有二十三年。天意民心，早已思念李家，希望陛下将帝位传给太子，以顺天人之望！"

武则天听到这里，还不甘心失败，她没有正面回答桓彦范，而是把目光投向了李义府的儿子李湛。武则天盯着他问道："你怎么也参与进来了？我平时对你们父子不薄，想不到竟有今天！"

李湛满面羞愧不敢回答，只好躲了起来。

武则天见此情景，终于恢复了一点信心，也许一个个问下去，就能将他们的军心问崩，保住自己的皇位。所以，她张口又问崔玄暐："你是朕亲手提拔的，怎么也在这里？"

没想到崔玄暐回顶了一句："我这样做，才是报答了陛下对我的大德。"

在场的就两位宰相，一个张柬之，一个崔玄暐，两个人一点不怵武则天。武则天终于失去了所有的信心，一声长叹之后，交出了皇帝印信。

随后，李显下令，将张易之的其他几个兄弟，即张昌期、张同休、张昌仪等人，全部押到天津桥边斩首示众。至于他们的其他同党，早已被李旦逮捕入狱。

一月二十五日，李显在洛阳即帝位，宣告大赦天下。随后，他又下达了一系列诏令。

被来俊臣、周兴等酷吏冤枉之人，全部平反昭雪。被武则天诛杀、流放的皇族全部恢复宗籍。

改国号为唐，凤阁、鸾台变回中书、门下，天官、地官变回吏部、户部，旗帜、文字、服色全部恢复旧制，太上老君重新被封为玄元皇帝。

人活日日争抢，却不知都是白忙。

至此，武则天费尽心机、苦心经营的一切，就像从来没有存在过一样，几天之内，就被一扫而空了。

不过，李显对武则天还算厚道，将她迁居到了面积达八平方公里的上阳宫，上尊号"则天大圣皇帝"。每隔十天，李显就带领朝臣去看望她一次。

直到十一个月之后，武则天才在上阳宫驾崩，享年八十二岁。在最后的三百多天里，不知道卧病在床的武则天想起历历往事，会是什么心情？是救赎、豁达，还是懊悔与痛苦呢？

临死之前，武则天要求去掉尊号，改称她为则天大圣皇后。

如何评价武则天？

她的坟头上立了一块无字碑，让任何人评价起来都压力山大，但我们还是要评价一下。

作为女人，她的一生是励志的一生。

十几岁时，她失去了父亲，跟随母亲漂居长安，寄于他人篱下。但她不甘沉沦，十四岁进宫之前，面对母亲的哭泣竟然说出："侍奉天子，岂知非福？为何哭哭啼啼、作儿女之态？"志向高远，非常人可及。

进宫之后，她被冷落长达十二年之久，从小姑娘变成了年近三十岁的寡妇，甚至还可能要当一辈子的尼姑。她不甘默默无闻，终于在最后时刻，勾搭上李治这头小牛，虽说手段有些卑鄙，但对于她而言，那也是迫不得已的选择。

作为妻子，她的前半生是合格的。

她帮助李治管理天下三十年，尽心尽力、任劳任怨，李治不愿意做的事她做，李治不愿意背的锅她背。在她的尽力辅佐之下，大唐帝国在贞观之后越发强大，西突厥一战而定，高句丽王死国灭，大唐东西长达万里，四海之内不见敌手。从古至唐，中国从未有过如此之盛。

作为母亲，她是一个相当糟糕的母亲。

对活着的三个儿子，她故意整垮李贤，并对其痛下杀手，还故意囚禁李贤的三个儿子，对他们百般虐待，使其一个被杀，一个病死，一个被打得有了特异功能，能够准确预报天气。

她无故废黜李显，将其软禁十四年之久，害得李显噤若寒蝉，一听到母亲派人探望自己，就想上吊自杀。她又因为一句话，就痛下杀手，杀了李显的长子、女儿和女婿。

她把李旦软禁于东宫，听信小人之言，在大年初二杀掉他的两个妃子，让八岁的李隆基失去母亲，让李旦终日惴惴不安，甚至都不敢询问妃子们的下落。

为人之母，为了一己之私，竟然对所有儿子都如此歹毒，翻遍史书也未有之狠，未有之绝。

作为皇帝，笔者就不说她合格与否了，只列出她的功过，让大家来评说吧。

论疆域，在她统治大唐的二十三年里，北方后突厥政权、东北渤海政权崛起。也许换成她的儿子统治，照样无力阻止，但是历史不能假设，这个锅除了她，无人能背。

论战功，西南虽数次兵败于吐蕃，但她利用反奸之计，杀掉了论钦陵，止住了吐蕃北侵的嚣张气焰，使大唐在与吐蕃混战二十年后，终于处于有利之地。东北她虽然平定了契丹叛乱，但仗打得实在难堪，并与突厥签订了耻辱性条约，这点真的无法洗白。

论政治，她前期重用酷吏，残杀忠良，制造了成千上万起冤狱，程务挺、黑齿常之被杀，至今都让人恨得咬牙切齿、扼腕叹息。

但她也选贤任能，开创武举，提拔寒士，保证了政治的相对清明。连一向对她有成见的司马光也不得不称赞她："明察善断，故当时英贤亦竞为之。"

论影响，她是中国上下五千年里的唯一女皇，在男权当道的社会里，她能取得如此辉煌的成就，被后世无数女同胞赞扬也在所难免。

但她也在无形之中成了始作俑者，在随后的几年里，韦皇后、安乐公主、太平公主一个个野心膨胀、粉墨登场，致使大唐动荡不宁。

以上，就是她的功过是非，有大功、有大错，到底是功大于过，还是过大于功，这里就不作过多评价了，相信再过千年，关于她的争论也会一直存在。

一百　唐中宗为什么要杀张柬之

四十九岁的李显，终于又一次登上了皇位。

二十三年前，他在这里登基，以为从此以后自己就是天下第一，但没想到仅仅当了五十多天的皇帝，就被无缘无故拉下了马，囚禁在湖北长达十四年之久。

七年前，他又被立为太子，但是不断遭到张易之兄弟的打击和诬陷，如果不是神龙政变，他的皇帝宝座恐怕又要沦为一场大梦。

得之不易的皇位，长期的囚禁和提心吊胆的生活，让李显变得格外敏感。第二次当上皇帝之后，他就和他妈一样，得了被害妄想症，总以为"有刁民要害朕"。

如何坐稳皇位？其实李显大可不必担心，因为八百多年以前，汉文帝早就给他写好了剧本。

当年吕氏被灭时，汉文帝刘恒只有二十四岁，当丞相陈平和太尉周勃，把他从代地接到长安即皇帝位的时候，他除了有刘邦庶子的身份以外，几乎一无所有。没有功劳，没有威望，没有军权，身边只带了六个心腹。

面对陈平、周勃这样的开国元勋加江湖老油条，这个年轻人是怎么做的呢？

第一步，控制京城防卫力量。在入主未央宫的当天晚上，就急忙下诏命亲信宋昌为卫将军，镇抚南、北二军；张武为郎中令，巡察保卫皇宫；自己在前殿坐了快一宿。

第二步，安抚诛吕大臣，尤其是对陈平、周勃礼敬有加，下朝时亲自送他们出殿。

第三步，压制外戚。大臣们对吕后专权的阴影还心有余悸，如此可以顺应民心，收服大臣，慢慢扩充自己的势力。

第四步，钝刀子割肉。一年多以后，陈平病逝，三年之后，把周勃赶回封国，让他安享晚年（中间有波折，但未影响结果），汉文帝开始大权独揽。

事实证明，汉文帝的手段不仅行之有效，而且还留下了仁厚的美名，让司马迁引用孔子的话夸他："善人为邦百年，亦可以胜残去杀矣。"

此时，李显所面对的政治环境和汉文帝相比极其相似，但又比汉文帝强很多。

相似之处在于，都是大臣们斩除了太后的势力，希望继任皇帝能够带来新气象。强的地方在于，李显已经控制了禁军，他的威望比汉文帝六人入京时高出了无数倍；可用之人，也比汉文帝多出了无数倍。

所以，李显只要按汉文帝的方法去做，稳固皇位，留下一段美名，应该不是什么问题。

可是，他刚刚安抚完大臣，就走上了另一条道路——他爹李治的驭妻道路。

李治当年是如何坐稳皇位的呢？我们前面讲过，这里再稍微复习一下：

第一步，埋钉子，大大扩充宰相的编制，将自己人慢慢安排进宰相队伍，稀释长孙无忌和褚遂良手中的权力。

第二步，树形象，胡萝卜加大棒，让大臣们见识自己的厚黑学，对自己心服口服。

第三步，立军威，登基的第二年就让梁建方等人把西突厥痛扁了一顿。

通过前两个操作，李治牢牢掌握住了政治权力；通过打西突厥，又牢牢掌握住了军权。

等一切布置完成以后，李治才走了第四步——重用武则天。他用三年的时间，赶走了褚遂良；再用三年的时间，把长孙无忌彻底搞垮。

根据以上分析，相信大家已经看到了，把功臣赶下台是每个皇帝大权独揽的必要步骤。但是，汉文帝和李治走到这一步，都花费了好几年的时间。

因为他们明白权力来自共识，来自人心。搞掉功臣容易，但合情、合理、合法地搞掉功臣并不容易。

假如他们一上台，就把功臣踩在脚下，那么在群臣的眼中，他们就是残暴无道的昏君，以后除了那些愚忠的人之外，没人敢为他们真心效劳，权力就很难牢固。

所以，在搞掉功臣之前，他们需要做出一些成绩，树立自己的威信。更重要的是，还要把功臣的名声搞臭、搞烂，让群臣们知道，是功臣们对不起他们，而不是他们忘恩负义、滥杀无辜。

另外，功臣的后面都有巨大的关系网，不把这张网拆了，只干掉一两个人，权力系统就会出现巨大的反噬。无论皇帝想干什么，下面的人都会兢兢业业地把事情搞黄。

所以，皇帝在扳倒功臣的同时，想让自己的命令上传下达，还必须建立一张新关系网，而没有几年时间，这张新网也是建不起来的。

李显虽然当了两次皇帝，但他显然不明白这个道理。或者说，他知道这个道理，但因为当年裴炎把他搞下了台，心里产生了巨大的阴影。

在他眼里，大臣们都是表面一套，背后一套的。更何况，神龙五虎和弟弟李

　　且的关系也非同一般，他们把左右羽林军都搞定了，才来告诉自己要搞政变。老娘武则天如此高明，竟然被他们神不知鬼不觉地搞掉了，自己的水平根本不能和老娘相比，如果他们再发动政变，搞定自己简直不要太容易。

　　所以，为了避免裴炎那样的权臣再出现，他必须尽快下手。

　　神龙政变结束之后，张柬之、崔玄暐、敬晖、桓彦范、袁恕己等神龙五虎，全部担任了宰相，并被赐爵郡公。

　　按照他们的功劳，这个封赏并不过分。尤其是张柬之和崔玄暐，人家本来就是宰相。

　　但是刚刚过去十几天，李显就对他们下手了。

　　所以，在当上皇帝的第二个月，也就是705年二月，李显直接模仿起了他爹李治——让老婆参政，帮助自己扳倒功臣，只不过，他一下子扶持了两个老婆。

　　李显扶持的第一个老婆是韦皇后，名字不详，出生日期也不详，陕西人，家世显赫，属于京兆韦氏，但到他们家这一辈时就不显赫了。李显第一次当皇帝时，韦皇后她爹韦玄贞还只是一个小小的普州参军（大概七品）。

　　当时李显想把韦玄贞提拔为宰相，但遭到顾命大臣裴炎的坚决反对。两人争执不下，李显大怒之余就说了一句气话："朕就是把天下给韦玄贞也无妨！"不承想，这句话成了武则天和裴炎赶他下台的理由。

　　但李显并没有因此而痛恨韦皇后，因为他被废了之后，无论是顺境或者逆境、富裕或者贫穷、健康或者疾病，韦皇后都一直陪在他的左右，不离不弃。

　　尤其是被软禁于湖北的十四年里，他有过无数次自杀的念头，都是韦皇后鼓励他活了下来。这种生死与共的陪伴，让他格外地感激，并不由自主地对韦皇后发过一个誓言："若我以后能重见天日，定让你随心所欲。"

　　在李显看来，这样的老婆，肯定要比功臣可靠得多。老婆起码不会对他痛下毒手，还会尽心尽力地帮助自己治理国家，就像他妈武则天当年辅佐他爹李治一样。

只是他没有想到，韦氏不是武则天，懂得隐忍之术。他更不是李治，驭妻小能手不是谁都能当的。五年以后，他将为如今的决定付出惨痛的代价。

李显扶持的第二个老婆，比韦皇后更加出名，她就是大名鼎鼎的上官婉儿。

上官婉儿，664年出生于官宦世家、京城名流。但很可惜，坐在金马桶上的日子，她只享受了不到一年。665年，她的宰相爷爷上官仪和父亲上官庭芝因为反对武则天，全被杀了，她和她妈郑氏被发配到掖庭当奴婢（掖庭：宫女和低级妃子居住的地方，在皇宫西侧）。

一个寡妇带着一个襁褓中的孩子，从锦衣玉食之家的贵妇沦为低人一等的奴婢，无论从哪个角度看，郑氏能把女儿养活就已经是一个合格的母亲了。

但郑氏是一个极其要强的女人，在毫无希望的深宫，在劳累了一天，精疲力尽之后，她仍然要挤出尽可能多的时间，坚持不懈地教上官婉儿读书、识字。

尽管没人知道，一个深宫中的女奴读书有什么用，但刻在骨头里的家教让郑氏明白，读书也许不会产生希望，但不读书肯定没有希望。就这样，她在众人的不解和嘲笑中，一直坚持了十几个春秋。

在暗无天日的环境中，仍然能坚持理想的人是可敬的，这样的人教育出来的孩子也必然是可畏的。

上官婉儿没有辜负母亲的期望，小小年纪就已能吟诗作赋，口吐珠玑。下面是她写的一首相思诗，名叫《彩书怨》，大家可以感受一下：

叶下洞庭初，思君万里馀。

露浓香被冷，月落锦屏虚。

欲奏江南曲，贪封蓟北书。

书中无别意，惟怅久离居。

上官婉儿十四岁的时候，她的才气终于"举宫闻名"，武则天听说之后非常吃惊，把她叫过去，出了一道话题作文。

上官婉儿提笔就写，不一会儿洋洋洒洒近千言，辞藻华丽，意境高深。

武则天看罢，百感交集，她打心底里喜欢这个小姑娘，因为上官婉儿与众不同的才华，更因为上官婉儿的身上有自己当年的影子。武则天入宫的那一年，也是十四岁，也是才华横溢。

可是，武则天又心有余悸，因为上官婉儿是仇人的孙女，小小年纪就有如此大才，长大以后，会不会为她的父亲和爷爷报仇雪恨？

武则天犹豫再三，惜才爱才的本能还是战胜了仇恨，最终她免去了上官婉儿奴婢的身份，将她提拔为内舍人，掌管宫中诏命，侍奉自己左右。

你爷爷和父亲都是一代忠臣，当初我杀了他们只是为了自保，迫不得已，今天用你，也算是给他们在天之灵的一点宽慰吧。杀其父，用其女，这样看来，武则天的心胸还真不是一般的宽大。

十几年后，上官婉儿经过不懈的努力，终于成了武则天的左膀右臂，国家大小事务，基本都需要她参与决策。

不过，武则天并没有完全信赖上官婉儿，有一次，上官婉儿不知道因为什么事忤逆了武则天的旨意，武则天虽然免了她的死罪，但让她受了黥刑，也就是在脸上刻了字。

后世的小说家根据这段记载，还扯了几段狗血的故事。有人说，她是因为和张昌宗偷情，被武则天发现了，才被一刀扎在脸上。有人说，她是偷听宰相们的对话，被李治一刀扎上去的。为了掩盖脸上的伤疤，上官婉儿就在脸上画了一朵梅花，不承想，因祸得福，梅花妆还引领了大唐的时尚潮流。不过，这都是小说家写的，大家看看就好。

李显登基之后，需要扶持外戚扳倒功臣，就把上官婉儿提拔为婕妤，晚上当老婆，白天当秘书，把诏令起草的任务都交给了她。

除了扶持两个老婆以外，李显还别出心裁地把武则天的侄子武三思也提拔上来。

武三思和李显的关系，在历史上绝对少之又少，堪称一对浸泡在狗血浴池里的欢喜冤家。

刚开始，武三思和李显是争太子之位的一对仇人。

698年，李显重新被立为太子之后，在武则天的安排下，武三思又成了李显的儿女亲家，武三思的儿子武崇训娶了李显的女儿安乐公主。

李显当上皇帝之后，两人共享了一个情人——上官婉儿。上官婉儿很早以前就和武三思勾搭到了一起，后来才成了李显的老婆。

没几天，在上官婉儿的引荐下，武三思和韦皇后又搞到了一起。

在这一段段混乱不堪的关系中，李显很明显是吃亏的那一方，闺女和两个老婆都成了武三思父子的女人，最狗血的电视剧都不敢这么写。

可是，李显不愧是李唐皇室中人，完美地继承了祖辈们的优秀传统，对男女关系这种事，根本不在乎。

在神龙政变之时，洛州长史薛季昶劝说张柬之和敬晖趁机把武三思也杀了，以绝后患。但是张柬之却认为，武三思这种罪大恶极的大魔头应该留给李显去杀，这样有利于树立君威，皇帝宝座就能坐得更稳。

哪知道，"我本将心向明月，奈何明月照沟渠"。李显不仅是个混蛋，还是一匹中山狼。在他的眼里，这个曾经要置李家人于死地的武三思不是敌人，那些发动神龙政变，让他坐稳帝位的功臣才是最大的威胁，他要联合武三思扳倒这些功臣。

神龙政变后的第二个月，李显就要把武三思提拔为司空、同中书门下三品（宰相）。

一直在担惊受怕的武三思惊呆了，还以为李显这是要捧杀自己，吓得赶紧拒绝了。但李显不依不饶，又把武三思封为开府仪同三司，天天让他进宫陪韦皇后快乐地玩耍。武三思如果几天不进宫，李显就带着韦皇后到武三思的府上送温暖。

遇见如此忘恩负义的皇帝，"能断大事"的张柬之以及他的神龙四友，却又一次误判了形势。他们以为但凡是个人，都懂得饮水思源，李显只是被韦皇后和武三思迷了心窍，还能再抢救一把。

但他们却低估了人性之恶，总有那么一些人，不仅要把水井刨了，还要一屁股坐在水里。

一场极不公平的政治较量，就这样开始了。

一百零一 残杀忠良，李显变身"中山狼"

被社会锤炼过的朋友，一定见过这样一种人，女朋友都已经跟别人好上了，他还在问女朋友爱不爱自己。

对于这样的人，我们一般都会骂一句大傻子。但其实，历史上很多大牛人也是如此。只不过他们问的人不是女朋友，而是皇帝；我们也不叫他们大傻子，而叫他们忠臣。

神龙五虎就是这样一群人，当李显已经决定与外戚们共享江山的时候，他们还以为李显只是肉体出轨，精神没毛病。为了让李显回心转意，他们采用的方法和很多痴情者一样：你虐我千百遍，我待你似初恋；你有狼牙棒，我有天灵盖。

神龙政变后的第二十二天，即705年二月十四日，李显在把韦氏立为皇后的同时，又追赠韦后的老爹韦玄贞为上洛王，韦后之母为上洛王妃。

追赠死去的父亲为王，684年武则天干过，宰相裴炎极力反对，提醒她别忘了吕后的教训，武则天解释说她和吕后不同，吕后是给活着的人封王，她是给死去的人封王。是的，武则天的确和吕后不同，她当了皇帝。

现在李显刚上台，就给韦后的老爹封王，朝臣们倒吸了一口凉气。

左拾遗（属于谏官）贾虚己劝告李显，当年追赠武则天她爹为太原王的教训还没过去几年，历史怎么就重演了？李显听完后笑了笑，这群人竟然没看出来，他就是想翻拍历史。

第二天一上朝，李显继续翻拍，让韦皇后像当年的武则天一样，坐在朝堂后面垂帘听政。

群臣看到后大吃一惊，这哪里是韦皇后，分明就是武则天借尸还魂。

神龙五虎之一桓彦范，急忙用他娘"牝鸡司晨"的真实案例去劝李显，但是李显这个总导演，早已是王八吃秤砣，铁了心要再演一遍他爹李治驭妻的戏码。

神龙五虎只好退而求其次，既然阻止不了李显和韦后当男、女主角，那你们好歹把上一部戏女主角的势力灭了吧。

于是，八十一岁的张柬之亲自上书劝告李显：当年你们老李家快被武家人杀完了，你还记得不？多亏你爷武德充沛，朝臣心向老李家，你才重新掌握了大权。如今仇人就在眼前，你还不赶紧把武三思等人灭了？

李显看完后很生气，他们杀的李家人又不是自己的骨肉，和自己有什么关系？另外，那些人都是我娘杀的，又不是武三思杀的，杀他干吗？再说了，武三思现在还是自己的儿女亲家，关系如此铁，岂能说杀就杀？

所以，李显不但没有杀武三思，还三天两头带着韦皇后去他家里送温暖。

遇到这种糊涂皇帝，张柬之气得一口老血差点喷出来。可是如今大势已去，他除了后悔神龙政变时没有杀掉武三思以外，只能把希望寄托在皇帝能回心转意上。

为了把李显这头疯牛拉回正道，当年五月，张柬之决定赌一把大的。他把文武百官全都召集了起来，集体上书李显，要求削去武氏等人的王爵。

张柬之的想法应该是这样的：刚开始，我们的要求是韦后不能垂帘听政，你不听；后来我们退而求其次，要求诛杀武三思，你依旧不听；现在，我们一退再退，只求你削去武氏的王爵就行，你好意思还不听？

但张柬之显然忘了，世界上还有这么一种人，你忍一时，他得寸进尺；你退一步，他变本加厉。

在李显看来，张柬之不是一退再退，而是一逼再逼。我想让韦后垂帘听政，你不让；我想和武三思做好兄弟，你不让；我想让武三思在当王爷的同时，还能兼职隔壁老武，你又不让。你还拉来了一群大臣呐喊助威，你这不是劝，分明就是结党营私。

所以，看到群臣集体上书之后，李显大怒不已，准备对神龙五虎动手了。

和以后的窝囊劲儿不同，李显在除掉功臣时，还是颇有一点政治手腕的。他并没有直接滥砍乱杀，而是有计划地走了两步好棋。

第一步，李显把六个人提拔为宰相。

魏元忠，三朝元老，文武双全，原来被武则天贬到了外地，李显上台之后，把他火速提拔为宰相，这和当年李治提拔李勣倒有点像。

唐休璟，两朝元老，文武双全，神龙政变前被武则天调到边疆镇守幽州，李显上台之后，也火速把他提拔为宰相。

韦安石，韦皇后的本家，两朝元老，为人耿直，素有威望，神龙政变前被武则天贬到了扬州。

另外三个人分别是杨再思、李怀远、祝钦明。杨再思是马屁精，后面两人都是李显当太子时候的心腹。

这样一安排，宰相就从五个人变成了十一个人，极大地削弱了神龙五虎的权力。而且，魏元忠、唐休璟都是德高望重、出将入相的典型代表，在朝中和军中威望极高，有他们坐镇朝堂，朝臣们就不敢唯神龙五虎是从。当然，最主要的是，张柬之根本就没有结党的意思。

接着，李显又走出了精妙的第二步，将神龙五虎全封为王，但是罢免了他们的宰相职务。为了安抚他们，李显在打出这一重棒的同时，还给他们每人发了一张免死铁券，并承诺只要不是造反，就可以免死十次。

都是千年的狐狸，谁还没看过几本历史书。看到李显迷幻操作一波接一波，五位王爷立刻就明白了李显的意思。什么免死铁券，明明就是催命符。什么造反不造反，一切不都是你说了算？

张柬之自知大势已去，一声长叹之后，给李显写了一封辞职信，表示自己病了，要回老家襄阳养病。

李显倒不虚伪，也没有装作挽留一下，就批准了张柬之的辞职信。他将张柬之任命为襄州刺史，但只是名义上的刺史，除了按时领工资，一切事情都不用管。

至此，朝中所有大权，全部落入武三思手中。

武三思下令，文武百官重新恢复执行武则天时期的政策，拒不趋附武氏集团的人全部外放，被张柬之贬逐的人全部重新起用。而此时距离神龙政变，仅仅半年时间。

不久之后，崔玄暐也被贬出京城，到均州（今湖北丹江口）当刺史。

第二年一月，敬晖、桓彦范和袁恕己也被赶出京城，分别外放为滑州（河南安阳）、洺州（河北永年）和豫州（河南驻马店）刺史。

虎落平阳被犬欺，龙游浅水遭虾戏。政治人物一旦没有了权力，结局可想而知。

706年三月，也就是敬晖等人被贬出京城的第三个月，武三思就迫不及待地让人诬陷神龙五虎伙同李显的女婿王同皎谋反。

李显很配合地大怒不已，将王同皎斩首抄家，将神龙五虎从中原腹地全部贬往边远地区。在神龙政变的时候，王同皎可是大功臣啊，是他劝说李显去的玄武门，还是他把李显抱上马的，奈何他把李显当老丈人，李显却把他当牲畜。

五月，武三思又一次诬告神龙五虎，说他们准备从边疆跑几千里，到长安发动政变废掉韦皇后。

李显继续装作大怒，又将他们贬到海南、越南等地方，并削了他们的爵位。

七月，估计这五个人还没有走到海南和越南，武三思又放出了第三招。这一次，武三思也真够狠，他竟然将自己与韦皇后偷情的秘闻写成大字报，贴在洛阳的天津桥上，诬陷是神龙五虎的党羽贴的。

李显这一次真的怒了，本来只是文武百官知道自己被戴了绿帽子，现在全天下都知道了，但凡是个男人都受不了啊。

不过，李显仍然没有处理武三思，相反，他又一次配合武三思，将神龙五虎流放到更加偏远的地区，另将他们五个家族中十六岁以上的男女全部流放到岭南。

这还不算完，在李显的默许之下，武三思又专门派了一个叫周利贞的酷吏，去岭南杀害神龙五虎。

当周利贞到达岭南的时候，八十二岁的张柬之和六十九岁的崔玄暐，因为几个月来的病气交加，颠沛游离，很幸运地提前离开了这个肮脏的世界。

是的，有时候早死也是一种幸运。因为剩下的三个人，都受尽了非人的折磨，才在痛苦中死去。

敬晖被剐了几千刀，凌迟处死。

桓彦范被周利贞绑起来，放倒在竹筏子上拖着走，等到身上的皮肉磨掉，只剩下骨头，才被活活打死。

袁恕己被逼着喝了大量毒药，毒性发作之时，他痛苦不已，疼得直用双手狠扒黄土，直到把手上的指甲全都磨掉了，周利贞才把他打死。

手段如此残忍、心肠如此歹毒的周利贞，回朝之后，竟然被李显提拔为御史中丞（正五品上）。

卑鄙是卑鄙者的通行证，高尚是高尚者的墓志铭。

神龙五虎身居高位，富贵无忧，只因感念先帝之恩，心系李唐江山，唯恐其落入他人之手，才在危急时刻挺身而出，使李唐中兴。

功成之后，他们功高但不震主，权重但不谋私，把所有大权都交给李显，一心一意尽力辅佐他。

李显无威，他们把武三思的性命留下让李显树威；李显一意孤行要重演历史，他们明知劝说无用，却愿再次豁出性命，一而再、再而三地上表劝谏。直到最后被杀，他们的脑中都没有出现过反叛的念头。

尤其是八十多岁的张柬之，不是为了心中的梦想，谁愿意在垂死之年，冒着全族被灭的风险，扶大厦于将倾？

鞠躬尽瘁，死而后已，说的不正是他们吗？

伊尹、霍光再世，也不过如此罢了。

他们唯一的错，就是过于忠诚，没有像伊尹、霍光那样大权独揽，废掉李显，使能者居之。

好在，站在时间的长河里往回看，这个世界还是公平的，作恶之人终将被恶吞噬。

不是封建迷信，也不是因果报应。政治是壳，权力是肉，人心是核，李显的恶行，已使他失去了民心。

没有人敢为他效忠，也没有人敢为他卖命。作为大唐帝国最有权力的皇帝，能够做到这个份上，堪称一绝。所以，从这一刻开始，他的悲惨结局就已被刻进了时代的车轮，只等几年之后大限袭来，尘埃落定。

在整垮了张柬之等人之后，韦皇后和武三思罪恶的双手，又伸向了刚刚当上太子一个月的李重俊。

并非李重俊和韦皇后有血海深仇，而是韦皇后的亲生儿子死了。

韦皇后的儿子叫李重润，是李显的嫡长子。他在682年，也就是李治去世的前一年出生。李治对这孙子非常喜欢，李重润刚刚满月，李治就宣布大赦天下，改年号为永淳，并把李重润立为皇太孙。

可惜，这孩子在十九岁的时候，因为和妹妹永泰郡主、妹夫武延基说了几句张易之兄弟的坏话，被武则天杀了。

如果放到以前，韦皇后大概率会抱养一个孩子当作嫡长子，未来也可以继承李显的皇位。虽说抱养的孩子不是自己亲生的，但只要好好教导，和亲生的也差不多，东汉的窦太后就是如此。

但是，在武则天这个榜样的激励下，悲痛欲绝的韦皇后化悲愤为嫉妒，脑回路有了巨大的转变。

她觉得，这个世界太疯狂，尼姑都能当女皇，她也想要尝一尝。没了儿子不要紧，还有女儿挺孝顺，凭什么只有皇太子，不能出个皇太女，安乐公主当皇帝，她看不是不可以。

安乐公主本名叫李裹儿，出生在李显被贬为庐陵王的路上。因为途中医疗条件不太好，没有产房，没有接生婆，又脏又乱，还有一大窝细菌。所以这个女儿刚出生的时候，李显只好把自己的衣服脱了当裹布，然后就有了这个奇怪的名字李裹儿。

新生命的诞生，让处于人生低谷的李显有了几分高兴，也增添了几分对女儿的亏欠感。所以，李显对李裹儿的溺爱到了令人发指的地步。

李显被重新立为太子之后，在武则天的撮合下，李裹儿嫁给了武三思的儿子武崇训。

李显称帝之后，为了补偿女儿，专门颁下诏书，让安乐公主、太平公主等七位公主开府，自行招聘官员。

虽说安乐公主只是七分之一，但是她的待遇要远远超过其他几位公主。

对内，她敢自己写诏书，盖住前面的内容，让李显签字画押，而李显也不管她写了什么内容，拿起笔来就直接签名。

对外，她明码标价卖官鬻爵，只要花三十万钱就可以当官，价格公道，童叟无欺，生意火到爆，一年卖出了几万份。不过她赚来的钱，大概率被手下人贪了，因为她做了一件百鸟裙，就花费一亿钱，她手下人不得含泪赚九千万？

当然，卖官这事也有其他六位公主以及上官婉儿的功劳，不过安乐公主做得最过分，一个顶七个。

至于欺压百姓、抢占民宅、大搞土木工程、乱搞男女关系这种小事情，在李裹儿这里就是家常便饭。

李显毫无约束的纵容，让李裹儿的野心和欲望很快就膨胀到了无边无际的地步。发展到最后，她已经不满足于公主的身份，干脆直接向李显提出了立自己为皇太女的要求。

上下五千年，能干出这种事的，也只有这一位。结果可想而知，引起众怒那是必然的。

宰相魏元忠一口老血差点喷出来，一边戳拐杖，一边举手表示反对。

李裹儿满脸怒气，竟然当着李显的面说出了一句骇人听闻的话："阿武子尚为天子，天子女有不可乎？"

如此直白想称帝，叫她奶奶为"阿武子"，脑子得坏到啥程度，才能干出这种事？你奶奶再混蛋，你也不能当着文武百官和老爹的面骂她啊。好在李显的脑子还没有坏透彻，拒绝了她这种不合理的要求。

李裹儿余怒未消，转过身就和她妈韦皇后搞起了阴谋，既然自己当不成皇太女，那别人就休想当皇太子。

她们第一个整的人，不是如今的太子李重俊，而是老二李重福。

李显当上皇帝之后，本来是准备让李重福当太子的，但是韦皇后一句话，就把李重福扳倒了。

她对李显说，自己的儿子李重润之所以被阿武子杀了，都是李重福和张易之兄弟狼狈为奸的结果。至于证据嘛，那是没有的，但从逻辑上看，就是李重福在后面捣的鬼，因为只有整死老大，老二才能当太子。

李显一听，觉得韦皇后逻辑严密，推断合理，堪称破案高手，就把李重福贬到外地，并再三叮嘱当地官员，一定要对这个兔崽子严加防范。

等到赶走老二，李显才把老三李重俊立为太子。但是，李重俊的太子之位还没有坐热，韦皇后、安乐公主就对他下手了。

一百零二　糊涂李显，砍儿子脑袋，祭奠武三思

对付太子李重俊，韦皇后的策略还是群殴，而且是四个人打一个人的那种群殴。

韦皇后、安乐公主、武三思、上官婉儿抡起坑人三件套：栽赃、诬陷、挑拨离间，就往李重俊身上轮番招呼。

具体怎么招呼的，史书并没有记载，只说了一件事，安乐公主经常欺负李重俊，一见面就用脏话问候李重俊的全家，骂他是"奴才"。

骂她奶奶"阿武子"，骂她哥哥"奴才"，由此可见，安乐公主的教养不是一般的差。

面对这种直接粗暴的人身攻击，以及坐视不管的糊涂老爹，年纪轻轻的李重俊自然不是对手。

摆在他面前的只剩下了两条路：一条是像他哥一样，被贬到外地，人为刀俎我为鱼肉；另一条是绝地反击，拼死一搏。

李重俊本来也不是什么好人，经常和一群泼皮无赖混在一起白天飙车、晚上

蹦迪，脾气相当暴躁。正所谓恶人自有恶人磨，两拨恶人相见，自然要碰撞出激烈的火花。

托李显、韦皇后、武三思、安乐公主、上官婉儿等人这几年胡作非为的福，李重俊身边很快聚集了一批位高权重的"有志之士"。

我们先列举一下，他们这些年都干了哪些坏事，然后再说这些"有志之士"究竟是谁，不然大家可能理解不了，这些人为什么会支持李重俊。

第一件，允许公主开建官署、设置僚属。

前面我们说过安乐公主很混蛋，其实李显的几个闺女基本都是一个德性，开建官署之后都卖官鬻爵，为非作歹。

对待老百姓，她们经常放纵奴仆，把良家子女抢到自己家里当奴婢。

侍御史袁从之不畏强权，一怒之下把这些抢占民女的恶奴关进了监狱。但是，李显知道后，竟然写了封亲笔信把这些恶奴给放了。

对待官员，不管是谁，只要出三十万钱就能当官，每年被她们封的官就有几万人。

当时，大唐的官员多到了什么程度呢？

未来三年的官都被她们封完了，以至于各地政府单位人满为患。官员们去上班的时候，要么得早点去抢位置，要么得自带板凳坐外面喝西北风。不知道的人，还以为官员们挺节俭的，连个办公场所都没有。

第二件，提高僧人待遇，僧人仗势欺人，广揽钱财。

唐朝的僧人虽然没有旅游门票收入，但比现在的僧人厉害多了。他们大部分时间是不用交税的，还能享受信徒的供奉，以及国家的各种补贴。

这就导致唐朝很多寺庙的势力越来越强大，慢慢拥有了一些《西游记》里妖怪的属性，占山为王，抢占良田，放高利贷，坑害百姓。

鉴于此，李渊和李世民在位时期，都曾限制过僧人的数量，但是到了武则天时期，为了男宠薛怀义，以及长生不老，她开始大肆开凿佛像，修建寺庙，甚至还把一个自称活了四百五十岁的和尚韦什方封为宰相。僧人的地位水涨船高，数量也开始暴增。

李显当上皇帝之后，完美继承了他妈的优秀传统，继续大兴土木修建寺庙，继续给和尚们高官厚禄。两个江湖术士（郑普思与叶静能），被李显封为从三品的秘书监和国子监祭酒。

有利益的地方就有江湖，看到僧人们的待遇如此之高，唐朝的百姓们也不去考科举了，纷纷剃了头发就要去庙里当和尚或尼姑。

但是唐朝有规定，不能私自剃度出家，如果真心要出家，那就要参加上岗考试，考试通过后，政府才给发放资格证书，也就是度牒。

不过，到了李显统治这几年，考试也不需要了，只要给那几个公主三十万钱，度牒马上到手，不包退，不包换，但保证真实有效。

第三件，对王公贵戚的赏赐毫无节制。

据户部统计，当时有六十多万成丁（成年男子）向贵族交纳租赋，每个成丁一年纳绢两匹，一共要纳绢一百二十多万匹。

但是，唐朝的国库每年才收入绢一百万匹，少的时候甚至只有六七十万匹，贵族们绢的收入竟然远远超过了国家。

这里有两个知识点需要解释一下，不然大家会觉得笔者在瞎扯，唐朝这时候有三千七百万人，六十多万成丁交的绢，怎么可能超过剩下的几千万人。

第一个知识点：为什么国库收到的绢有时多有时少呢？

原因有好几个，比如地方受灾了，国家就会免除一部分绢。哪个地区徭役比较重了，也可以少交一点绢。还有一些地方不织绢，只能交麻布等。另外，大部分绢并没有运到国库，而是直接当工资发给各地官员了。

第二个知识点：贵族们收的绢为什么会稳定在一百二十万匹左右？

最主要的原因是，他们专挑那些旱涝保收的地区要封户，而且该封户还必须人丁众多。

什么叫封户呢？大家肯定听过这句诗："请君暂上凌烟阁，若个书生万户侯？""万户侯"里的户就是封户，意思就是这一万户人家交的税赋，都给这位侯爷了。

大家试想一下，皇上将你封为万户侯，这一万户人家你会从哪里选？

你肯定不会从老君山里选，且不说老君山土壤贫瘠，能种出多少庄稼，就是派人去收税也难，走一个山头才可见一户人家，收完你也运不出来。

所以，你肯定是专挑那些旱涝保收的地区要封户，而且封户还得人丁众多，五个人的是一户，十个人的也是一户，你肯定要十个人的，唐朝的贵族们就是这样干的。

当时滑州（今河南滑县）盛产各种丝织品，他们就专门跑到滑州要封户。一群贵族都到滑州薅羊毛，结果就是滑州的百姓纷纷拖儿带女往外跑。

第四件，任用奸佞，只当和事天子。

郭元振此人，不知道大家还记得不？

就是那个早年在四川某县当县尉，到处制造假币，并且拐卖妇女儿童，差点被武则天杀了的仁兄。

他在利用反间计帮助武则天除掉雪域战神论钦陵之后，开始改邪归正，为大唐边疆的稳定作出了巨大的贡献。

这时候他正在新疆当安西都护，当时西突厥有两个部落关系不和，经常干架。

有个叫阿史那阙啜忠节的首领，被突骑施的老大娑葛打得遍地找牙，不知道该如何是好。

郭元振就给阿史那阙啜忠节出了一个主意，让他到长安给李显当保镖（少数民族首领给皇帝当保镖是唐朝的传统），至于他的部落也都给上大唐户口。

阿史那阙啜忠节听从了郭元振的意见，带着一群人就往长安去了。但是，他们刚走到半路，又有人给他出了个馊主意，让他去贿赂当朝宰相宗楚客，让宗楚客派大唐的安西军和他一起回去报仇雪恨。

宗楚客收到贿赂以后，根本不管将士们的死活，也不管安西军能不能打得过娑葛，就真的照办了。结果唐军被打得大败亏输，阿史那阙啜忠节还成了对方的俘虏。

郭元振把宗楚客收取贿赂导致唐军大败的事情告诉了李显，李显呵呵一笑，没有惩罚宗楚客，反正死的士兵又不是自家人。

一个叫崔琬的监察御史实在看不下去，就在朝堂之上当着文武百官的面弹劾了宗楚客。

但是李显接下来的操作让大家都蒙了，他竟然要求崔琬和宗楚客结为异父异母的亲兄弟，让两人和解。

官员们都惊呆了，见过糊涂的，但没见过这么糊涂的，只好哭笑不得地给李显起了个外号"和事天子"。

第五件，嫔妃们可以在宫外修建私宅，而且出入宫门不受限制。

李显这个人的心理好像有点不太正常，对女人格外好，还特别喜欢嫔妃们给自己戴绿帽子。

允许嫔妃们随意出入皇宫这种事，大概只有他这一个皇帝喜欢这么干，至于结果嘛，一群基本没有夫妻生活的少妇出宫能干啥？

按说这是李显的私事，人家有这样的特殊癖好，别人也管不着。但问题是，很多人开始利用这点升官发财了。

例如一个叫崔湜（shí）的人，就和上官婉儿搞到了一起，在上官婉儿的推荐下，他还当上了宰相。

崔湜也属于好事不做、坏事做绝的类型，当年杀死神龙五虎的那个周利贞就是他推荐的。

还有其他的坏事，比如提拔了将近一千个宦官、大肆修建宫殿等，我们就不详细说了。李显和他的小伙伴们干的糊涂事，总结成一句话就是：罄南山之竹，书罪未穷；决东海之波，流恶难尽。

在这种乌烟瘴气的环境下，大唐的官员们能对李显忠心也就奇哉怪也。

所以，李重俊在短短一年时间里，仅凭一己之力，就搞定了羽林军六个主要领导中的四个（神龙政变时，张柬之和李旦才搞定了五个）。

这四个人分别为：左羽林大将军李多祚（参加过神龙政变）、左羽林将军独孤祎之，右羽林将军李承况和李思冲（参加过神龙政变）。

不仅如此，他还搞定了另外两支武装力量。

一支是左右金吾大将军李千里，此人是李世民的孙子，参加过神龙政变，左金吾卫相当于京城的巡警。

另一支是三百名"千骑"，原来叫百骑，李世民当年挑选了数百名善于骑射的人当自己的保镖，让他们驻扎在玄武门。武则天时期将他们的名称改成了千骑，再过两年还会被李显改成万骑。当年神龙政变的时候，张柬之搞定的是五百名千骑。

按照神龙政变的经验看，李重俊这次政变大概率会马到成功，因为他搞定的盟友并不比张柬之当年少，也因为他爹和他妈比武则天更让人讨厌。

李重俊也是这么想的，所以，在707年七月六日，他就带着这些人发动了景龙政变。

可惜的是，这场政变刚刚开始就失败了。原因不是泄密，也不是李显不够烂，而是李重俊比我们想象中的更烂。

在发动政变之前，李重俊估计都没看过他们老李家的历史书，不知道政变的关键是杀进太极宫控制皇帝。

当年李世民是怎么做的呢？黎明时分，直接溜进玄武门，迅速控制李渊，等待李建成入瓮。

但是李重俊起兵竟然在大白天，大家都在上班呢，他突然假传圣旨，调集几百名羽林军就开始造反了。

而且他走的第一步棋还极其愚蠢，竟然带着人冲到了武三思的府邸，把武三思、武崇训父子剁了，完事以后，才率军从南边赶往太极宫。

即便如此，李重俊还是带人从永安门很顺利地杀进了太极宫。如果此时，他能快速地赶到李显所在的两仪殿，政变估计还有成功的可能。

但遗憾的是，他又犯了第二个错误。他砍开了肃章门，四处搜寻上官婉儿，准备先把她杀了，再去找韦皇后等人。

注意，是四处搜寻，在这争分夺秒的时刻，他竟然还有心思到处找上官婉儿，得多奇葩的人才能干出这事？只要控制住李显，其他小兵小将，什么时候杀不都是一句话的事？

这么大的动静，只要不傻，都知道一个字——跑。

上官婉儿当然不傻，就在李重俊到处找她的时候，她已提前得知消息，火急火燎地找到了李显、韦皇后和安乐公主。四个人一见面，拉着手就往玄武门一路狂飙。

李重俊和李多祚这时候才意识到大事不妙，急忙带着人往玄武门赶去，但是为时已晚。李显等人已经登上了城楼，而且右羽林大将军刘景仁已经率领一百多名骑兵赶到玄武门护驾。

李重俊看到这种情况，立马有些尿了，也不敢攻打城门。李显手下大太监杨思勖见状，带着人就向李重俊杀了过去，一刀就将叛军前锋羽林中郎将野呼利砍下马。

叛军顿时士气大落，一向懦弱的李显此时也鼓起了勇气，爬在城楼上向下大喊："你们都是朕的卫士，为何作乱？若能归顺，斩杀李多祚，必有重赏。"

叛军们一听，那还打啥，对面是皇帝，还站在城墙上，凭自己这点人手根本攻不下，而李多祚等人就在身边，随便一挥刀子就能砍了他的人头，孰轻孰重，高下立判。

于是，这群人当场就倒戈了，一个个争先恐后地把李多祚等人杀了。

李重俊砍人不太行，逃跑却是第一名。看到这种情况，他急忙带着百十号人跑出京城，逃往终南山。不过，当晚他便被左右亲信杀了。

李显在得到李重俊的尸体之后，做了一件相当令人匪夷所思的事情，他让人把亲生儿子的脑袋砍下来，献到列祖列宗的牌位面前。注意，是他下令砍的哦。中国人讲究死了留个全尸，即便是太监，死了也要和命根子埋在一块啊。

完事之后，他还觉得不解恨，又提溜着儿子的脑袋，去祭奠了一把武三思和武崇训父子。

拿儿子的脑袋去祭奠祖宗以及隔壁老王，哎，什么样的脑回路才能干出这种事啊。

虽说李重俊造反，死有余辜，但好歹也是你的亲生儿子啊。

李祐当年起兵造反，李世民骂他："背礼违义，天地所不容；弃父无君，神人所共怒。往是吾子，今为国雠。"但也只是赐死了他，还以国公之礼把他下葬，并没有砍下他的脑袋啊。

而武三思是谁呢？他再好，那也是隔壁老王啊。孰轻孰重，李显但凡有一丁点父子之情，估计也不会做出如此荒唐之举。

如果李世民、李治地下有知，看到李重俊的脑袋被李显放到自己的牌位面前，不知道会作何感想。

一百零三　李显变成武大郎，为何不能相信任何人

　　神龙五虎死了，李显的庶长子李重福被贬了，太子李重俊也死了。短短几年时间，韦后一党就清除了最重要的几个对手。

　　虽说韦后这边也有损失，她的男宠武三思为坑人事业献了身，但是两条腿的男人多的是，韦后很快就找到了替补。

　　生理上的替补，她找的是马秦客与杨均等人，这俩哥们都是小人物。

　　权力上的替补，她找了一大群宰相，包括但不限于以下八位：韦温（韦后堂兄）、宗楚客（李白最后一任老婆的爷爷）、崔湜（上官婉儿的情人）、纪处讷、祝钦明、郑愔、张嘉福、李峤。

　　只有三朝元老魏元忠对韦后的专权表面上阿谀奉承，私下里有所不满。但是，他很快就遇见了倒霉事。

　　李重俊发动政变的时候，刚好在路上碰见了魏元忠的儿子，就把他裹挟进了叛军。叛军攻打玄武门的时候，他儿子又被乱军砍死了。

　　叛乱被平定之后，他儿子到底是主动还是被迫加入叛军的，成了扯不清道不

明的谜案。

韦后一党本着痛打落水狗的悲惨主义精神，对魏元忠进行了轮番轰炸，天天上书要求李显灭魏元忠三族。

李显到底没有彻底糊涂，当年徐敬业起兵造反时，是魏元忠平的叛；张易之兄弟作威作福、权倾朝野时，是魏元忠挺身而出、屡屡进谏，要求武则天杀了他们。李显刚刚当上皇帝，权力不稳，是魏元忠坐镇朝堂、安抚百官，这样赤诚的人，怎么可能造自己的反。

所以，无论韦后一党如何诬陷，李显始终没有对他动过杀心。不过，迫于压力，他还是把魏元忠一贬再贬，从宰相贬成齐国公，让他告老还乡，后又从齐国公贬为八九品的渠州（今四川渠县）员外司马。

可惜的是，魏元忠走到涪陵的时候，因为一路颠簸加上病气交加，含冤死在了路上，享年七十多岁。

纵观魏元忠的一生，笔者认为他是一个挺有作为的忠臣。但在后世，无论是著名喷子王夫之，还是十全老人乾隆，对魏元忠的评价都比较苛刻。

说他早年刚正不阿，敢于仗义执言，身怀兴复大唐之志，晚年却囿于自保，潦倒于韦氏淫昏之下，走百里者半九十，晚节不保，无异于鄙夫。

可笔者翻遍史书，也没见魏元忠在晚年做了哪些坏事。史书上只有这么一句话："不复强谏，惟与时俯仰，中外失望。"大概意思是说，他不再极力劝谏，只是随波逐流，朝廷内外都对他很失望。

注意"强谏"两个字。

他的一生，两次被诬陷差点成为刀下之鬼，三次因直谏被流放广东差点客死他乡。

这种高尚的品质，一直保持到了七十多岁，只是在人生的最后两年，没有"强谏"而已。

更何况，他也不是毫无作为，在面对飞扬跋扈的安乐公主要求父皇将自己立为皇太女时，他依然能做到据理力争，难道这还不够吗？非要因谏而死，才能赢得一点可怜的掌声？

李世民说："天子者，有道则人推而为主，无道则人弃而不用。"

魏元忠早年间之所以勇于直谏，那是因为李治和武则天还算有道之君，能够听从大臣们的意见。而李显一朝功臣惨死、小人当道，仅宰相就有八人与韦后同流合污，到处卖官鬻爵，而李显却视而不见，这样的天子辅佐又有何用。

鲁迅说："战士战死了的时候，苍蝇们首先发现的是他的缺点和伤痕，嘬着，嘤嘤地叫着，以为得意，以为比死了的战士更英雄。"

对他的苛刻评价，换一个角度看，和发现战士的苍蝇其实没有多大的区别。我们不能严以律人，宽于律己，慷他人之慨，费别姓之财。

魏公一生，其实已经足矣。

整倒魏元忠以后，放眼整个朝堂，能与韦后抗衡的只剩下相王李旦和太平公主了。

神龙政变之后，李旦因功被拜为太尉、同中书门下三品（宰相），并加号安国相王。但是，当朝局稳定之后，李旦就当起了忍者。他很聪明地辞去了太尉和宰相的职位。

李显见老弟如此会来事，又想立他为皇太弟，但被李旦拒绝了。再之后，无论是残杀神龙五虎，还是李重俊造反，他统统采取"三不"政策，不参与、不发言、不关心，权当一个透明人。

太平公主与李旦则完全相反，做事相当张扬。

在神龙政变中，太平公主也出了一把力（具体什么力史书无记载），被加号镇国太平公主，封三千户，待遇比亲王还要高。

因为李显有恋女情结（对女人特别好），太平公主还被允许开建官署，也就是她招员工，国家给工资。

仗着李显的喜爱，她和李显的女儿安乐公主算是杠上了。一个支持李家，一个支持韦家，两人拉帮结伙，相互诬陷，恨不得把对方整死。

李显也知道太平公主和安乐公主天天互掐，为此他还专门向大臣们询问，有什么方法能让她俩和解。

有个大臣说，你把她俩训一顿，再把她们周围的小人赶走就行了。

李显想了想，觉得这方法相当好，就给这个大臣赏了一些东西。但是等到实施的时候，这个"和事天子"又尿了，或者说心又软了。

哪个女人他都不舍得训，只能眼巴巴地看着她俩继续闹下去。两人的矛盾终于在李重俊谋反案时达到了巅峰。

和诬陷魏元忠谋反一样，安乐公主也借机诬陷太平公主和李旦参与了谋反。

李显在魏元忠的事情上挺明白的，但到太平公主和李旦这里时，疑心病又犯了。于是，他就让时任御史中丞的萧至忠去审理此案。

萧至忠，出身兰陵萧氏，因为依附于武三思，才升任御史中丞，属于韦后一党。

李显让他去审理此案，安乐公主大为高兴。只要随便找一些人证、物证，太平公主和李旦被整垮已是板上钉钉。

出乎所有人意料的是，萧至忠属于两面三刀式的人物，表面上属于韦后一党，私下里还给自己找了条出路，偏向于太平公主的势力。

在这个最关键的时刻，他偏向了太平公主。

他一边哭，一边劝说李显："陛下富有四海，却不能容忍一弟一妹吗？以前天后想让相王为太子，相王坚决不从，宁可绝食几日，也要把天下让给陛下，此举内外皆知。陛下现在怎么能凭别人的一句话就怀疑相王？"

被大臣当场打脸，李显不禁羞愧难当，这才停止了对太平公主和李旦的调查。

太平公主听说之后，心情一下子进入了冰火两重天的境地。火的是，安乐公主竟然敢诬告她谋反；冰的是，她那个一向懦弱、一向疼爱自己的哥哥差一点就信了。

太平公主这才意识到，和韦后、安乐公主相比，自己到底还是一个外人，如果依然和对方硬碰硬，迟早要被莫名其妙地整死。

于是，她不得不改变对抗策略，从此开始隐藏实力，但私下里继续壮大力量，收集韦后一党各种违法乱纪的证据，等待最合适的时机，给对方致命一击。

而这一隐藏，就是将近两年。

709年年底，李显准备到长安南郊祭祀天地。

我们在讲述李治和武则天到泰山封禅的时候说过，按照以往的规矩，祭祀天地时，应该由皇帝第一个祭祀，这叫初献礼。大臣们第二个、第三个上去祭祀，这叫亚献礼和终献礼，根本就没有皇后什么事。

但是，当年武则天打破常规，非要行亚献礼。从此之后，文武百官都意识到了一件事，李治老大，武则天老二，无论她做什么，李治都会同意。所以，武则天的权力由此达到了史无前例的巅峰。

韦后从当上皇后的那一天开始，就一直在模仿武则天，先是模仿她垂帘听政，后又模仿她加尊号，自称"顺天翊圣皇后"，如今又要模仿她行亚献礼了。

照此下去，她模仿武则天登基称帝已是司马昭之心，路人皆知。

所以，当韦后提出这个要求之后，遭到了一部分大臣的强烈反对，但是李显和他爹一样，竟然也同意韦后行亚献礼。

眼看韦后的势力一天一天壮大，已经超过了武则天当年的权势（李治生前，武则天可没有八个宰相支持），太平公主终于坐不住了，她不得不趁早下手，反击韦后一党；否则，等韦后彻底掌权，自己肯定死无葬身之地。

710年四月，一封状告"韦后与宗楚客将要谋逆"的检举信送到了李显的办公桌上，落款人——郎岌。

此人是个小得不能再小的人物，出生日期不详，父母是谁不详，祖上干过什么也不详。很明显，这种人不可能知道韦后是否准备谋反，背后一定有人指使。所以，李显大概率也猜到了是谁，对此十分反感。

韦后敏锐地察觉到了李显的态度，于是，跟李显打了个招呼，就让人把郎岌活活打死了。

太平公主的第一次反击，就这么轻而易举被韦后破解了。

不过，太平公主并没有气馁，一个月之后，许州参军燕钦融给李显上了一封奏疏，比郎岌写得更加露骨：

"皇后淫乱，干预朝政，并且其宗族势力强盛。安乐公主、武延秀、宗楚客等人，正在阴谋危害大唐社稷。"

李显看罢大怒不已，没想到刚刚打死了一个劝谏之人，竟然还有人敢劝谏。

皇后淫乱的事情，几年前就是国内最大的新闻，天下谁人不知，谁人不晓？

可是，李显就有戴绿帽子的爱好，不仅让皇后给他戴，还允许嫔妃们出宫给他戴。人家就这一个小爱好，独乐乐不如众乐乐，怎么还有人拿这个开涮。他一定要看看这个胆大包天的人是谁，到底是谁在指使他这么做。

所以，李显立刻把燕钦融从河南叫到了长安，当着文武百官的面，狠狠地将他骂了一通。没想到燕钦融竟然面不改色心不跳，摆事实、讲道理，把李显怼得哑口无言，气得他转过身就回了后宫。

如此得罪皇帝，却没有受到任何惩罚，燕钦融长舒了一口气。

但让所有人都没想到的是，没过一会儿，宰相宗楚客竟然假传圣旨，命令李显的侍卫把燕钦融摔死在了皇宫之内。

在宗楚客看来，郎岌只因写了一封信就被打死，燕钦融不仅写了信，还当着大臣们的面顶撞李显，李显肯定起了杀心，他杀死燕钦融绝对是正确的选择。

宗楚客想得的确没有错，李显是想杀了燕钦融，故没有因为他私下杀人而责怪他。

但是，这件事也让李显犹如掉进了冰窟，倒抽好几口凉气。

他万万没有想到，韦后一党的势力已经如此之大，大到了敢假传圣旨的地步，而且自己的侍卫竟然还听他们的指挥。

李显虽爱韦皇后，但他希望韦皇后能像他妈武则天一样，在自己活着的时候尽心尽力辅佐自己，至于自己死后，哪管什么洪水滔天。

可如今局势似乎已经到了不可控制的地步，如果现在韦皇后夺权，他根本无能为力。他费尽心力提拔外戚，防止大臣们谋反，没想到这个和自己患难与共的妻子，已经有了谋反的实力。

他才五十五岁，身体没有任何毛病，再活十几年应该不是问题。所以，他不能任此发展下去，必须做点什么，预防可能存在的危险了。

从这件事情发生以后，李显像变了一个人，慢慢地改变了对韦后等人的态度。

可惜，这一切都已经太晚了。

李显在韦后的眼中，早已成了武大郎式的存在（尽管那时候还没有武大郎）。在生理上，她早就有了马秦客与杨均的陪伴，这两位比李显更强壮、更体贴、更听话。在权力上，她早已大权在握，早就不愿意只当皇后了。

如果李显还像以前一样，任凭自己胡作非为，她还有可能像潘金莲和西门庆偷情时一样，存着一丝愧疚，不敢对李显有非分之想。

可李显却不识抬举，竟然像武大郎一样捉起奸来，那就不能怪自己心狠手辣了。

710年六月二日，韦皇后、安乐公主、马秦客、杨均终于痛下杀手，在李显吃的饼中投放了毒药。不久之后，李显毒发身亡，驾崩于神龙殿。

李显的死，可以说是咎由自取。作为一国之君，竟然不明白"身怀利器，杀心自起"的道理。

他以为患难与共的老婆就能以命相托，殊不知，与他共患难，韦氏只是迫不得已而已。就像潘金莲和武大郎在一起一样，不是因为她多爱武大郎，而是因为自己是被张大户倒贴过去的，身不由己。

他以为自己百般疼爱的小棉袄，就可以充分信任。殊不知，女儿和儿子一样，狠起心来丝毫没有差别。

李承乾、李祐作为儿子敢造他们老爸李世民的反，李重俊作为儿子又造他的反，安乐公主作为女儿，一样也能造他的反。更何况，安乐公主已经明确表示过想当皇太女了。

一个人如果连老婆、子女都要怀疑，那将十分可悲，也十分可怜，也许还会被人嘲笑疑心病太重。

但事实就是如此残酷，无数历史、无数血泪告诉我们，大部分人的底线都是可以突破的。

只要诱惑足够大，最亲近的人做出最卑劣事情的比比皆是。

我们经常说，最是无情帝王家。难道帝王家的人，生下来就与众不同、铁石心肠吗？

不是的，他们和我们一样，也只是普通人而已，但是他们经受的诱惑实在太大了，大到可以践踏道德和法律的地步。

我们之所以没有成为他们，也不是因为我们生下来就重情重义，只是因为我们没有面对过那么大的诱惑而已。

不信，请看看你的周围，昨天还是枕边人，今天已成肉中刺的人有多少？

　　其实，我们也不必嘲笑那些不幸的人，我们比他们强的，可能只是没有遇到足够大的诱惑而已。

　　人生就是如此，你我都一样！

一百零四　唐隆政变（一）：韦后实力远超武则天

关于李显的死，后世其实是有争议的。

不少人说，李显其实是得心血管疾病暴毙的，至于被韦后毒死，只是李隆基作为胜利者的诬陷而已。

至于原因嘛，翻案的人列了好多条，有兴趣的朋友可以自己去搜一下，我们只反驳三个最主要的。

第一个，李唐皇室有遗传的"风疾"，他很有可能是突发疾病暴毙的。

李唐皇室的确有遗传的"风疾"，但他们家的"风疾"都是慢性病，李世民病了几年才死，李承乾病了十几年才死，李治病了几十年才死。

可我们翻遍史书，都没有发现李显有与"风疾"相关的记录。

一个皇帝如果有病，这么大的事情，史书上怎么会没有记载？另外，别人都是慢性病，到他这里就成急性病了？显然不太现实。

第二个，《新唐书》并没有记载李显是被毒死的。

这句话没有错，但它属于"说了一半的谎言"。《新唐书》的确没说他是被毒死的，但明确记载了他非正常死亡：六月，皇后及安乐公主、散骑常侍马秦客反。壬午，皇帝崩。

第三个，《旧唐书》和《资治通鉴》中的记载。

《旧唐书》：时安乐公主志欲皇后临朝称制，而求立为皇太女，自是与后合谋进鸩。六月壬午，帝遇毒，崩于神龙殿。

《资治通鉴》：安乐公主欲韦后临朝，自为皇太女，乃相与合谋，于饼馅中进毒。六月壬午，中宗崩于神龙殿。

但凡有初中阅读理解能力能蒙对一道题的人，都不会认为这三本史书有矛盾。

《新唐书》说他非正常死亡，《旧唐书》和《资治通鉴》说他被毒死。对他的死有疑问的人，其实应该讨论他到底是被毒死的，还是被人用其他方法整死的，而不是提出一个没有任何史料支持的假说。

韦后没必要杀死李显，因为她当时的准备还非常不充分，如果李显在世，她还可以背靠大树，进一步发展势力。

这是一个最离谱，也最能忽悠人的论点。

离谱的地方在于，它属于张口就来，和史实完全不符的论点。

能忽悠人的地方在于，大家都知道，在十几天之后，李隆基就发动了唐隆政变，把韦后一党斩草除根了。所以，不了解这段历史的朋友都会误以为，韦后之所以这么快倒台，是她准备得不够充分。

但真实的历史却恰恰相反，韦后一党准备得相当充分，甚至可以说是天衣无缝的。而李隆基之所以能够成功，除了他超级无敌的能力之外，还有很大一部分运气因素在里面。

李显驾崩以后，韦后像每一个准备搞事情的阴谋家一样，立即封锁了消息。

第二天（710年六月三日），她以李显的名义，连续下达了三条卓有成效的命令，将权力牢牢掌握在了自己手中。

第一条，调集五万禁军，火速进驻长安城，由韦后的族弟卫尉卿韦璿（xuán）、侄子长安令韦播、外甥高嵩以及其他几位亲戚韦捷、韦灌、韦锜等人统领。

第二条，为防止"玄武门之变"重演，韦后专门让韦璿、韦播、高嵩统领羽林军驻扎于太极宫的北大门玄武门。

另外，她又让中书舍人韦元，统领一部分禁军，全天二十四小时巡察城中六街（六街：唐长安城最主要的六条大街）以防万一。

第三条，为防止李显的二儿子李重福造反，韦后让安乐公主的狗腿子、左监门大将军兼内侍薛思简率领五百精兵火速赶往了李重福的所在地均州（今湖北丹阳）。

等一切布置妥当之后，韦后才让上官婉儿编写遗诏，并派人去通知当朝的十一位宰相以及其他心腹，合计十九人，入宫商议下一步该怎么办。

注意，这十九人里没有李旦与太平公主。而这十一位宰相里，八位是韦后一党（韦温、韦巨源、韦嗣立、宗楚客、纪处讷、李峤、萧至忠、赵彦昭），两位是中立派（韦安石、唐休璟），只有一位是反对派（苏瑰）。这些人的名字不用记，大家只需要体会一下韦后当时的实力有多恐怖就行了。

更为关键的是，在这些人的密谋之下，韦后又接连发布了四条进一步掌控局势的命令。

第一条，把东都（洛阳）留守刑部尚书裴谈、工部尚书张锡全部升为宰相，但是职责不变，依然留守东都。这是给封疆大吏分红，一方面让他们出力稳定局势，另一方面让大臣们看到，韦后很会做人，以后还会给其他人封赏。

第二条，把韦后的同党吏部尚书张嘉福、吏部侍郎崔湜、中书侍郎岑羲也升为宰相。原来的宰相，已经有八位是韦后的人，现在又加进来三位，使得韦后进一步掌握了政权。

第三条，让韦后的堂兄韦温总管朝廷内外兵马，掌握了大唐的军权。让韦后的三位同党宰相，分别持节巡视关内道、河南道、河北道，防止这些地方出现叛乱。

为什么是这三道呢？因为这三道的兵力比较多。唐朝大概有六百二十七个折冲府（一个折冲府有八百到一千二百人），其中兵力最多的有四个：

关内道二百八十五个折冲府，府兵约二十六万；

河东道一百六十六个折冲府，府兵约十六万；

河南道七十三个折冲府，府兵约七万；

河北道五十一个折冲府，府兵约五万。

其他道的府兵都不足两万，陇右道后期兵力会多一点。

河东道有一百六十六个折冲府，之所以没有派宰相去安抚，主要是因为韦后的首席狗腿子宗楚客就是河东人（今山西永济），他早就作了安排。

第四条，宣布刚刚编写完成的李显遗诏：立李显的三儿子，也就是十六岁的李重茂为太子，由韦后临朝主持政事；令相王李旦为太子太师、太尉（有名无权的虚职），李旦的嫡长子李成器为宋王。

本来这个遗诏的草稿是这样的：立温王李重茂为太子，由韦后主持政事，相王李旦参谋政事。

草稿是上官婉儿写的，她本来也属于韦后一党，和韦后共享武三思，三人一起和和美美倒也自在。

但是，武三思被杀以后，上官婉儿悄悄倒向了太平公主这边。不是她良心发现，突然正义了，而是武三思的死给了她很大的刺激。

当年武三思还活着的时候，上官婉儿的表弟和老妈郑氏都劝过她："武三思现在虽然得势，但天下之人都知道他必败无疑，如今你为皇上所信，却依附于武三思，迟早会被灭族！"

上官婉儿当时没有在意，等到武三思被杀之后，李重俊冲进宫中，准备剁了她的时候，她这才意识到原来支持李唐的势力如此庞大。于是，为了自保，她开始私下里和太平公主联络感情。

等到韦后让她编写遗诏的时候，她就偷偷派人出宫，把李显已经驾崩的惊天秘密汇报给了太平公主，并忽悠韦后让李旦当辅政大臣。

可惜的是，上官婉儿的私心没有逃脱宰相宗楚客的眼睛，当他看到这份遗诏的时候，立刻提出了反对意见："相王与韦后乃是叔嫂，两人天天在一起处理政务，于礼不符！"

这个理由相当狗血，人家叔嫂以前都想置对方于死地，未来还能搞出啥火花不成？再说了，作风问题在李唐皇室什么时候真的成了问题？

但有句话说得好，男女问题不是问题，却是整人的最佳利器。有人提出来叔嫂要避嫌，那就得避嫌，你要反驳就是不懂礼。

其他十位宰相见宗楚客这么说，要么表示赞成拍韦后的马屁，要么装作没听见一言不发，只有苏瑰揣着明白装糊涂质问道："先帝的遗诏怎么可以随意更改？"

宗楚客等人听罢大怒，瞪了苏瑰几眼，苏瑰只好很识趣地尿了，十比一，惹不起啊。从此以后，他开始装病，不再上朝，这下子，宰相里唯一支持李旦和太平公主的人也没有权力了。

于是李旦就被剥夺了实权，只挂了两个有名无实的虚职。为了安抚李旦，他的嫡长子李成器也被封为了宋王。

等把这一切都忙完之后，已经到了六月四日，韦后这才将李显的灵柩抬到太极殿，并召集文武百官，宣布了他驾崩的消息，然后由十六岁的李重茂即皇帝位，她自己临朝听政，改年号为唐隆，大赦天下。

让我们回头看一下，韦后此时的权力之大有多么恐怖。

政治方面：当朝的十三个宰相，除了两个中立派，全是自己人，皇帝也在她自己的控制中。

军事方面：全国兵马由堂兄韦温控制，京城五万禁军由亲人控制，羽林军由亲人控制，长安的六条街道有心腹带兵二十四小时巡逻。地方上的关内道、河东道、河南道、河北道由同党宰相亲自或者派人前去安抚。

当年李治死的时候，武则天的势力可没有如此恐怖。

武则天没有调兵入城，而且支持她的宰相也没有如此之多，武则天的侄子武承嗣，是在李治死后才被升为宰相的。甚至宰相裴炎还想在龙门发动政变，劫持武则天。

所以，不是韦后准备得还非常不充分，没有必要杀死李显，而是她的权力已经达到了史无前例的地步。

只要她想当武则天第二，没有任何势力能够阻挡她，起码她和她的同党都是这么认为的。

三天之后，宗楚客就迫不及待地模仿当年的武承嗣，召集了一大批人，一起劝说韦后沿用武则天的惯例，登基称帝。

眼看我们的历史就要再多一个女皇，但在这个关键的时刻，韦后突然拒绝了。

当然，不是她的觉悟太高，也不是她要玩三辞三让的把戏，而是她深情地望向了小叔子李旦与小姑子太平公主。

一百零五　唐隆政变（二）：李隆基弱到让人绝望

当韦后把李旦和太平公主当作案板上的鱼肉，准备大卸八块的时候。李旦正和往常一样，在家里两耳不闻窗外事，一心只做低调人。

太平公主虽然和她妈武则天一样丰硕、方额、大脸、多权略，但也被韦后的霹雳行动打得措手不及，根本没有还手之力。

如果不出意外，过几天，这兄妹俩大概率就要手牵手到武则天那里报到去了。

但我们都知道，天助李唐不亡，二十六岁的李隆基在这个最为关键的时刻闪亮登场了。

李隆基，李旦的第三个儿子，别名李三郎。

685年，也就是李旦第一次成为皇帝的第二年，李隆基出生于东都洛阳。

作为大唐皇帝的儿子，肯定是幸运的，但作为武则天的孙子，肯定是不幸的。当时他爹李旦正被武则天软禁于"别殿"，除了挂着皇帝的头衔以外，没有任何实权。

　　不过，与其他被软禁的皇帝不同的是，李旦的生活并不单调，而且还相当刺激。上朝的时候，他还可以听一下大臣们的工作汇报，今天哪几个替自己说话的大臣被酷吏们残杀了，明天自己的叔叔、伯伯或者堂弟又被残杀了等。

　　除此之外，李旦还要时不时地经受一下武三思等人的精神洗礼，具体操作方法就是一句话——诬陷自己造反。

　　混到最后，甚至武则天身边的宫女也开始欺负李旦了，这个我们之前讲过，就是一个叫韦团儿的奴婢想要强奸李旦，但被他拒绝了。于是，韦团儿就诬告李旦的老婆刘氏和李隆基他妈窦德妃要造反。

　　然后，刘氏和李隆基他妈就在大年初二被武则天秘密杀害了，当时李隆基只有八岁。

　　皇帝老爹都要天天经受这种提心吊胆的生活，失去母亲的李隆基就更可想而知了。

　　好在李隆基早就适应了没爹没妈的生活，因为他四岁的那一年，就被武则天强行过继给他死去的大伯李弘当儿子。李弘大家还记得吧，就是武则天和李治的大儿子。

　　没有父母疼爱的孩子总是更加早熟，李隆基也是如此。

　　李隆基七岁那年，武则天便让他离开皇宫，到外面开府独立办公去了。但是没过多久，两个意外的发生，让他提前结束了自由自在的生活。

　　第一个意外，来自他老爹李旦。当时李旦已经被武则天从皇位上赶了下来，只是作为太子软禁在东宫。

　　可是，有两个大臣也不知道因为什么事情，私自见了李旦。武则天听说之后大怒不已，就把这两个大臣杀了，并且不再允许李旦接见任何大臣。

　　第二个意外，是李隆基从小就表现出超群绝伦的气质。

　　有一次，李隆基带着几个随从在皇宫里瞎溜达，正好碰到了武则天的侄子武懿宗。武懿宗属于拳打南山敬老院、脚踢北海幼儿园的极品人渣，他看见七岁的李隆基，自然要欺负一下。

所以，武懿宗逮着李隆基的随从就是一顿臭骂，说他们不注意环保，把地上的花花草草都踩坏了。

他以为这么一训斥，就能把李隆基小朋友吓得哭着找妈妈。但没想到，李隆基竟然噘着小嘴回怼了一句："这是我家朝堂，干你何事？你竟敢欺负我的人！"

武懿宗瞬间被他问蒙了，小朋友竟然也敢欺负自己，于是，他转过身就到武则天那里告状去了。

武则天的心情很复杂，一方面是高兴，觉得自己的孙子小小年纪就如此霸气，有做大事的潜力；另一方面又有点担忧，如果没有约束，再过几年，这小子指不定会折腾出什么幺蛾子。

于是，武则天就把李隆基软禁在了宫中，而这一关，就是七年之久。

等到十四岁的时候，李隆基再次开府独立办公，并在未来的十二年里，前后担任了右卫郎将、尚辇奉御、卫尉少卿等职。

长期的软禁生涯，让年纪轻轻的李隆基心中充满了仇恨。

是的，就是仇恨，仇恨有时候可以让一个人迷失心智、胡作非为，但有时候也能让人精神亢奋，爆发出强大的战斗力，而李隆基就属于后者。

他恨武则天为了权力，让自己的父亲被肆意打压，让自己的母亲被枉杀，让自己从小过继给别人，成了失去亲人的孤儿。

他恨武则天夺取他们李家的天下，让这个国家从武德充沛的大唐，变成了一个受突厥、契丹、吐蕃欺负的弱周。

他恨自己出生得太晚，现在太年轻，只能眼睁睁地看着一个又一个悲剧的发生而无能为力。

他要改变这一切，他要摆脱这种天天提心吊胆的生活，他要让这个国家重新强大起来。

尽管他才十几岁，但祖宗们雄才大略的血脉，已让他清楚地意识到，要想做到这些，他必须不断壮大自己的力量。

所以，在此后十几年的工作中，他不断地仔细观察着周围的每一个人，记录着他们的言行，考察着他们的志向，自动降低身份，与他们倾心相交。

功夫不负有心人，经过长年累月的坚持，他有了不小的收获。

在当右卫郎将的时候（相当于皇帝私人保镖中的一个军官），李隆基结交了左万骑营长葛福顺（郭子仪的表哥）、右万骑果毅李仙凫等人。

万骑和左右羽林军一起驻扎在玄武门，万骑营的老大是营长，果毅只是中级军官，两个职位都在左右羽林大将军之下。

在当尚辇奉御（相当于弼马温）和卫尉少卿（相当于宫廷仪仗队副队长）的时候，李隆基结交了一个更加不起眼的小人物——钟绍京。

此人号称是大书法家钟繇的第十七代孙，书法写得极好，宫殿中的牌匾、对联都出自他之手。但由于他出身贫寒而且没有人脉，所以尽管才华出众，兢兢业业地工作了一辈子，也只混了个宫苑总监，相当于皇家后花园园长。

这个职位很不入流，但所处的位置却异常关键，因为他负责的西内苑紧挨着玄武门，在未来将发挥极其重要的作用。

除了这三个最主要的人物以外，李隆基还结交了几位不太入流的心腹。

第一位，刘幽求，出生于一般家族，参加过科举考试，五十五岁了还只是朝邑县（今陕西朝邑镇）县尉。

第二位，陈玄礼，后来马嵬驿兵变，逼死杨玉环的主谋之一。但在此时，只是一个从五品的果毅都尉，禁军的中级军官。

第三位，麻嗣宗，百济（今韩国）人，苏定方灭百济的时候，跟着黑齿常之投降过来，也是果毅都尉，属于中级军官。

还有几位史书上一笔带过的小人物，我们就不再列举了。总之，围绕在他身边的几乎都是小人物。

就在李隆基不断壮大实力，准备大干一场的时候，张柬之等人突然发动了神龙政变，武周终于又变回了大唐。

李隆基大为高兴，没想到，他的愿望这么轻而易举就实现了。他悬了二十多年的心，终于放了下来，刻骨铭心的仇恨也随着时间的流逝而慢慢消退了。

但是就在他准备安心过日子的时候，他发现自己错了。神龙政变中功臣们一个又一个惨死，而武家人却还活着，而且权力越来越大。

李显和韦后竟然又在走当年爷爷和奶奶的老路，一种毛骨悚然的恐怖感觉让他不寒而栗，他再也不愿过当年那种提心吊胆的生活了。

原来，所有人都靠不住，他能依靠的只有自己。他必须重整旗鼓，挽狂澜于既倒，扶大厦于将倾。

当李显被韦后毒死以后，李隆基就在第一时间展开了蓄谋已久的行动。

在行动之前，我们再来对比一下韦后和李隆基双方的实力（只看京城，不然李隆基和对方没法比）。

政治上：

韦后是名正言顺的皇太后，有十几位宰相支持，皇帝也在她的手中，属于合法政权。

李隆基有李旦、太平公主等李唐皇室的支持，虽然没有多大权力，但占据道义制高点。

应该说，在政治上，这两派势均力敌，谁先下手干掉对方，都能很快稳定局势。

军事上：

韦后有左右羽林军防守玄武门，还有一大批士兵在长安六街二十四小时巡逻，另有五万精兵在长安城内严阵以待。

李隆基只有一个左万骑营长，一个右万骑果毅，以及两个其他中级军官。

当年，张柬之搞定五个半左右羽林军的老大和老二，以及五百千骑，神龙政变便成功了。

李重俊搞定四个左右羽林军老大和老二，以及三百千骑，景隆政变却失败了。

现在左右羽林军的老大和老二，李隆基一个也没有搞定，只搞定了一个万骑营的老大。所以，无论怎么看，他即将发动的这场政变就像做贼进了书房——都是书（输）。

但是，人呐，很多时候，运气真的比能力更重要。

几天之后，李隆基的第一个好运就来了——他准备发动政变的事情败露了，而且知道这件事的人还是韦后集团中的一个重要人物。

此人名叫崔日用，韦后集团第一狗腿子宗楚客是他的老乡兼贵人兼好友。十年前，宗楚客任陕州刺史，崔日用是他下面一个县的县尉（从九品）。

后来宗楚客升为宰相，就将崔日用提拔为兵部侍郎（正四品上），两人之前经常一起干坏事，堪称刎颈之交，情同手足。

极其幸运的是，崔日用是一个很讲原则的人，而他的原则就是：在利益面前，刎颈之交可以刎对方的颈，情同手足可以插兄弟两刀。

崔日用听说李隆基准备起事以后，没有告诉好朋友宗楚客赶紧下手；相反，因为害怕李隆基政变的时候把他捎带着杀了，于是就叛变了。

哎，这都是一群什么人啊！

为了活命，崔日用赶紧派了一个和尚与一个老道，让两人肩并肩、手拉手去找李隆基，促其早日行事，以防夜长梦多。

李隆基听说和尚与老道的来意之后，当场就蒙了。不是他没见过和尚与老道手拉手，而是他无法确定对方是来诈自己的，还是来帮自己的。

刚刚准备起事，事情就败露了，万一其他人也知道了怎么办？所以，他必须假装和尚与老道是在胡说八道，自己根本就没有起事的打算。

于是，他脸色一变，当起了演员，大骂这两人卑鄙下流，诬陷自己，要将对方扭送官府，交给韦后处置。

还好，和尚与老道游走江湖一辈子，揣摩人心的能力无比强大，他们早就料准了李隆基会有此反应，于是不急不慢地将李隆基一党的人名全都说了出来。

李隆基大吃一惊，这才意识到原来对方真的知道了所有事情。他一边想着如何找出泄密之人一刀砍了，一边堆起了笑脸，急忙向对方道歉，并向其保证在确定日期之后，会第一时间通知崔日用。

等送走了和尚与老道，李隆基来不及抹去额头上的汗水，就急忙带着几位心腹火速跑到太平公主府，与太平公主一起确定了起事的日期和地点。

时间：710年六月二十日夜，即李显驾崩后的第十八天。

地点：玄武门。

一百零六　唐隆政变（三）：干大事运气有多重要

　　710年六月二十日下午，长安的天气格外闷热，稠乎乎的空气让人焦躁不安，街道上除了几个懒懒散散摇着扇子的小商小贩以外，行人寥寥无几。

　　但是，李隆基根本顾不得头顶上毒辣的太阳，他正身穿便装，带着太平公主的儿子薛崇简等几个心腹，火急火燎地赶往西内苑。

　　因为西内苑紧挨玄武门，是埋伏起来发动政变的最佳地点，而西内苑总监钟绍京早在几年之前，就成了李隆基布下的暗桩。

　　可是，当这群人满身大汗跑到西内苑门口的时候，一个意外却发生了。

　　无论李隆基如何敲门，里面就是没有反应。不是钟绍京没有听到，而是他怂了。这位号称钟繇十七代孙的大书法家，完全没有了钟繇当年独自镇守关中的霸气。

　　其实这也不能怪钟绍京，作为书法家兼皇家后花园园长，上班的时候和锄头花草打交道，下班之后玩的又是笔墨纸砚，对于刀枪棍棒这种东西，他根本没有碰过。几个时辰以后，就要他拿着大砍刀去砍人，而且是砍那些身着重甲的羽林军，一般人还真的霸气不起来。

幸运的是，就在这危急时刻，一个女人的出现，让他霸气了起来。此人是钟绍京的老婆许氏，她的出身、经历全都不详，只在史书上出现了这一次。

她看见钟绍京已经吓得脸色苍白，急忙走向前，一边为其擦汗，一边说道："忘身殉国，必有神助。况且，你已经参与了政变，今天就算闭门不出，到时候你又能跑到哪里去？"

这两句话说得真好，前一句是鼓励，后一句是威胁。再尿的人听了这话，不服也不行。钟绍京这才慌里慌张地跑过去打开了大门。

李隆基见到钟绍京之后，展现出了极为高超的用人艺术。

大家可以提前想一下，如果你是李隆基，在如此重要的时刻，喊了半天，对方才开门，你会怎么办？

大部分人可能都会询问一下原因，甚至还会责备对方。

但是，李隆基一句话也没有说，只是拉着钟绍京的手，走进园中，安安静静地坐了下来。

他不能询问晚开门的原因，万一钟绍京支支吾吾半天说不出来，势必严重影响士气。

他更不能责备对方，此时的钟绍京就像一只惊弓之鸟，随时都有崩溃的可能，万一把他逼急了，后果将不堪设想。

而拉着钟绍京的手坐下来，看似平淡无奇，却用意高深。

这样做，一方面可以给对方勇气，另一方面还可以防止对方开溜。更重要的是，这个举动还能让在场的所有人看到李隆基那泰山崩于前而色不变的淡定，有利于稳定军心。

可是，即便李隆基做得如此完美，还是有人尿了。

这一次尿的人是李隆基的贴身侍卫王毛仲，此人是高句丽人，平时武艺高强，骁勇善战，头脑还格外灵活。李隆基笼络万骑军官的时候，他在中间出了不少力。进入西内苑的时候，他还在李隆基的身旁，但是，转眼之间他就不见了。

李隆基发现之后，强装淡定的心，一下子提到了嗓子眼。

不久之前，有人把政变的消息透露给了兵部侍郎崔日用，幸好崔日用弃暗投明，没有告密。如今马上就要行动了，自己的贴身侍卫却不见了。而西内苑又紧挨着玄武门，万一这人临阵叛变，自己可是一点逃跑的机会都没有了。

怎么办？是派人去把王毛仲找回来，还是立刻取消行动，再行等待时机？

李隆基的脑子飞速地运转着，冷汗一瞬之间就浸透了全身。但是，眨眼之间，他冷静了下来，他必须隐瞒这个消息，装作什么事也没有发生过一样。

因为无论怎么做，风险都太大了。

如果取消行动，事情必然败露，到时候无论跑到哪里，也会被捉到灭族。如果现在派人去找王毛仲，能不能找到他是一回事，派去找的这些人，大概率也会胆怯，甚至还会有人跑去告密以求将功补过。

只有隐瞒消息，才能稳定军心，王毛仲如果真的叛变了，那就听天由命吧。

于是，李隆基胸有成竹地哈哈一笑，欺骗大家道："王毛仲另有他用，大家不必担心。"

幸运的是，王毛仲只是屃了，吓得藏了起来，几天之后才再次现身，李隆基不计前嫌，还将他封为将军。

政变还没有开始，就经历了三次危机，先是莫名其妙的泄密，再是钟绍京胆怯认屃，最后是贴身侍卫临阵开溜。但凡有一人叛变，后果都不堪设想。

这充分说明了一个道理：当我们分析成功案例的时刻，总会以为只要按照别人的方法步步为营就能成功。但其实，成功只是成千上万条失败之路中的一条，有太多的运气在里面，只要运气稍微差一点，一切都将功亏一篑。即便让成功者按照之前的路再走一次，他大概率也不会成功。

经历了重重危险以及漫长的等待之后，时间终于来到了傍晚。

左右羽林军像往常一样，全都驻扎在玄武门。李隆基布置的暗桩左万骑营长葛福顺，右万骑果毅李仙凫也在其中。

晚上十点左右，葛福顺与李仙凫趁着夜色的掩护，偷偷跑到西内苑与李隆基等人会合，准备发动政变。

与此同时，他们还带来了一条重大的好消息：

韦后的族弟韦璿、侄子韦播、外甥高嵩自从接手左右羽林军的那天起，就没有干过一件好事。为了快速树威，这三个人经常鞭打将士，导致军心尽失，只要发动进攻，羽林军必然纷纷响应。

此消息一出，原来还提心吊胆的众人顿时群情激昂，纷纷要求立刻起兵，直扑玄武门。

但是，在这千钧一发之际，李隆基却犹豫了，自己这边的人实在是太少了，满打满算也就两百多号人，其中还包括西内苑里的园丁和工匠。这群人连武器都没有，手里只有斧子、锄头等玩意，让他们和羽林军对砍，万一羽林军没有临阵倒戈，他们分分钟就会被团灭。

所以，李隆基准备擒贼先擒王，让葛福顺先行回到军营，找个机会杀掉韦璿等三人，然后李隆基再带人前往玄武门助战。

葛福顺一听就蒙了，一个人砍三个人，而且还要跑到羽林军军营，难度系数何止是一般的大。且不说，能不能砍得过人家三个，万一人家跑了怎么办？

就在葛福顺犹豫不决的时候，此次政变的最后一个大运终于来了。

原本一片漆黑的天空，突然之间划过无数流星，宛如一片片晶莹剔透的雪花，将夜空照得格外明亮。正在玄武门驻守的羽林军，一辈子也没有见过如此漂亮的风景，纷纷放松了警惕，伸长了脖子，仰望天空，欣赏这历史性的一刻。

李隆基的谋士刘幽求，高兴地大喊道："天意如此，机不可失！"

葛福顺心领神会，二话不说，拔出长剑就向羽林军军营火速冲了过去，一路上如入无人之境，不一会儿就冲到了韦璿、韦播、高嵩三人的面前。

这三个人估计还在欣赏美丽的流星雨，连一点防备也没有，顷刻之间就被葛福顺砍下了脑袋。

什么叫时来天地皆同力，有时候真的是不服不行，多少年不遇的流星雨，竟然在这个时候出现了。这和当年刘秀在昆阳之战中召唤陨石完全有一拼，关键时刻总是遇到这种事，古人不迷信才怪了。

葛福顺一手提着三人的脑袋，一手持剑，对着还没有反应过来的羽林军将士们大声喊道："韦后毒死先帝，危害社稷，今晚共诛韦氏，拥立相王为帝以安定天下。倘若有人胆敢首鼠两端帮助逆党，罪及三族。"

羽林军将士们本来就反感韦璿等人，以前还都做过相王李旦的手下，听葛福顺这么一说，自然纷纷倒戈了。

李隆基得知葛福顺已经得手，这才与刘幽求、钟绍京以及那两百多名手拿斧子、锄头的工匠火速赶往了玄武门。

随后，羽林军打开城门，兵分两路，杀入宫中。

正在睡觉的韦后，听到杀声四起，立刻大惊失色，急忙向着宫中的飞骑营狂奔而去。她以为，这一次还会像李重俊造反时一样得到其他禁军的支持，殊不知，自己早已失去民心。一个飞骑兵看到她之后，犹如看到了一头金灿灿的肥猪，随手一挥就将她的脑袋砍下来，献给了李隆基。

安乐公主听到喊杀声之后，倒颇有几分女中豪杰的姿态，她自知在劫难逃，干脆坐在镜子前面梳妆打扮起来，即便是死，也要死得漂漂亮亮。不一会，一个士兵闯进了她的闺房，将她一刀砍翻在地。

已经投靠了太平公主的上官婉儿则早有准备，她提着灯笼拿着那个让李旦当顾命大臣的遗诏草稿，急急忙忙去迎接李隆基。

在她看来，李隆基只要看到这份遗诏，就会看在太平公主的面子上饶她一命。但是，李隆基早已另有打算。他知道，自己和太平公主早晚会开战，上官婉儿这种女强人，必须尽早铲除。所以，他根本就没有看草稿，便让人把上官婉儿斩了。

接着，羽林军开始到处搜捕韦后的族人以及同党，把宰相韦温、韦巨源、宗楚客、纪处讷、张嘉福，以及武承嗣的儿子、安乐公主的老公武延秀等人全杀了。

韦后的两个妹妹也分别被自己的老公砍掉脑袋，献给了李隆基。

韦后的老家杜曲也被崔日用带兵血洗了一遍，手段极为残忍，连尚在襁褓中的婴儿也没有放过。

至此，韦后一党终于被清除得干干净净，一个不留。

从705年神龙政变到710年唐隆政变，在五年的时间里，韦后及其女儿安乐公主费尽心机四处结党，试图重新上演武则天式的奇迹。其党羽不可谓不多，其势力不可谓不强，其思虑不可谓不周密。从毒杀亲夫到控制朝野，她走的每一步都堪称阴谋的教科书。

但是，她自始至终都不知道，最重要的东西其实是人心。

武则天虽用酷吏、改国号，但是赏罚分明，知人善任，天下有才之士全能为之所用。韦后则全然不同，贪污腐败、乱封官员，使人心相悖，这才有了李隆基的一呼百应，其数年的经营瞬间土崩瓦解，身死族灭。

这是韦后的悲剧，却是李隆基和大唐的喜剧。虽然此次政变成功有很大的运气在里面，但韦后不得人心的行为已注定她的命不会长久。

第二天一大早，把该杀的全部杀了，该控制的地方全都控制了，李隆基这才把老爹李旦请了出来，美其名曰让老爹进宫，辅佐刚刚被立为皇帝十几天的少帝李重茂。

但谁都知道，接下来，就是大家已经看过无数次的三辞三让的把戏了。

刘幽求率先提出让李旦称帝，不出意料，被李旦拒绝了。

接着，太平公主逼迫少帝下诏书将皇位禅让给李旦，不出意料，李旦又拒绝了。

再接着，李隆基和他哥哥李成器又劝李旦称帝，不出意料，李旦终于勉为其难同意了。

六月二十四日，也就是政变发生后的第四天，太平公主直接把李重茂从皇帝的宝座上扯了下去，让李旦在太极殿即了皇帝位。

时隔二十年，李旦终于又一次坐在了皇帝的宝座上。

二十六年前，他在母亲的操控下成了皇帝，胆战心惊地做了六年的傀儡。如今，他又在儿子的支持下重新坐上了宝座。虽然他没有参与唐隆政变，但德高望重的身份以及谦恭的性格，早已帮他赢得了人心。

人心即权力，他终于大权在握，可以为这个国家做些什么了。外戚专权、卖官鬻爵、贪官横行的局面，也是时候该收拾一下了。

一百零七　两大贤相上任，大唐重回正轨

李旦又一次当上皇帝之后，不仅对韦后一党进行了定点清除，对武家也没有丝毫客气。

六月二十四日称帝，六月二十七日他就下诏把他妈武则天的尊号从则天大圣皇后降格成了原来的天后，并把他哥哥李贤追谥为章怀太子。李贤大家还记得吧，就是被他妈杀掉的二哥。

甚至，连原来准备在龙门劫持他妈的宰相裴炎，李旦也给平反了，让其后人当了京官。

二十八日，李旦又削夺了武三思、武崇训父子的爵位和谥号，并把这父子俩的坟刨了，棺材砸了，尸体抽了。

紧接着，他又把他哥李显干的那些糊涂事纠正了过来。

安乐公主们大肆卖官鬻爵，封的官员统统被免职了。

神龙五虎全部被平反了，他们的后人也都得到了妥善的安置。

发动景隆政变，把他哥追到玄武门的太子李重俊、左羽林大将军李多祚等

人，也都恢复了原来的爵位。

原来被韦后排挤出长安，并让人格外防范的大侄子李重福，李旦也解除了对他的监视，还让他担任了集州刺史。但是，这位大侄子却恩将仇报，当起了"中山狼"。

他完全不记得当年是怎么被李显和韦后打压的，想当然地认为自己是李显的长子，李隆基把韦后撵下去以后，就应该让他当皇帝。

所以，他到洛阳的时候竟然造反了。不过，由于业务能力过于低下，造反的时间也就持续了几个小时，就被地方保安团搞定了。

拨乱反正完成以后，李旦又提拔了一大批杰出的人才来治理这个被他哥折腾得不像样子的国家。这其中就包括唐朝四大贤相中的两个：姚崇和宋璟。没错，他俩在李隆基当上皇帝之前，就已经当上了宰相。

姚崇，陕州硖石（今河南三门峡）人，本名姚元崇，有个叫元崇的突厥人造反后，武则天不想让他俩重名，就把他的名字改成了姚元之。

后来，李隆基将年号改为"开元"，为了避讳，他的名字又改为姚崇。虽然他现在名叫姚元崇，但是为了统一，下文我们就直接叫他姚崇了。

651年，姚崇出生于官宦世家，往上数四五辈祖宗，都是当官的。他爹姚懿很厉害，那是孔夫子挂腰刀——文武双全。

当年他爹因为带着三门峡投奔了李渊，还在攻打王世充、窦建德的时候立了战功，被提拔为正四品下的郎将。但是后来因为站错队，支持李建成，又被免了官。

等到李治上台之后，姚懿又被重新起用为忠武将军，并以七十多岁高龄死在了平定少数民族叛乱的路上。

老子英雄儿好汉，受老爹的影响，姚崇在读书的同时，也特别喜欢军事，这为他以后做兵部尚书兼宰相打下了良好的基础。

二十五岁那年，姚崇迎来了人生中的第一个转折——武则天的大儿子李弘死了。

姚崇很高兴，不是因为他和李弘有仇，也不是因为他的心理有毛病，而是因为古代有个规定，皇帝、皇后、王爷们死了，需要很多年轻小伙子去送葬，其中有几十个小伙子被称为"挽郎"。

官员们为了自己的利益，又定了奇葩的规定：谁要能当选挽郎，谁就有资格当选公务员，至于当选的标准嘛，全凭礼部的人说了算。于是乎，就出现了一个更加奇葩的现象，天天吆喝着忠君爱国的官二代们，天天盼望着皇帝家赶紧死人。

姚崇因为老爹的关系，就很顺利地当选为李弘的挽郎，进入了仕途。不过，大家也不要觉得人家搞特权，后来他参加了科举考试，还中了个"下笔成章举"，光听这名字，就知道人家的作文写得特别好。

696年，姚崇人生的第二个转折又来了——契丹造反了，武周军队连吃了几次败仗。

正所谓汝之砒霜，吾之蜜糖。时任夏官郎中（兵部郎中）的姚崇，因别人的祸得自己的福，在处理军政时表现得格外出色，让焦头烂额的武则天眼前一亮，给他连升六级，封为正四品上的夏官侍郎，也就是兵部的二把手。

契丹叛乱被平定之后，武则天又将他升为宰相，以及相王府长史（相王即李旦），而此时，他年仅四十七岁，在武则天一朝，算是最年轻的宰相之一。

突然发现，姚崇人生的转折，都是建立在武则天的痛苦之上啊。不过，让武则天更加痛苦的还在后面。

704年年底，姚崇在明知张柬之准备搞掉武则天的情况下，还推荐张柬之当宰相，正是他的临门一脚，让张柬之迅速搞定了羽林军。

李显上台之后，把他被封为梁县侯。可惜的是，还没当几天侯，他就被贬到安徽当刺史去了。

和神龙五虎因为功劳太大被贬不同，他是因为哭武则天才被贬的。不是武则天死了他要哭，而是武则天移居上阳宫的时候，百官都在为唐朝复辟而庆祝，就他一个人痛哭不止。

张柬之看到之后一头雾水，看他的表情也不像喜极而泣，就赶紧劝他收敛点，别被人发现告到皇帝那里去。

可是他根本不顾个人安危，一边抹眼泪一边说道："我长期事奉则天皇帝，现在突然离别，不禁悲痛难忍。我随你诛杀凶逆，是臣子本分，今日泣辞旧主，也是人臣应有的节操，就算因此获罪，我也心甘情愿。"

后来有不少人说姚崇的哭泣完全是装出来的，故意表现忠诚而已。因为作为久经官场的老油条，他怎么可能控制不住自己的眼泪。

但笔者觉得，他应该不是装的。因为他已经位极人臣，也被封了侯，完全没必要装。

装对了，李显也不过表扬一下他的忠心而已，但是装错了，轻则被贬，重则被罢官，孰轻孰重他怎么会不知道？如果不是情到深处，谁愿意拿一千万的赌注，去赌一个百分之五十的概率能赢得一百万的赌局呢？

这一次贬官，姚崇在地方上待了整整五年，直到李旦登基之后，才再次被提拔为兵部尚书、同中书门下三品（宰相）。因为他能力出众，又当过六七年的相王府长史，所以，李旦对他格外信任，不久之后，又把他升为中书令。

中书令，我们在介绍裴炎的时候特别讲过，当年裴炎把政事堂搬到中书省，从此以后，中书令就成了第一宰相。

讲完第一宰相，就该讲第二宰相了。

663年，宋璟出生于邢州南和（今河北邢台），和姚崇一样，他们家也是官宦世家，往上数七辈都是当官的。他的后代中还有一位大名鼎鼎的人物——大宋提刑官宋慈。

不过宋璟的家世和姚崇没法比，他爹只是一个小小的八品司户，一辈子最大的贡献就是和他老婆亲密合作，培养出了天才宋璟。

为什么说宋璟是天才呢？

因为他从小就是别人家的孩子，年仅十七岁就考中了进士。没有对比就没有伤害，大名鼎鼎的房玄龄中进士那一年是十八岁。名气更大的狄仁杰，有点小遗憾，没有考中进士，只考中了明经。

明经和进士的区别就一句话：三十老明经，五十少进士。也就是说，三十岁考中了明经，在明经里就属于老的。五十岁考中了进士，在进士里就属于年轻的。

如此优秀的人才，自然逃不出武则天的眼睛。他先是到湖南当了一个县令，锻炼了几年之后，便开始步步高升，大概四十岁的时候，就被升为正五品上的中书舍人，相当于武则天的男秘书。

可能因为从小就一帆风顺，在无数人的表扬中长大，宋璟的脾气变得越来越刚正，颇有几分魏徵当年的风范。

刚当上中书舍人，他就遇到了一个大案，这个我们之前提过，张易之兄弟诬陷宰相魏元忠谋反，逼迫张说当污点证人。

在张说犹豫不决，不知道如何是好的时候，宋璟在一旁义正词严地劝道："名义至重，神道难欺，必不可党邪陷正，以求苟免。若缘犯颜流贬，芬芳多矣。或至不测，吾必叩阁救子，将与子同死。"

此举引起了同僚们的无限钦佩，史官赶紧把这段话记了下来。在他们的努力下，魏元忠总算保住了性命。

因此，宋璟又被升为御史中丞。从此，他也走上了与张易之兄弟彻底为敌的道路。

后来，张昌宗让一个老道给自己看相，老道把拍过一万遍的马屁又给他拍了一遍，说他骨骼清奇，天赋异禀，能做人上之上。

张昌宗被拍上了天，在家里高兴了好几天。但是，这件事不知道怎么着就被人告发了。不过，告发的奏疏还没有送到武则天的手中，张昌宗就提前知道了消息，赶紧主动坦白了。

好不容易逮到了一个痛扁落水狗的机会，宋璟岂能放过。于是，他赶紧找到武则天，让其宰了张昌宗。

就因为一句话，工作上的秘书就让她杀了生活上的秘书，白天的秘书就让她灭了晚上的秘书，武则天当然不干了。

但是宋璟不依不饶，非逼着武则天杀了张昌宗不可。幸好当时武则天年纪大了，脾气已经好了不少，也知道宋璟的为人，所以最后竟然妥协了。虽然没杀了张昌宗，但是命令张昌宗到宋璟家里给他道歉去了。

即便如此，宋璟的怒气还是没消除，直接把张昌宗挡在了门外。

武则天都拜倒在了自己的脚下，宋璟竟然敢如此羞辱自己，这件事让张昌宗兄弟大为恼火。在之后的几年里，他们逮着机会就在武则天面前告宋璟的黑状。不过，武则天越老越英明，终其一朝，也没有贬过宋璟一次。

705年，李显登基之后，念及宋璟和张易之兄弟水火不容的功劳，又将其提拔为黄门侍郎（门下省老二）。

不过，第二年他就和姚崇一样被贬到外地当刺史了，原因是他得罪了武三思。

武三思刚掌权的时候，其实是准备拉拢一把宋璟的，哪知宋璟一如既往的刚硬，他对着武三思贴过来的热脸狠狠地浇了一盆凉水："大王，你知道吕产和吕禄咋死的不？"

武三思气得一口老血差点喷出来，从此两人结下了深厚的梁子。

有一次，一位大臣上书李显，非常含蓄地表示了李显被武三思戴绿帽子的事实，让李显防着点武三思："潜通宫掖，必为逆乱。"

看看这话说得多好，虽然没有提到"绿帽子"，但谁都能感受到"绿帽子"满天飞。

哪知道，李显的脑回路比较奇特，不去解决隔壁老王，却准备解决让他知道老王藏在衣柜里的好心人。

但是诏书到了宋璟这里，他却拒不执行。

宋璟毫不含蓄，直接在李显的伤口上撒了一大把盐，并浇了一盆滚水："人家告发了韦后和武三思通奸，陛下不加过问就要斩对方，臣恐天下会议论，请查实后再用刑。"

李显大怒不已，人家那么含蓄，你竟然这么直白，还要让我查实，这玩意还用查？

可是，宋璟装作没看见李显在发怒，就是不执行。

遇到这么一位不怕死的主，无奈之下，李显只好免了对方的死罪。

不过，宋璟是真惹恼了李显，不久之后，李显就把他贬到河北当刺史去了，一直到李显死，都没有再提拔他。

等到李旦登基之后，才把他和姚崇一起提拔到中央当宰相。

第一宰相有大才，能让武则天刮目相看，火速提拔。第二宰相刚正不阿，无论遇到再牛的权贵都敢正面硬杠，哪怕是皇帝老子，也敢在伤口上撒盐（崇善应变成务，璟善守法持正）。有这两个人当宰相，朝堂之上想混乱也难啊。

在他们两人的共同努力之下，没有多长时间，整个官场便焕然一新了。

李显时期的各种弊端被革除了，忠正贤良之士被提拔了，奸邪不肖之徒被斥退了，行赏施罚也公正公平了。

总之，大唐这辆开了将近一百年的二手车，在他俩一顿修修补补之后，朝野上下一致认为可以和李世民，以及李治在位的前期飙车了（当时翕然以为复有贞观、永徽之风）。

　　不过，如此良好的局面却没有持续多长时间，准确来说仅仅维持了七个月。因为，他们很快就被卷入一场巨大的政治风波中。

一百零八　捧妹妹，打儿子，李旦不为人知的另一面

其实李旦这个皇帝当得很无奈，唐隆政变是他儿子李隆基一手策划的，他妹妹太平公主也参与了，唯独自己两耳不闻窗外事，一夜捡了个大便宜。

所以，当上皇帝之后，他在治理国家的同时，还不得不像过独木桥一样，时刻平衡着李隆基与太平公主的势力。

如果给李隆基的权力太大，这儿子能力太强，心腹太多，一不小心就会让自己变成太上皇。

如果给太平公主太多权力，老娘和韦后的教训还在眼前，一个人不可能在一条河里摔倒三次。

如果杀了他们两个，自己独揽大权，既不昏庸也不残暴的李旦根本做不到。

如何平衡这两派的势力，李旦不得不向当年的李渊学习，扶持弱者，打压强者。

那么谁是弱者，谁是强者呢？

唐隆政变刚刚结束的那段日子，李隆基毫无疑问是拥有绝对实力的强者。

守卫玄武门的左右万骑都是李隆基的心腹，他自己还兼任了左右万骑的老大。

至于左右羽林大将军，李隆基又让自己一母同胞的两个弟弟李隆范、李隆业接任了。

李隆基的三个心腹刘幽求、钟绍京、崔日用分别控制了中书省和门下省。

而且李隆基还赢得了文武百官的拥护。按照立嫡不立贤的传统，李隆基作为李旦的三儿子，是没有资格当太子的。

但是，他的大哥李成器是个很有自知之明的人，当李旦表示要把李成器立为太子的时候，他和李旦当年一样，一边哭一边坚决拒绝了："时平则先嫡长，国难则归有功。"

文武百官也都争先恐后地拥上来给李隆基添了一把火。李旦只好顺从民意，把李隆基立为太子。

在这种恐怖实力的挟持下，李隆基如果想自己当皇帝，估计不会有多大的问题。

反观太平公主这边，宰相里没有她的人，羽林军里没有她的人，百官中可能有她的人，但也根本无法和李隆基抗衡。宫中倒有一个她的人，就是上官婉儿，但已被李隆基杀了。

李旦虽然是一个对权力的欲望比较低的人，但此时此刻他还是想当好这个皇帝的。所以，为了坐稳皇位，他只能大力扶持太平公主来抗衡儿子李隆基。

只不过，让所有人都没有想到的是，李旦对太平公主的扶持力度大到了惊人的地步，以至于大唐差一点第三次跳进"牝鸡司晨"的怪圈。

那么，李旦是如何扶持太平公主的呢？

在生活上，太平公主本来就很奢侈浮夸，到处包养男宠、建豪宅、买豪车，堪称京城一姐。在李旦的扶持下，她的生活水平再一次直线上升，吃穿用度处处对标宫廷，完全把自己当成了皇帝第二。

在政治方面，太平公主虽然没有担任什么实职，但是，权力却大得惊人。只要宰相们汇报军机大事，李旦都要问一下："你们和太平公主商量过吗？"

如果没有商量过，李旦就要把太平公主叫到皇宫里，和她商量一下再执行。如果太平公主有事，去不了皇宫，李旦便让宰相专门跑到太平公主的家里征求她的意见。

另外，宰相以下官员的考核与升迁，太平公主都可以随意处置。在她的操作下，没过多长时间，被李旦罢免的"斜封官"就又全部被录用了。

斜封官就是当年韦后一党卖官鬻爵卖出来的官员。吃人家的嘴软，这些人自然全部投靠到了太平公主的门下，搞到最后，文武百官超过一半都成了太平公主的党羽。

宰相的任免权虽然在李旦手里，但是太平公主通过种种手段，把没有投靠自己的宰相几乎全部赶出了京城。

后来，她干脆一哭二闹三上吊，让李旦把她的几个心腹提拔为宰相。三年后（713年），七位宰相中的五位都成了太平公主的党羽。

这其中竟然还包括几个原来属于韦后一党的人，例如崔湜（原上官婉儿的男宠，杀掉神龙五虎的幕后黑手之一）、萧至忠、窦怀贞等。

军事上，左羽林大将军常元楷、知右羽林将军事李慈、左金吾将军李钦等人也成了太平公主的党羽。

左右羽林军我们已经讲过很多次了，驻守在玄武门，每次政变的急先锋。那么左金吾将军是干嘛的呢？他的岗位也极其重要，负责宫中和京城的巡查。

太平公主的这一套操作是不是很熟悉？

广罗党羽，拉拢宰相，结交禁军，简直就是韦后当年的翻版。更重要的是，太平公主还有韦后不能比拟的一个优势——智商高。

虽然我们不知道太平公主的智商到底有多高，但史书中有这么一句话："多权略，则天以为类己，每预谋议。"能让武则天觉得和自己相似的人，能和武则天谋议的人，智商绝对不低。

身怀利器、杀心自起是人类的共性，更何况身怀的不是利器，而是能决定帝国走向的超级权力。

李旦给了太平公主如此大的权力，就已注定了她和帝国未来的接班人之间，会有一场你死我活的较量。

下面我们再来看一下，李旦是如何打压李隆基的。事先说明，这里的"打压"是我们通过史料一点一滴分析出来的，史书上并没有明确记载李旦"打压"了李隆基。

在军事方面，710年八月，也就是李旦当上皇帝两个月之后，他就改组了帮助李隆基发动唐隆政变的主力——万骑，让这些人全部离开京城，到外地当官去了。随后他又设置了两支飞骑军，隶属于左右羽林军。

李旦之所以这样做，理由是这群人仗着讨平韦氏之功，多行不法之事，成了长安城中的一大祸害。

但是这个理由明显很牵强，原因有二：

其一，在神龙政变的时候，这群人也有大功，为什么当时没有做不法之事，现在却做了？另外，人性都是正态分布的，一个随机组成的团体里不可能全是好人，也不可能全是坏人，而且行不法之事的肯定是少数人。

其二，害怕他们祸害京城的百姓，难道就不害怕他们祸害地方的百姓，他们在京城你都管不住，在地方上谁又能管得住？

谁都知道，李隆基在万骑中的影响力巨大，心腹众多，而且刚开始还兼任左右万骑的老大。所以，这次改组毫无疑问就是针对他的。

在政治方面，李隆基被打压得就更惨了，他的心腹刘幽求、钟绍京、崔日用等人，在被提拔为宰相不久之后，要么被降了职，要么被贬到了外地。

当然，贬他们的理由，史书上也不可能说是为了打压李隆基，写出来不好看啊。

钟绍京仅仅当了五天宰相，就因为"任意行罚"，遭到了同事们的口诛笔伐。在另一位宰相薛稷的建议下，才当了三天皇帝的李旦，就把钟绍京降为户部尚书，没过多久，又把他贬为蜀州刺史。

当五天宰相，能任意行罚个啥？再说了，他就算干了不法的事，功劳如此之大的员工，你不劝一下，不骂一下，不给他改过自新的机会，就直接贬了，能说得过去吗？

崔日用只当了十几天宰相，也被薛稷整下了台。有一天，李旦正和群臣们开早会，突然之间，薛稷指着崔日用的鼻子就骂："他虽然在政变上有功，但以前是韦后一党，为了功劳出卖朋友宗楚客，不是啥好货。"

崔日用也不是被吓大的，立刻回骂薛稷道："你才是韦后一党，你全家都是。"

两个宰相当着文武百官的面竟然表演骂街艺术，成何体统。李旦一怒之下，就罢了他们两人的宰相职位，将崔日用贬为雍州长史，将薛稷贬为左散骑常侍。

李旦的操作看似很公平，打了每人三十大板，但背后却暗藏玄机。

薛稷不仅是宰相，还是李旦的旧友兼儿女亲家。崔日用的雍州长史需要离开京城，而薛稷的左散骑常侍却可以留在李旦身边。

另外，直到三年之后，李隆基杀了太平公主，崔日用才回到了中央。而薛稷在不久之后就升为礼部尚书，封晋国公，赐实封三百户，加赠太子少保，还经常入宫和李旦商讨机要，被史官称为"一时恩遇，群臣莫与为比"。

只有刘幽求因为唐隆政变时，第一个站出来要求迎接李旦做皇帝，才没有那么快被罢相。

不过，他当了一年宰相之后还是被罢了，后来又被贬到广州，而且差点被太平公主的人杀了，后面我们会详细讲。

在如此短的时间内，效忠李隆基的万骑没了，中书省和门下省也没了，他只剩下一个太子的头衔。

可能有人会问，李隆基为什么不反抗，为什么眼睁睁看着权力被一点一滴剥夺，而毫无作为？

笔者觉得这个不能怪李隆基，束手就擒恰恰是他的高明之处，就像武则天当年对李治百依百顺一样。

因为在那个极其讲究"君让臣死，臣不得不死，父让子亡，子不得不亡"的年代，作为儿子和臣子，就算他有再多不满，只要没有到性命堪忧的地步，最好的办法就是默默忍受，别无他法。

想得到人心，他就必须让人产生共鸣，而让人产生共鸣最好的方法，就是让人看到他遭受的种种不公，将大家的同情心激发出来。

所以，忍受看起来是忍受，其实也是另一种方式的反击。

事实也正是如此，李隆基的忍辱负重很快就得到了父亲李旦的谅解，以及许多正义之臣的支持。

李旦对李隆基的束手就擒非常满意，他并不是一个无情的父亲，为了权力可以残杀儿子。他被母亲武则天残酷地打压过将近十年，他知道那种被亲人打压的滋味，他不愿将这种痛苦再延续到儿子们的身上。所以，他在坐稳皇位之后，就觉得有点对不起李隆基了。

于是，在之后的日子里他就减轻了对李隆基的打压力度。每次遇到军国大军的时候，他还会让宰相询问一下李隆基的意见，如果李隆基否定了某件事，一般情况下他也不会反对。

　　但是，李旦对李隆基的打压让太平公主产生了一种严重的错觉。她认为只要临门一脚就能把李隆基彻底打倒。于是，710年九月，也就是在李旦当上皇帝三个月后，太平公主率先踹出了这一脚。

一百零九　姑侄相斗，李隆基吊打太平公主

太平公主踹李隆基的第一脚很阴毒，她让人对外放出风声，说李隆基不是嫡长子，不应该被立为太子。

按照谁受益，谁嫌疑最大的原则，太平公主是想把脏水泼到李旦的大儿子李成器身上。

我们在前面讲过，李旦本来是想让李成器当太子的，但李成器却以"时平则先嫡长，国难则归有功"为理由，将太子之位"让"给了功劳最大的李隆基。

从后面的事情上看，李成器让出太子之位是真心的，因为他很有自知之明，但在权力欲望极其旺盛的太平公主看来，李成器的"让"完全是被逼无奈，只要她在中间烧上一把火，就能将李成器烧上天。

更为关键的是，此时李成器的职位是左卫大将军，属于南衙禁军，主要掌管宫禁宿卫。虽然南衙禁军不像左右羽林军那样动不动就成为政变中的男主角，但也是不可或缺的男二号。

在神龙政变的时候，张柬之带领左右羽林军冲进皇宫找武则天谈工作，李旦

则带着南衙禁军去逮捕了张易之的同党。

景龙政变的时候，李重俊就是搞定南衙禁军的左右金吾卫后，带着羽林军从南门打进太极宫的。

所以，太平公主这一招挑拨离间的阴险之处就在于，如果能把李成器的权力欲望烧上天，让他和李隆基两虎相斗最好；如果不能，将李成器拉到自己的阵营里也不错。

但是，再好的计划，遇到三流的执行能力，那也只能歇菜。

阴谋最关键的地方在于悄悄进行，当年独孤皇后整儿子杨勇、武则天整儿子李贤，执行能力就很强，直到把儿子整垮了，杨坚和李治还不知道咋回事。

太平公主智商可以，执行能力却明显和这两位大神差了一大截，她刚刚挑拨完李成器，李旦和李隆基就知道是她干的了。

这就非常尴尬了，打闷棍变成了打擂台，阴谋一下子变成了阳谋。

李旦不是傻子，经历了武则天和韦后的浩劫，在一次次死里逃生之后，他早就读懂了人心。他知道太平公主想干什么，她就想让自己立一个懦弱的儿子当太子，她好在自己百年以后夺取最高权力，这种蠢事，他是不会干的。

妹妹可以用来制衡儿子，但不可以替代儿子。

所以，为了平息太平公主放出的流言，李旦专门下了一个诏书，表示李隆基就是太子的最佳人选，自己从来没有想过要换太子。

太平公主傻眼了，阴谋变成阳谋已经够丢人的了，这个诏书一下去，家丑又变成了新闻联播，自己还怎么在江湖上混？

李旦这是要把她往绝境里逼啊，逼着她不得不加大力度和李隆基斗争，否则在李隆基接班之后，自己的性命必将不保。

情急之下，她又拜当年的独孤皇后和来俊臣为师，放出了两个杀招。

一方面，她收买了大量暗桩去监视李隆基，一旦发现他有任何违规行为，就添油加醋地向李旦汇报。

另一方面，她开始勾结朝中大臣，准备采用群狼战术，让所有人一起告黑状，不怕李旦不相信。

你还别说，这两招虽然俗不可耐，但历史上的阴谋家们已经做过了无数次人体临床试验，坑人、阴人的效果持久耐用。

曾子他妈连续三次听说儿子杀了人，都吓得赶紧翻墙跑了。李旦本来就有点担心李隆基造反，现在无数次听说李隆基准备黑自己，岂能不害怕？

为了防止儿子真造反，有一天，他把韦孝宽的曾孙、宰相韦安石叫到宫中，偷偷对他说："听说文武百官全都倾心归附太子，你可要多加留意啊。"

这是一句很难回答的问话，如果不承认文武百官倾心太子，明显是在说谎，涉嫌犯欺君之罪，还要得罪太平公主。如果承认文武百官倾心太子，等于站在了太子的对立面，以后必然没好果子吃。无论怎么做，总要得罪一个人。

幸好韦安石是一个生性持重、为政清廉的宰相，当年张易之当权的时候，他就经常当面折辱张易之，被人称为"真宰相"。

如今到了重要关头，他再一次仗义执言，大声说道："陛下从哪里听到的亡国之言？一定是太平公主说的。太子为宗庙社稷立下大功，而且一向仁慈明智，孝顺父母，天下人所共知，希望陛下不要被谗言迷惑。"

李旦被惊醒了，他突然意识到韦安石是对的，太平公主挑拨李成器的流言还没有过去多久，现在又散布这么多黑李隆基的流言，不是她还能有谁？

哥哥李贤被母亲武则天害死，还是自己给哥哥平的反，历史怎么能在自己的手里重演？

于是，李旦急忙说道："朕明白了，你不要再提这件事了。"

旁敲侧击挑拨李成器失败了。几个月加班加点诬陷李隆基，又被韦安石一句话拆穿了。

连续两次失败后，太平公主恼羞成怒，为什么别人行之有效的坑人技术，到自己这里就不管用了呢？

直到这个时候，太平公主还没有意识到自己和别人的区别。

独孤皇后能够成功废掉太子，武则天能够成功废掉太子，韦后能够成功废掉太子，那是因为人家都是皇帝宠爱的老婆，能吹耳边风，而且太子的势力都远远弱于她们。

而她自己呢，只是皇帝的妹妹而已，怎么能和皇后们相比？小姑子挑拨人家父子关系，有几个能成功的？

李旦打压李隆基，只是为了保证在自己活着的时候，李隆基不会强制接班，而不是自己死后还不让李隆基接班。

可惜一向有谋略的太平公主，早已被权力的欲望熏染得迷失了方向，她思来想去，还是把失败的原因归咎于自己没有百分之百努力坑人。所以，在接下来的岁月里，她再一次加大了整垮李隆基的力度。

一次下朝之后，太平公主干脆撕掉面具，直接拦住所有宰相，暗示他们应该一起劝说李旦改立太子。

在场的宰相们全都被这个举动惊呆了，虽然他们早就知道太平公主在整李隆基，但以前起码还有一块遮羞布。

政治是什么？政治讲究的是私下里可以肮脏污秽，但表面上一定要光鲜亮丽，如此才能站在道德的制高点，利用道德的力量指点江山、收买人心，从而实现自己的目的。

如今太平公主直接下场拦截宰相，赤裸裸地搞阴谋，简直就是幼儿园级别的政治水平。

不仅大唐的历史上没有过，整个中国的历史上也很少听说。如果眼前这位不是公主，宰相们肯定会让手下人立刻把她带到精神病院检查一下。

就在其他宰相还在疑惑太平公主是不是中邪了的时候，宋璟突然站出来大声质问道："太子有大功于天下，是宗庙社稷之主，公主怎么突然提出这样的建议？"

又一次被打脸的太平公主，这才意识到，自己拦截宰相的行为简直就是给李隆基送助攻。

武则天要是知道女儿如此之蠢，估计会气得从地下爬出来，在无字碑上刻一行字：谁说太平公主像我？

这件事发生以后，太平公主和李隆基的实力，又一次发生了巨大的变化。

朝中的有识之士全都意识到太平公主的急躁和愚蠢，开始快速向李隆基身旁靠拢，他们连续对太平公主甩出了两记重拳。

第一记重拳是姚崇和宋璟打出来的。

他们俩虽然不是（至少目前不是）李隆基的心腹，但在太平公主拦截宰相事件发生之后，立刻就站到了李隆基那一边。几天之后，他们联合起来向李旦提交了一份秘密报告：

太平公主不断挑拨陛下长子李成器、高宗长孙李守礼与太子之间的关系，时间一长，必然出乱，请陛下将李成器、李守礼外放。另外，将太平公主与其丈夫武攸暨安置到东都洛阳。

如果说当初宰相韦安石替李隆基说话，已经让李旦有所惊醒，那么，如今第一宰相和第二宰相全都站队李隆基，这对于李旦的冲击，估计和当年刘邦看到商山四皓下山辅佐太子刘盈一样震撼——羽翼已成，难动也！

姚崇和宋璟对李旦的冲击，甚至比商山四皓对刘邦的冲击更大。

李隆基的三位心腹宰相刚刚被李旦贬到外地，朝中就又出现三位重量级的宰相支持李隆基，而且这三位宰相还都是自己提拔的，这朝廷到底是儿子李隆基的还是自己的，想必李旦这时也已经蒙了。

所以，李旦不得不基本听从了姚崇和宋璟的意见，将李成器外放为同州刺史（今渭南），将李守礼外放为豳州刺史（今咸阳彬县），不过，他并没有把太平公主安置到洛阳，而是外放到了蒲州（今永济）。

刚把这些人处理完毕，另一位宰相张说，也就是当年和宋璟一起力挺魏元忠、硬杠张易之的那个张说，对太平公主打出重重一拳。

当时有个巫师眯着眼给李旦算了一卦，故意大惊失色说道："五天之内必有军队闯入宫中，发动政变。"

李旦刚刚把太平公主等人赶走，本来就害怕李隆基会提前接班，听巫师这么一说，顿时有点将信将疑了。于是，他就把几个心腹大臣叫到宫中，让他们严加防范。

没想到，李旦刚刚说完，宰相张说就直接拆穿了巫师的把戏："这一定又是奸邪小人来离间陛下与太子的关系。希望陛下让太子代行政务，流言蜚语自然就会销声匿迹。"

还没等李旦反应过来，姚崇也赶紧站出来举双手支持，并表示这是"上上之策"。

李旦被深深震惊了，虽然他不贪权，但也不是一点也不恋权，不然刚开始他也不会打压儿子、力捧妹妹，还让韦安石多加留意儿子的一举一动了。

虽然姚崇、宋璟劝说他将妹妹赶出京城的时候，他就已经接受了儿子羽翼已丰的事实，只是没想到，让他交权的这一天会来得如此之快。

不过转念一想，有如此深得人心的儿子，他已经知足了。

国家危亡之时，是儿子发动政变，将自己捧上了皇位；自己上台之后，过河拆桥将儿子的心腹一贬再贬，儿子也没有怨言。

几位宰相让儿子处理政事，也不是儿子结党所致，因为这些大臣都是自己提拔上来的忠义之士，他相信这些人的节操。

　　儿子能力如此之强，威望如此之大，还能如此孝顺，纵观历史，又有几个帝王的儿子能像李隆基这样优秀呢？

　　所以，他相信即便把权力交给儿子，自己的晚年应该也会幸福。

　　想到这里，李旦又一次基本听从了宰相们的意见。在711年二月，也就是唐隆政变八个月后，李旦下诏让太子李隆基代为处理政务。

　　不过，李旦还留了一手，他没有交出全部权力，只是把六品以下官员的任命，以及刑法审核的权力交给了李隆基。

　　几天之后，李旦又基本交出了管理禁军的权力，让李隆基的心腹葛福顺等人统率北门四军，即左、右万骑军和左、右羽林军。

　　两个月后，李旦又把三品及以上高官全部召集到一起，准备将皇位禅让给李隆基。

　　他对大家说："朕一向清心寡欲，不以天子为尊，当初太子和皇太弟的位置，我都坚决辞掉了。现在朕打算把皇位传给太子，不知众卿以为如何？"

　　李旦说完之后，更加可怕的一幕出现了，在场的所有大臣，竟然全部保持沉默。在这种时刻，沉默就等于是默认啊。

　　李旦有点失落，做皇帝做到这个份上，难免让人有些不甘。好在李隆基比较懂事，三辞三让他还是明白的，所以，他赶紧拒绝了接班的要求。

　　按照以往的潜规则，本来再整两次"辞让"的游戏，李旦就可以提前下岗了，但这个时候，一个依附太平公主的大臣却在中间插了一杠。

　　他见李隆基推辞，赶紧跑出来劝李旦："陛下还很年轻，怎么能急急忙忙禅让呢！"

　　本来就有点犹豫的李旦听这么一说，顿时又后悔了，后面的两次辞让游戏直接不玩了，这让准备看大戏的朝臣们，顿时一愣一愣的。

　　其实，李旦的所作所为不能算虚伪，现在很多人当个科长或处长，都不想退休或者很难适应退休后的生活，李旦贵为皇帝，当然也是如此了。

所以，中途后悔也是人之常情，他只是想一步一步交权，一步一步适应退休后的生活而已。

因为在几天之后，李旦又下了一个诏书，进一步交出了权力：朝廷所有政务一律交由李隆基处理。只有军国大事、死刑审核以及五品以上官员的任命由自己处理，不过在处理之前，大臣们需要先征求李隆基的意见。

远在蒲州的太平公主得知消息以后，大怒不已。两个月不在京城，就出现如此大的变故，自己如果再没有反应，李旦真的禅让了皇位，自己岂不是要脑袋搬家了。

所以，她也顾不得什么阴谋和面子，又一次选择直接下场，当面开打。

她派人直接跑到李隆基面前，搬出了道德的大棒，责备李隆基不知道尊老爱幼，让姑姑在穷乡僻壤受苦受累，于心何忍。

面对姑姑的无理取闹，李隆基表现出了极为高明的政治水平。

不知道大家还记得当年李显是怎么整神龙五虎的吗？

没有预热，没有抹黑，没有等神龙五虎们犯错，直接将他们贬到外地残杀了。

当时我们说，这种整人的手段极其下作。因为政治是壳，权力是肉，人心是核。

不把功臣抹黑就开杀，在群臣的眼中，你就是一个残暴无道的昏君，以后除了那些愚忠的人之外，没人敢真心为你效忠，权力很难牢靠。

李显杀人一时爽，带来的后果就是才当了两年皇帝，太子谋反时就能一呼百应；才当了五年皇帝，在唐隆政变后，只有极少数人愿意立他的儿子为皇帝。

李隆基此时只有二十六岁，但早就对权力的逻辑深有感悟，比李显高明了不止一个档次。

太平公主虽然不停诬陷自己，但她毕竟是长辈，自己不能落下不孝的骂名。

父亲李旦之所以愿意把越来越多的权力交给自己，那是因为自己知道分寸，懂得谦让和孝顺。如果面对姑姑的训斥，自己大发雷霆或者无动于衷，父亲会怎么想，还敢把权力交给自己吗？

况且太平公主还是三朝元老，在父亲的支持下，有巨大的影响力。自己虽然人气也不差，但要真拼个鱼死网破，谁能笑到最后，还真不好说。

所以，李隆基在听到她的训斥之后，不但没有生气，还连续走了三步装屄的妙棋。

他先是恶狠狠告了姚崇和宋璟一状，表示都是他俩在挑拨自己和姑姑的关系，并请求对他们两人严加惩处。

接着他又再次表示自己不想当太子，要让位给大哥李成器。

最后，他又为姑姑求情，请求李旦把姑姑召回京城，好让一家人团圆。

李旦听完之后，大为感动，他实在没有想到儿子如此重情重义，懂得分寸，这样的好儿子哪里找去？

于是，他拒绝了更换太子的要求，只将姚崇和宋璟贬出京城，又把太平公主召了回来。

太平公主和李隆基的第一轮对局就这样结束了，大概只用了七八个月。

从结果看，两拨人看似互有胜负。

李隆基的两个心腹钟绍京和崔日用被贬出京城，两个鼎力支持者姚崇和宋璟也被贬到外地，不过李隆基自己的权力增加了不少，可以全权处理一些政事。

而太平公主这边，前两次屡战屡败，最后一次一举翻身，不仅重新回到了中央，还赶走了支持李隆基的两位宰相。

但从过程看，毫无疑问，李隆基是最大的赢家，而且赢得漂亮至极。

他不仅赢得了很多大臣的支持，掌握了更多的权力，还留下了孝顺、谦让的美名，赢得了李旦的彻底信任，对他的态度从打压变成了逐渐让权。

　　如果太平公主有自知之明，这时候就应该收手，赶紧和李隆基握手言和，改善自己的形象，或许还有一线生机。但是，中毒至深的太平公主刚刚回到京城，就再一次踏上了作死的对抗之路。

一百一十　千辛万苦，李隆基终于当上傀儡皇帝

太平公主又回来了。

虽然经历了两次创业失败，虽然扳倒李隆基的可能性越来越小，但她仍然准备继续扩大争权夺利的业务。试想一下，如果你是太平公主，你会轻易就把争夺到手的权利放下吗？

其实不仅我们放不下，就连李旦那么清心寡欲的人在放了一半的时候，也突然不想放了。毕竟当了那么多年傀儡皇帝，掌握实权才一年，还没享受到应有的快乐就退休，实在让他难以适从。

所以，太平公主回来之后，李旦又一次玩起了扶持太平公主、打压李隆基的平衡术。

为什么说历史总在曲折中前进，因为创造历史的人内心曲折啊。

太平公主回京五个月后（711年十月），李旦将所有宰相叫到了承天门（承天启运、受命于天）。

一般情况下，承天门是用来办喜事的，例如皇帝大赦天下、款待百官、接受

万国朝贡、册立太子等事情时才会来这里。

所以，宰相们到了之后，都兴高采烈地准备胡吃海喝一顿。

但没想到，宴会还没开始，李旦却开始演了一轮批评与自我批评。

他先是自我批评，说旱涝成灾、国库亏空都是自己德行不够造成的，把宰相们感动得一愣一愣的。

但是，注意，领导讲话，但是后面的才是最主要的。但是，最主要原因，还是辅佐的大臣们不称职。

所以，皇帝做完自我批评了，宰相韦安石、张说、郭元振、窦怀贞等人，你们不得引咎辞职?

宰相们一个个面面相觑，连劳动仲裁的机会都没有，只好接受了李旦将他们辞退的现实。

更蒙的人其实是李隆基，因为这些宰相里除了窦怀贞是太平公主的人以外，其他人全部都是支持他李隆基的。而且罢免窦怀贞也只是虚晃一枪，因为两个月之后，他又被李旦重新任命为宰相了。

接替这些宰相的分别是刘幽求、魏知古、崔湜、陆象先、萧至忠、岑羲等六人。这六个人里，除了刘幽求和魏知古是李隆基的人以外，其他四个全都是太平公主的人（至少目前都是）。

李旦的这个人事调动，不但对李隆基的伤害性很大，侮辱性也很强。

伤害性在于，李隆基的势力几乎全部被赶出了决策层。刚开始时支持李隆基的有钟绍京、崔日用、姚崇、宋璟、郭元振、韦安石、张说七位宰相，现在只剩下刘幽求和魏知古了。

侮辱性在于，李旦罢免这些宰相的理由分明就是在打李隆基的脸，因为在此之前，宰相基本是李隆基的人在当，"旱涝成灾、国库亏空"那就等于在说李隆基的人能力不行。

此时李隆基的心情可想而知。他虽然知道这是老爹在搞平衡术，但也没想到老爹下手这么重。

好在李隆基搞政变已经积累了经验，想当年只有万骑支持的时候，他就敢发动政变搞倒韦后，如今他是名正言顺的太子，还有一群死党支持，比当年的条件实在好太多了。

于是，被逼到绝路的李隆基又开始召集人马，准备发动政变了。

至于召集了谁我们就不详细说了，人名太多，每个人的故事又太少，写起来没什么意思。只有一个人非常令人瞩目，就是后来给李白脱靴的大太监高力士，我们稍微讲一下。

高力士原来名叫冯元一，出生于官宦世家，往上数几百年，他们家都是当官的。他爹是潘州（今广东高州）刺史，他妈是隋朝大忠臣麦铁杖的曾孙女，就是跟着隋炀帝打高句丽战死沙场的那个麦铁杖。

他的六世奶奶最为出名，就是大名鼎鼎的冼夫人。

冼夫人，又被称为岭南圣母，俚族人，俚族也就是今天壮族同胞祖先的分支。

她出生于梁朝，家族中人世世代代都是俚人的首领，因为俚族流行女人当老大，所以她很小的时候就世袭成了老大。

虽然只是一介女流，但她比绝大多数男人都爷们儿很多倍，进可上阵砍人，退可治理地方。在她的带领下，俚族势力达到了历史的巅峰，海南岛、越南北部、雷州半岛基本都成了她的地盘。

另外，冼夫人在政治上也很有远见。

在民族内部，她积极推行汉化，为俚族融入汉族作出了巨大的贡献。

在对外交往上，她很识时务，陈霸先厉害的时候，她帮助陈霸先平叛，支持陈朝取代梁朝。隋朝强大的时候，她又积极投靠隋朝，支持隋朝灭了陈朝。

以我们现在的眼光看，她的这种行为也可以叫投机，但对于弱小的民族，以及当时的老百姓来说，这叫明智，或者叫顺从天意。也正是因为她的归附，脱离了中原王朝将近六百年的海南岛才重新回到祖国的怀抱。

所以，她被尊称为岭南圣母，实至名归。

既然高力士的祖先这么厉害，他咋就沦为太监了呢？

主要是因为693年，也就是武则天当皇帝的时候，岭南出现了叛乱，高力士的老爹被人诬陷谋反。随后，他爹和他妈一起被杀，他又被净身送入宫中。

武则天的心不仅够狠，而且真大，把他父母杀了，把他阉了，竟然还觉得他很帅，让他留在自己的身边。

不过，后来高力士因为犯了错，又被武则天赶出皇宫，被一个叫高延福的太监收为养子，因此才改名为高力士。

至于他为什么叫力士，大概来自佛教里面的金刚力士，因为和他一起被献进宫的还有一个小孩，两人一个叫金刚，一个叫力士，认为自己是佛的武则天，就给起了这名。

再后来，高力士又阴差阳错地和李隆基走到了一起，当年扳倒韦后的时候，他也出了一份力，但只是配角中的配角。这一次，他终于荣升为大一点的配角。

可是，就在高力士与李隆基四处联络准备发动政变的时候，一个让所有人都没有想到的意外发生了。

712年七月，一片漆黑的夜空突然划过一颗彗星，也就是民间所说的"扫帚星"。

古人很迷信，把彗星叫作"灾星"，认为一旦它出现，后面就会发生大灾大难。

宰相窦怀贞看到彗星之后，吓得不行，赶紧让术士给自己算了一卦。术士也缺德，忽悠他说马上就要出现大灾了。窦怀贞也没再找个术士算一算，竟然就这么信了，立马辞掉宰相的职位跑到安国寺避祸去了（这宰相的水平也真够呛）。

太平公主明显不是一个迷信的人，她看到彗星之后竟然大喜过望，觉得窦怀贞可以因此不当宰相，李隆基也可以因此当不成太子。

于是，她又"踹"了李隆基一脚，派了一个懂历法的老道神秘兮兮地对李旦说："彗星出现，就意味着除旧布新，预示着太子要登基了啊。"

这本来是个挑拨离间的把戏，在太平公主看来，正常人听到这句话，肯定会以为老道是李隆基派过来忽悠自己的，然后马上去收拾李隆基。

可是李旦竟然和窦怀贞一样，也信了老道的话。不过，他相信不是因为迷信，而是这时候他的心态又一次发生了变化。

当初把宰相换成太平公主的人之后，没过多长时间，李旦就后悔了。

一方面是因为他的权力欲望本身就不强，已经慢慢适应了半退休的状态。

另一方面是因为他看着投靠太平公主的人越来越多，又一次意识到了问题的严重性。平衡术万一玩砸了，重演老妈和韦后的悲剧，他将成为大唐的罪人。

所以，李旦听老道说彗星的出现预示着太子要登基的时候，赶紧借坡下驴，非要把皇位禅让给李隆基不可。

太平公主一下子蒙了，把弄巧成拙四个字抄了好几遍也没整明白问题出在哪里。她赶紧带着几个心腹宰相冲进宫中，左右开弓力劝李旦把妖言惑众的老道宰了，继续自己当皇帝。

可是，李旦这一次心意已决，他表示："我哥当皇帝的时候，一群奸佞小人专擅朝政，上天发出了各种异灾警告。我当时劝我哥，赶紧选一个贤明的儿子当皇帝以避灾祸。现在轮到我了，我为啥不能禅让？"

这句话一出，太平公主一党都傻眼了。这明显是在啪啪打他们的脸，把太平公主讽刺成韦后，把她的同党讽刺为奸佞小人，尤其是宰相崔湜，当年他就曾和韦后沆瀣一气。

太平公主一党只好退而求其次，劝说他不要把大权全部交出去，李旦这才同意了他们的请求。

李隆基知道这个消息后也蒙了，去年李旦就玩了一次禅让的把戏，结果三辞三让还没结束，李旦就不玩了。所以，李隆基以为李旦这次还是逗自己玩呢，也赶紧跑到宫中坚决地拒绝了皇位。

父子俩你一言我一语，又开始了新一轮三辞三让。

李旦先从功劳上论证了李隆基有资格当皇帝——唐隆政变扳倒韦后，是你的功劳。

李隆基表示，我不信。

李旦又从封建迷信上论证了禅让的合理性——彗星出现，老道已经说了。

李隆基表示，我不信。

李旦又从封建伦理上逼迫李隆基必须接受皇位——孝子得听爹的。

李隆基仍然表示，我不信。

最后，李旦又给李隆基泼了盆冷水："想当初尧把帝位禅让给舜，还要亲自到各地巡视，现在我把帝位传给你，也不能对国家漠不关心，以后但凡有军国大事，我还是会参与的。"

李隆基表示，您要是早点说让我当傀儡皇帝，我立马就信了，省得您在前面说那一大堆。

于是，712年八月三日，李隆基即皇帝位，尊李旦为太上皇，改元先天。

李旦自称为"朕"，每五天在太极殿接受群臣朝见一次。

李隆基自称为"予"，每天在武德殿接受群臣朝见。

为什么李隆基自称"予"呢？

这是有出处的，夏商周三代的天子都自称"予一人"，注意，是天子，封国的大王们是不能自称"予一人"的，他们只能称孤。比如韩、魏、赵、齐这些国家的国王只能自称孤。

让李隆基称予的意思很明确，你还不是老大，李旦才是老大。

另外，李旦又规定，三品及以上官员的任命，以及军国大事，还是由他自己说了算。

还记得李旦给李隆基的权力吧？刚开始是六品以上官员的任命由李旦说了算，其他都听李隆基的。之后是五品以上官员的任命由李旦说了算，其他都听李隆基的。现在变成了三品。

三品及以上官员，也就是各部尚书、宰相、十六卫大将军等职，等于朝中大权还是掌握在李旦的手中。

李隆基苦笑一声，只好接受了老爹的所有安排，然后回过身，又和高力士等人凑到一起，继续完善他们早已准备好的政变计划。

一百一十一　血祭太平公主，李隆基坐稳皇位

李隆基当上皇帝之后，所有人都意识到，太平公主和李隆基的矛盾必须发动政变才能解决了。

在李隆基一党看来，李旦只要不驾崩，就不会真正交出大权，还会继续用太平公主压制他们。因为李隆基当上皇帝之后，李旦不仅掌握着三品以上官员的任命，还对中央主要官员作了部分调整。

宰相调整为七名，分别是刘幽求、魏知古、陆象先、萧至忠、崔湜、窦怀贞、岑羲。

名字不必记，大家只需要知道，这七人中除了刘幽求和魏知古以外，其他五位都是太平公主的人就行了。而且，属于太平公主阵营的崔湜、萧至忠先后担任了第一宰相中书令。

在官大一级压死人的官场上，这就意味着李隆基的政令出不了太极宫，凡事还得听李旦或者太平公主的。

北门四军（驻守玄武门的四支部队）的老大也换了人，原来是李隆基的心腹

葛福顺等人统率左、右万骑军和左、右羽林军。如今左羽林大将军和知右羽林将军事都换成了太平公主的人，分别是常元楷和李慈。

太平公主的势力不减反增，如果任由她发展下去，等待李隆基一党的只有死路一条。

在太平公主一党看来，诬陷大法就是扯淡，诬陷了将近两年，不但没有起到正面作用，还一不小心把李隆基诬陷成了皇帝。万一李旦哪天挂了，李隆基掌握生杀大权之后，自己必然没有好果子吃。

于是，两派势力磨刀霍霍，纷纷摆开了决一死战的阵势。

这一次，率先出拳的是李隆基一党。不过，这一拳的出击和结束都让人倍感意外。

李隆基和高力士等人在筹备政变的时候，并没有把计划告诉宰相刘幽求。不是李隆基不信任他，而是另有原因。

当年李隆基发动唐隆政变扳倒韦后的时候，有三个非常重要的文官，分别是刘幽求、钟绍京和崔日用，他们在政变之后都当了宰相。

但是，时至今日，钟绍京和崔日用都被李旦贬到了外地，刘幽求可谓是硕果仅存的一个。

如果是一般人，这次准备扳倒太平公主时，肯定会叫上刘幽求，因为他忠心可靠有经验，用起来顺手又安全。

但是，政变小能手李隆基绝非一般人，他想得比别人更深一层。

既然自己能想到用刘幽求，太平公主怎么可能想不到？既然太平公主在自己身边安插了无数耳目，刘幽求身边的耳目怎么会少？

所以，刘幽求此人不仅不能用，还应该对其严格保密。其实，不仅是刘幽求，就连在唐隆政变中表现得格外突出的将领葛福顺等人，李隆基也把他排除在外面。

这一次政变，李隆基找的基本都是政变"素人"，例如自己的两个弟弟，李隆范和李隆业，他们没有参与唐隆政变，但事后担任了左右羽林大将军，用他们不仅不容易引起太平公主的注意，还能间接控制羽林军。

再例如，小半仙王琚，此人能掐会算，以前和驸马王同皎预谋过刺杀武三思，刺杀失败后逃入江湖多年。李旦为王同皎平反后，王琚才又返回长安，劝说李隆基诛杀太平公主。这样的人，有刺杀经验，有忠心，也不容易引起太平公主的注意。

可是，李隆基没有想到的是，刘幽求左等右等，等不到他准备发动政变的消息，竟然着急了。

他干脆绕开李隆基，找到右羽林将军张暐，两人一合计就制定了一个政变计划。完事之后，张暐才把计划告诉了李隆基："臣已经和刘幽求定好了计策，只等陛下下命令了。"

李隆基瞬间就惊呆了，如此大事，竟然不和自己商量就制定好了计划？你们用的人可靠吗？你们制定的计划周密吗？万一被太平公主发现了怎么办？

一连串的问题让李隆基脊背发凉，倒抽一口凉气。他立刻叫住张暐，让其将政变计划详细地讲述一遍，看一看哪里还有纰漏。

当李隆基听到侍御史邓光宾也参与计划时，一口老血差点当场喷出。

邓光宾的详细资料史书中并未记载，但从结果就能推断出，李隆基很不信任此人。因为不一会儿，他就吓得两腿发颤，转过身就把刘幽求准备发动政变的计划全部汇报给了李旦。

按照大唐律令，刘幽求等人应当被判处死刑，但在李隆基的请求下，他们三个人只是被贬到边疆地区喝风去了。

不过，太平公主并没有因此放过刘幽求。崔湜命令广州都督周利贞在丰路杀死刘幽求。幸运的是，这个命令刚刚发出就泄露了。当刘幽求走到桂州的时候，桂州都督王晙便将他扣在了当地。

后来，无论崔湜如何命令王晙放人，王晙就是不放。一个都督敢和当朝第一宰相正面硬刚，而且还没有因此获罪，背后肯定有李隆基的支持，但从另一个方面也能看出，当时的朝廷已经分裂到了什么地步。

虽然李隆基主动揭发了刘幽求，但是并没有打消太平公主的疑虑，相反还加快了她造反的步伐，因为谁都能看得出来李隆基是在舍车保帅。

遇到紧急事情怎么办？开会嘛。于是，太平公主急忙把自己提拔的五位宰相全都召集起来商量对策。

太平公主先是慷慨激昂地发表了一通演讲，中心思想只有一个，大骂李隆基是个庶出的杂种，得位不正还对姑姑不敬，这样的人当皇帝简直是天理难容，必须被废。

会议的气氛瞬间被调动起来，在座的宰相也开始纷纷鼓掌，表示支持太平公主的英明决策，一定与李隆基带领的恶势力集团斗争到底。

但是，就在这些人群情激昂的时候，宰相陆象先却义正词严地提出了反对意见："当今皇帝没有罪过，不应被废！"

什么？自己推荐的宰相竟然反对自己？太平公主简直不敢相信自己的耳朵。

当初推荐宰相人选的时候，太平公主本来就不想举荐陆象先，只是在崔湜的强烈要求下，她才勉强答应。可没想到，这个老头竟然是个"吃里爬外"的家伙。太平公主一边生气，一边将目光恶狠狠地盯向了崔湜，希望他能出面劝说陆象先。

可是崔湜双手一摊，表示自己也很无奈。因为崔湜虽然做过无数坏事，到底还是一个文化人，算是一个有文人理想的坏蛋。

说来可笑，崔湜之所以推荐陆象先当宰相，不是为了和陆象先一起搞阴谋，而是他敬重陆象先的为人。在崔湜看来，陆象先清心寡欲，高人一等（陆公加于人一等），这样的人就应该做宰相。

打死太平公主，她也不会想到，这个世界竟然如此疯狂，老鼠居然真的给猫当起了伴娘。眼前这个和上官婉儿通奸、残害神龙五虎、大肆卖官鬻爵的大坏蛋崔湜，内心深处竟然还会这么无私，崇拜一个好人？

出现这么一个比被雷劈的概率还低的意外，会议自然没法再开下去了。太平公主只好宣布散会，改天再确定造反计划。

713年六月二十四日，太平公主吸取上一次的教训，经过严密的筛选，再次把同党们召集起来，开会讨论如何对付李隆基。

这一次她召集的同党分别为宰相四人（萧至忠、崔湜、窦怀贞、岑羲）和禁军军官三人（左羽林大将军常元楷、知右羽林将军事李慈、右金吾将军李钦）。另外，还有数名位高权重的其他官员。

会议主题不必再提，大家早都知道是什么了。所以，这次他们直奔主题，很快就确定了两个造反计划。

第一个计划很简单，就是向韦后学习致敬，让崔湜联合宫人元氏，在李隆基每天吃的赤箭粉中下毒（赤箭粉又叫天麻粉，中药的一种）。

如果下毒不成功，就改用第二个计划：十天之后的七月四日发动政变，太平公主坐镇指挥，常元楷、李慈等人率领羽林军攻打太极宫。窦怀贞、萧至忠等人，率领南衙禁军响应。

就在太平公主一党制定造反计划的时候，李隆基那边也在紧锣密鼓地准备发动政变。

原来被赶出京城的宰相张说、崔日用等人在听说刘幽求被贬之后，开始不约而同地劝说李隆基早日起事。

张说给李隆基邮寄了一把刀，啥话也没有说，但意思很明确。

崔日用比较直接，干脆找了一个理由，从被贬地荆州跑到长安，当面向李隆基进谏。

小半仙王琚看到大家如此激动，也跳出来加入劝说的队伍。

可是，李隆基和当年的李世民一样，平时非常果断，到了最关键的时刻，突然犹豫不决了。

毕竟，他们实际上都是在造他老爹的反，不装得犹豫一点，会被后世的书生们骂不孝的。

就在李隆基继续装腔作态的时候，历史上相同的一幕又发生了。当年李世民发动玄武门之变前，有个叫王晊的人，突然向李世民告密，说李建成准备在昆明池伏杀李世民，于是李世民决定先发制人，发动了玄武门之变。

如今，宰相魏知古不知道通过什么渠道，也知道了太平公主的计划，向李隆基告了密。于是，李隆基也决定先发制人，发动了先天政变。

事情为什么会如此相像，到底是巧合还是另有原因呢？大家自己想吧。

我们在前面讲过，李隆基每天都要在武德殿朝见群臣。所以，这一次，他决定在上朝的时候将太平公主一党一锅端了。

七月三日上午，也就是太平公主准备发动政变的前一天，李隆基开始了并不复杂的斩首行动。

他让心腹王毛仲带了三百多名士兵，一早就埋伏在武德殿以外的虔化门。之所以不是武德门，主要是害怕在后面杀人的时候，会惊动朝堂上的太平公主的党羽。

等到上朝以后，李隆基一边按照以往的程序，倾听文武百官汇报工作；一边又秘密派人令太平公主的党羽左羽林大将军常元楷和知右羽林将军事李慈到武德殿朝见自己。

这两人接到命令之后，自然不敢反抗，毕竟这是皇帝的诏令，又在上朝时间，皇帝找自己谈工作很正常。

于是他俩就大摇大摆地向武德殿走去，没有一丝防备。当他们走到虔化门的时候，王毛仲带着三百多人猛地冲了出来，不费吹灰之力就将这俩冤大头砍了。太平公主的军事力量就这么简单地被搞定了。

接着，王毛仲又带着人气势汹汹地杀进武德殿。正在上朝的文武百官看到这群血淋淋的兵哥哥冲了进来，不由得大惊失色，还没等坐在龙椅上的李隆基发话，这群人竟然撒丫子就跑了出去。

年轻一点的官员身段灵活，一顿能扒好几碗饭，提起宽大的官服，卷起袖子，跑得贼快，一转眼就不见了身影。

年老的官员就比较遭殃了，尤其是宰相级别的人物，都是六七十岁的老头子，平常走路都颤颤巍巍的，更别提穿着宽大的官服跑了。

宰相萧至忠、岑羲还没跑两步，当场就被王毛仲剁成了肉泥。窦怀贞身体素质稍微好一点，竟然趁着大乱顺利地跑出了武德殿，只不过，跑出去之后看到满眼都是李隆基的人，他就绝望地自杀了。

此时李旦正在宫中散步，还不知道李隆基已经发动了政变。当他突然之间看到一群年轻的官员一边喊着"快跑"一边向自己冲来的时候，也不由自主地跑了起来，一直跑到了承天门，大家才停了下来。

李旦气喘吁吁地赶紧问大家，咱们不能哭了半天，还不知道谁死了啊，到底咋回事？

这时候，十天之前才被他再次提拔为宰相的郭元振，也是李隆基的同党，带着兵围了上来，说了一句智商特别高的话："皇帝只是奉您的命令杀了窦怀贞等人而已，没有其他意图，臣等奉命前来保护太上皇。"

这句话和当年张柬之发动神龙政变的时候，对武则天的回答简直有异曲同工之妙："张易之、张昌宗阴谋造反，臣等已奉太子之令将他们诛杀。"

屎盆子往别人头上扣，高帽子往自己头上戴。反正对方已经死了，你又奈何不了我，读史书有啥用？学以致用啊。

事已至此，李旦只能像当年的武则天一样，第二天就交出了大权，然后移居百福殿。一直到三年之后，李旦才驾崩，享年五十五岁。

政变之时，罪魁祸首太平公主并不在宫中，所以，她听说同党已经被诛杀殆尽之后，还有时间逃跑，一溜烟跑到山里躲了起来，直到三天以后才在弹尽粮绝之时出来自首了。

李旦想让李隆基免她一死，但被李隆基无情地拒绝了。随后，李隆基将太平公主赐死在了家中，她的儿子以及其他党羽合计数十人一同被斩。

七月六日，李隆基登上承天门，宣布大赦天下。

至此，动乱了整整八年的大唐帝国终于安定下来。从705年神龙政变开始，到713年先天政变结束，短短八年，大唐帝国一共发生了四次政变，换了四任皇帝（神龙政变、景龙政变、唐隆政变、先天政变，唐中宗、唐少帝、唐睿宗、唐玄宗）。

个中缘由表面上看是韦后倒行逆施，太平公主争权夺利，每个人都想重演武则天的辉煌。但实际上，最重要的原因还是李显和李旦兄弟的糊涂与放纵。

他们贵为皇帝，掌握着生杀大权，有无数大臣的支持，有无数次拨乱反正的机会，却因为性格上的种种缺陷，错失了一次又一次的机会，导致朝堂之上的朋党之争越演越烈，撕裂了这个原本富裕强大的国家。

当年李世民和李治创造的辉煌是多么的伟大，可惜已经整整过去三十年了。都说三十年河东，三十年河西，是时候有人重拾祖辈们的荣光，将这个伤痕累累的大唐帝国重新带回正轨，重演当年的辉煌了。

很幸运的是，此时年富力强，刚满二十八岁的李隆基正雄心勃勃地注视着脚下的帝国，他有信心能够做到。

不过，在新的曙光照耀大唐的土地上之前，李隆基还准备做一件不太地道，但大部分君王都不得不做的事情——大贬功臣。

一百一十二　贬功臣，李隆基的帝王术

当了一年皇帝的李隆基终于摆脱了傀儡的身份。

三年前他发动政变，扳倒了韦后，挽救了大唐社稷。三年后，他又发动政变，扳倒了太平公主，坐稳了宝座。

经历过漫长黑暗的人，才能倍加珍惜来之不易的光明。两次在尸山血海中摸爬滚打的经历，让李隆基对一切扰乱国家的腐败行为深恶痛绝，他早已迫不及待想大刀阔斧地治理这个帝国了。

但是，目前他最主要的工作还不是治理国家，而是安抚跟着他一起从尸山血海中爬出来的兄弟们。

按照一朝天子一朝臣的优秀传统，李隆基给这些支持者非常丰厚的回报：

郭元振，本身已是宰相，晋封代国公（从一品），兼兵部尚书，御史大夫。

刘幽求，召回京城，重新担任宰相，并加爵金紫光禄大夫、上柱国（正二品）。

钟绍京，召回京城，官拜户部尚书，再迁太子詹事（正三品）。

崔日用，从吏部侍郎升任吏部尚书。

小半仙王琚，授中书侍郎、同平章事（宰相），晋封赵国公（从一品）。

历尽劫难终成正果，饱受风霜功德圆满。

看着押上全家人性命终于换来的丰厚回报，所有人都很高兴。功名利禄只是一个方面，主要是以后再也不用担惊受怕了。

但是，其中有一个人却很不满意，此人就是刚刚给员工发完奖金的老板李隆基。

但凡通过打仗、政变等非和平手段上台的皇帝，都要面临一个非常棘手的问题——功臣们功高盖主，皇帝的权威受到挑战。

李显如此，他要防神龙五虎和李旦。李旦如此，他要防李隆基和太平公主。

李隆基也是如此，他要防那些功臣。毕竟这些人已经发动过两次政变，经验丰富，手段高明，效果还极佳，万一他们哪天把这种高超的能力用到自己身上，那就不好了。

飞鸟尽，良弓藏；狡兔死，走狗烹。李隆基必须对这些功臣动手了。

713年十月，也就是先天政变后第三个月，李隆基就率先对郭元振动手了。

郭元振，我们在讲武则天的时候详细讲过他的前半生，当初他是四川某县的县尉，但是很没有职业道德，长期从事黑社会工作，不仅制造假钞，还贩卖妇女儿童，堪称人渣中的极品。

后来，他阴差阳错被武则天看中，在武则天最需要帮助的时候，他献上反间计，诛杀了雪域战神论钦陵，从此一举扭转了唐朝在与吐蕃的不休征战中的被动局面。

现在，这位周处式的传奇人物就要走了，我们来简单了解一下他精彩的后半生。

在阴死论钦陵之后，郭元振因功连跳几级，701年升为凉州都督、陇右诸军州大使。

当时，凉州所管地界，南北不过四百多里，因为几乎没有防御纵深，突厥和吐蕃家里只要缺了粮，就会派兵到凉州城下慰问一下，看看谁家需要搬家啦，谁家的粮食需要收割啦，他们都会非常主动地上前帮忙。

郭元振到任之后见到这种情况勃然大怒，活了几十年都是他在欺男霸女，还从来没有见过敢和他抢业务的流氓。于是，他决定利用毕生的流氓经验好好给这些突厥人与吐蕃人上一课。

不过，和大部分名将乱砍乱杀不同，黑帮出身的郭元振还挺有辩证思维，他意识到自己的业务之所以被抢，别人道德水平低下只是外因，自己这边有漏洞才是内因。

所以，他让士兵们放下了砍刀，拿起了瓦刀，开始搞亡羊补牢式的大基建。

经过详细的勘查，郭元振在凉州城南部边境盖了一座"和戎城"，又在北部边境的沙漠绿洲中设了一支"白亭军"。

所有人都觉得郭元振疯了，在这么远的地方搞两支部队，无异于肉包子打狗，等着被吐蕃人和突厥人吃掉。但是，事实证明，真理就是掌握在少数人手中。

由于郭元振极为出色的管理能力，这两支部队看起来挺孤单，效果却出奇好。他们不但没有被敌人吃掉，还像两颗钉子一样，扎在了吐蕃北上以及突厥南下的要道上，使凉州边界从四百多里宽，一下子拓展到了一千五百多里。

以前突厥与吐蕃的骑兵攻打凉州，急行军一两天就能冲到凉州城下，现在至少得用五六天。别看只多了三四天的时间，一来一回可就多了七八天。

以前他们打凉州，只带一点粮草，想来就来，想走就走，抢到就赚，抢不到也不赔。但现在就不同了，古代运粮一千里，损耗近九成，他们再想抢劫凉州，就必须携带大量粮草，万一啥也没抢到，就得把裤衩赔没了。万一抢到了，也不一定能运出去，因为和戎城与白亭军还在他们回去的路上等着呢。

而驻守在边境的唐军则不用为粮草发愁，因为郭元振在边境实行了屯田政策。敌人来了，士兵们就抡起陌刀砍人；敌人走了，士兵们就抡起锄头种地。几年之后，边境上存储的军粮，竟然够部队吃十几年。

如此一来，突厥和吐蕃靠打劫凉州致富的业务，全被郭元振抢了回来。

在郭元振的精心治理下，经过短短五年时间，凉州就变成了大唐的模范："夷夏畏慕，令行禁止，牛羊遍野，路不拾遗。"

706年，模范州都督郭元振，又被升为左骁卫将军、检校安西都护，负责整个西域事务。在这里，他继续发光发热，又立下了不小的功劳。

当时西突厥的突骑施部落正在迅速崛起，对外号称"胜兵三十万"，堪称西域小霸王。

不过他们的老大乌质勒却是一个很识时务的老头，听说郭元振这位不好惹的猛男来了以后，就想与唐朝深化一下传统友好的双边关系，邀请郭元振到他们的牙帐里进行国事访问。

郭元振初来乍到，当然不能不给"小霸王"面子，就大摇大摆地去了。

按照正常的礼仪，两位重量级的人物会晤，好酒好肉招待，唱歌跳舞庆祝那都是必须的。

可是，郭元振偏偏不走寻常路，见了乌质勒之后，酒不喝，帐篷也不进，就站在野地里和乌质勒聊起了天。

两人越聊越高兴，一不小心，从早上聊到了中午，又一不小心，从万里晴空聊到了大雪纷飞。

西北那地方，大家都懂，动不动就是零下三四十度，但凡是个正常人，这时候肯定要赶紧跑到帐篷里暖和一下。

可是郭元振为了表现泰山崩于前而心不动的淡定，龇着牙，咧着嘴，就是不往帐篷里钻。客人不进帐篷，当主人的乌质勒自然也不好意思进，只能陪着他在外面直哆嗦。

哪知道，这一哆嗦，就出了事。

乌质勒因为年龄太大，心血管已经老化，没过一会儿就被冻得快不行了。周围人一看，赶紧把老头往帐篷里抬，可是为时已晚，当天晚上，老头就死了。

乌质勒的儿子叫娑葛，是个年轻气盛的小伙子。听说老爹被冻死以后，大怒不已，他叫了一群人，提起大砍刀，准备第二天往郭元振头上招呼。

跟随郭元振去谈判的大唐官员们，在收到情报以后全都蒙了，在人家的老巢，把人家老大谈死了，此时不跑，更待何时。

于是，他们也顾不得天气的恶劣，收拾好行礼，撒丫子就准备跑。

但是郭元振仍然极其淡定，不但自己不跑，还把随从们全都拽了回来说："我诚心对待他们，有啥好怕的？再说了，你们又能跑到哪里去？"

听老大这么一说，刚刚想跑的人这才将信将疑地安静了下来。

第二天一大早，郭元振早早地起了床，装作跟没事人一样，带着亲信，穿着丧服就到牙帐里吊唁乌质勒去了。

好巧不巧，郭元振一行才走到半路，就遇到了娑葛派来砍他的骑兵。

现在轮到这些骑兵蒙了，他们本以为郭元振等人早就畏罪潜逃了，没想到他竟然来了这么一出戏。正所谓伸手不打吊丧人，人家都穿着丧服来了，谁也不好意思杀啊。所以，他们急忙下马，谎称是来迎接郭元振吊唁的。

郭元振多精的人啊，一看这群人的架势，就知道大事不妙了。

但是，他仍然强装镇定，脑子转得飞快，跟着大伙向牙帐走了过去。

一走进牙帐，还没等娑葛下达砍了他的命令，他一个箭步就扑到了乌质勒的尸体上号啕大哭，先飙眼泪，再流鼻涕，到最后眼泪鼻涕一把甩，比《三国演义》中诸葛亮哭周瑜都要痛苦无数倍。

娑葛一下子也被哭蒙了，眼前这位仁兄的哭法，好像比死了爹的自己都痛苦。自己咋好意思杀人家，一来会被外人笑话，二来老爹被冻死，老实说，郭元振也不是故意的。

最后，娑葛竟然被感动得不得了，也不追究老爹被冻死的责任了，竟然向唐朝派去了使者，还进献了五千匹良马、两百头骆驼以及十多万头牛羊。

把人家爹整死，靠一顿哭竟然能搞来这么多的礼物，《三国演义》里诸葛亮哭周公瑾那是假的，郭元振哭乌质勒，这可是真的。

当时李显还是皇帝，遇到这种奇才，自然大喜过望，他将郭元振提拔为金山道行军大总管。

后来，郭元振在西域又立了一功。总之，他的功劳被大名鼎鼎的诗人杜牧称为：镇凉州仅十五年，北却突厥，西走吐蕃，制地一万里，握兵三十万。

等到李旦当上皇帝以后，郭元振便因为功劳巨大而被召回京城，担任宰相一职。

李隆基发动先天政变的时候，郭元振凭借其超高的军事威望和政治威望，亲自率兵"保护"了太上皇李旦，事后他又在中书省宿卫了十四天，为李隆基初步稳定权力作出了巨大贡献。

这种出将入相的杰出人才，截至目前，李隆基的宰相队伍中仅此一人。所以，他毫无疑问成了李隆基第一个要打压的对象。

当年十月，李隆基为了树立君威，震慑朝中心怀鬼胎的反对党，便在骊山脚下举行了一场参与者多达二十万人的阅兵仪式。

按照唐朝的规定，基本上每年都得搞一次阅兵，秀一秀肌肉，吓一吓国际友人。只不过规模如此之大、人数如此之多的大阅兵，还是头一次。

作为兵部尚书兼宰相的郭元振自然不敢怠慢，他又是训练士兵，又是戒严街道，前前后后忙了儿个月，终于把阅兵式搞得彩旗招展，锣鼓喧天，好不热闹。

现场的主持人知礼仪事（临时礼部尚书）唐绍，也激动不已，大声向着李隆基以及现场的其他来宾喊道：

"现在向我们走来的是骑兵营，整齐的步伐踏着他们的坚定，灿烂的微笑写着他们的热情，他们朝气蓬勃，气宇轩昂，他们勇于挑战，超越自我，加油⋯⋯"

还没等唐绍喊完，李隆基就大怒不已，开始在鸡蛋里挑骨头，一会儿觉得士兵们人穷志短，没有武将风采；一会儿又觉得战马们马瘦毛长，越看越像战驴，反正没有一样合他的心意。

挑到最后，李隆基还没有觉得过瘾，干脆又让人把郭元振和唐绍抓了起来，押到军中的大旗之下就要问斩。

他周围的官员全都惊呆了，因为这点破事就要斩了当朝宰相、兼兵部尚书、兼御史大夫，以及临时的礼部尚书？这样的皇帝，不是出门忘了吃药，就是药吃多了。

所以，另两位宰相刘幽求和张说赶紧跑出来劝，这种糊涂事，咱可不能干啊。

李隆基本来就是为了树威，没有杀他们的意思。如今戏也演足了，威望也树下了，所以，假装犹豫了一下，也就顺坡下驴，赦免了他俩的死罪。

可是，李隆基这一犹豫，就犹豫出了大事。

行刑的金吾卫将军李邈是个大老粗，做事不经脑子，也不知道看领导的脸色行事，就在赦令下达之前，他已经把唐绍砍了。

这一下，现场的气氛就尴尬到了顶点，负有间接责任的唐绍已经被杀，负有直接责任的郭元振怎么能从轻发落？

于是，李隆基只好将错就错，从重处罚郭元振，虽然免了他的死罪，但将他流放到了新州（今广东新兴）。注意，是像犯人一样流放，可不是贬官啊。他也成了所有功臣中唯一被流放的人。

阅兵结束之后，演戏演砸了的李隆基立刻免了李邈这个大老粗的职务，并且下令终身不再录用。第二个月，李隆基终于又找了一个理由专门特赦了郭元振，让他担任饶州司马（今江西鄱阳）。

可惜一切都已经太晚了。

阅兵之后，郭元振的脑海里每天都不停地闪现着同一个画面——堂堂当朝宰相，当着文武百官以及二十万将士们的面，跪在大旗之下瑟瑟发抖。

一向从容淡定、智谋高深的他，虽然知道这是李隆基杀鸡儆猴的帝王之术，但他始终不敢相信，也不愿相信，为大唐社稷呕心沥血了一辈子的自己，在李隆基眼里只不过是一只鸡，他实在丢不起这个人。

所以，当李隆基又一次特赦他的时候，他早已被气得病入膏肓，生命垂危，还没等走到江西，就已经病死在路上，享年五十八岁。

李隆基听说之后，也不禁唏嘘不已，但是为了打击功臣，他并没有立刻给郭元振平反，一直到十年以后，才追赠郭元振为太子少保。

纵观郭元振的一生，虽然他早年混蛋，作恶多端，但后来为大唐边疆的安定作出了巨大的贡献，成为一代出将入相的楷模。

他虽不如其他征战沙场、所向披靡的名将，但"善战者，无赫赫之功"，说的不正是像他这种人吗。

另外，他还让我们明白了一个道理：不能以一时的好坏给人下定论。现在的小人，可能是未来的君子；眼前的君子，也可能是暗地里的小人。

恰如当年，周处少年凶煞，晚年却忠勇无二，以身殉国；王莽台前忠义，幕后却篡汉滔天，虐烈商辛。

这么一位能力卓越、军政两开花的传奇功臣都走了，其他治国水平一般、阴谋玩得贼溜的功臣们，自然也好不到哪里去。

在郭元振被干掉的第二个月，有人上表李隆基说小半仙王琚的坏话："王琚此人，精通权略，机巧诡诈，陛下可以让他平叛乱，但不能让他参与治理国家。"

李隆基借坡下驴，又罢了王琚的相位，任命他为御史大夫，让他到北境巡察部队去了。

第二年（714年）的二月，又有人告发刘幽求、钟绍京、崔日用等人口出怨言，对封赏不满，李隆基在没有调查的情况下，就将他们全部贬到了外地。

刘幽求被贬为睦州（今杭州淳安）刺史，并剥夺封户。几个月后，他又被调任为杭州刺史；还没有过几个月，他又被调到郴州（湖南）当刺史。

无缘无故被贬，加上连续不断地调动，车马舟船劳累，刘幽求愤恨不已。

715年，刘幽求终于病死在赴任的途中，享年六十一岁，而此时距离先天政变，只不过两年。

钟绍京的待遇则比刘幽求更惨，爵位全部被削，封户全部被剥夺，先是被贬为果州（今四川南充）刺史，后来连刺史也不让当了，又被贬到琰州当县尉。

表面上看，县尉的职位也不小，但是前往琰州当县尉，基本就是找死。

琰州在哪呢？在今天的贵州。在唐朝时，这地方还属于羁縻州，当地少数民族兄弟们动不动就武装上访，县尉敢管试试？

不过，钟绍京的心胸要开阔得多，你想把我调到哪就调到哪，我该吃吃，该喝喝，只要按时发工资就行。

十五年后，钟绍京还好好活着。有一次，他趁着入京的机会，赶紧跑到李隆基面前痛哭流涕，诉说自己这十几年来的委屈："陛下还记得当年的事情吗？怎么忍心弃臣于荒外？当时立功的人都已经走了，只有老臣还活着啊！"

李隆基听罢，愧疚不已，又把他提拔为四品的太子右谕德。几年之后，他终于在京城病逝，享年八十多岁。

崔日用的待遇是这几位之中最好的，只是被削了封户，贬为了汝州刺史。十年之后（722年），他又当上了并州大都督府长史。不过刚刚到任就死了，时年五十岁。他被李隆基追赠为吏部尚书、荆州大都督，谥号为昭。

最让人无语的还是王琚，刘幽求、钟绍京、崔日用等被人告发对李隆基有怨言的时候，他正在北境视察部队呢。

相隔几千里，无论怎么看也和他没有一点关系，但是他也莫名其妙地成了刘幽求的同党，被削掉封户，贬为泽州刺史。再之后，他开始在全国各地的老少边穷地区当刺史，二十二年竟然到过九个地方。

不过，他也和钟绍京一样，该吃吃，该喝喝，该生孩子生孩子，全家人口飙升到三百多口。另外，他还找了二十多个人伺候自己，那种快乐，我们一般人想象不到。

不过，他也是这五人中，唯一自杀的人。746年，九十岁高龄的他，在李林甫的诬陷下，畏罪自杀了。这岁数，也算值了吧。

帮助李隆基搞政变的大功臣，基本就这样没有了（高力士那种不算大功臣），两个气死的，两个安享晚年的，一个畏罪自杀的。

从一般人的角度看，李隆基这种卸磨杀驴的做法，让人非常恶心。但是，站在帝王的角度看，李隆基应该算是一个比较仁慈的帝王。

他虽然没有像李世民那样优待功臣，但也没有像李治、武则天和李显那样对功臣赶尽杀绝，算是介于两者之间的仁主。

另外，他贬走的功臣，基本都是智商高超的"阴谋家"，而那些以武力帮他夺位的羽林将军，除了王毛仲在十八年后自寻死路以外，其他人基本上得到了优待。

所以，笔者以为，在以血腥残酷闻名的政治斗争中，李隆基大贬功臣的行为虽有不足，但也无可厚非。

正所谓"人主之行异布。布衣者，饰小行，竞小廉……人主者，天下安社稷固不耳。"更何况，李隆基在贬功臣的同时，又将一大批贤臣良将提拔上来，让久病缠身的大唐，重新回到了巅峰时代。

好久不见的贞观之风，终于又要呈现了……

一百一十三　钩心斗角，姚崇终于三任宰相

在政治路线确定之后，干部就是决定的因素。李隆基深知这个道理，在他统治大唐的四十多年间，一共任命了三十四位宰相。除了晚年的奸相李林甫、牛仙客、陈希烈、杨国忠等人以外，其他几十位宰相大部分很称职。

尤其是姚崇、宋璟、张说、张九龄四位宰相，全都得到了后世极高的评价。也正是在这四个人貌合神离、钩心斗角，但非常尽职尽责的辅佐下，李隆基才创造了辉煌的开元盛世。

什么，宰相们貌合神离、钩心斗角，皇帝也能创造出盛世？

是的，这个世界就是这么神奇。

其实有所作为的政治家们，并没有那么多淡泊明志、求同存异的豁达，能混到宰相级别的高位，哪一个不是在官场上摸爬滚打的老油条。

没有攀龙附凤，没有阿谀奉承，就能步步高升，除非生得好，老爹老妈就是龙是凤，不用攀附别人。

生于草莽之家、长于阡陌之中的普通人，想在官场上混得风生水起，除了会

做事，就必须会站队、会讨好，不然贵人们凭什么拉你一把？萍水相逢就上演一出"霸道总裁爱上你"，只存在小说里。

古今中外，无论走到哪里都一样，不信的朋友可以扒一扒那些广为人知的政治家、企业家，每个人的背后百分之一百都有一只若隐若现的手，在关键的时刻拉了他们一把，只是他们在忽悠大家"成功可以复制"的时候没有明说而已。

既然要站队才能步步高升，那么打击异己就是成功人士不可或缺的基本能力。

只是凡事有个度，只会打击异己，不顾国家利益，那就叫奸臣。除了打击异己，还能有所作为，那就叫能臣。可以压制能臣缺点、发扬能臣优点的皇帝就叫作明君，而早年的李隆基就是这么一个能识人用人的高手。

713年十月，杀掉太平公主、赶走功臣的李隆基，急需一大批人才来辅佐自己。

他自然而然地想到了姚崇和宋璟，因为这两个人的能力大家有目共睹，在李旦当政时期，他们仅仅当了七个月宰相，就让官场风气焕然一新。

而且这两个人还忠贞不贰，在太平公主权势熏天的时期，他们不畏强权，勇敢地站出来力挺李隆基。当初，他们因为自己而被贬，如今也是到了投桃报李的时候。

李隆基本来想把他们全部提拔为宰相，但是考虑到这两人的关系实在太铁，如果控制不好，可能有损君权。所以，他准备暂时只把时任同州（今陕西渭南）刺史的姚崇提拔为宰相。

可是，李隆基刚刚说出这个想法，就遭到了时任第一宰相（中书令）张说的坚决反对。

张说也算是老"演员"了，当年和宋璟一起营救魏元忠的时候被贬，和宋璟结下了共患难的革命友谊。后来，姚崇、宋璟支持李隆基的时候，他也站在姚崇、宋璟这一边，并在关键时刻给李隆基寄了一把刀子，催促其提前发动政变。

按道理讲，这三个人应该属于同一阵营才对。但是，张说却很不喜欢姚崇。道理很简单，姚崇的能力在自己之上，一旦他再次当上宰相，张说第一宰相的位子肯定不保。

当然，张说并没有亲自出面阻止姚崇当宰相，如果傻到这种地步，那他以后也就当不成名相了。

张说先是派了一个叫赵彦昭的御史大夫去弹劾姚崇。为啥选了赵彦昭呢？

因为此人以前也当过宰相，还参与了诛杀太平公主的活动，算是一位功臣。而御史大夫的职责就是监察百官，让他去弹劾姚崇既有分量，也不会留下把柄。

可是，张说显然低估了李隆基的水平。按照谁受益谁嫌疑最大的原则，这位二十八岁的新皇帝，一眼就看出这是张说在背后捣的鬼，只不过没有证据，所以他并没有捅破这层窗户纸，只是把奏疏压了下来，没有任何回应。

四十六岁的张说头脑也非常机灵，看到李隆基没有反应，他就意识到弹劾之路行不通。很快，他又想到了一条欲抑先扬的好计策。

当时河东总管（黄河以东，今山西西南部）的位置出现空缺，因为山西是李唐的龙兴之地，所以李隆基对这个职位非常重视，想让一个能力卓越的人担任此职。可是找来找去，一直也没有找到合适的人选。

张说的计策就是，劝说李隆基让姚崇担任河东总管，如此就能保住自己第一宰相的位置了。

这一次，张说仍然没有亲自出马，他又精挑细选了一个背锅侠——姜皎。

姜皎，秦州上邽（今甘肃天水）人。李隆基还是王爷的时候，他就与李隆基的关系非常好。从扳倒韦后到诛杀太平公主，他全部参与了。李隆基当上皇帝之后，给了他非常丰厚的回报，封为楚国公，实封四百户。

李隆基大贬功臣的时候，也没有贬他。相反，还专门在"大唐日报"上发文，把他比作霍光和程昱。为了表示宠幸，李隆基还经常把他叫到宫中，和妃子们一起吃喝玩乐，好不快活。有一次，姜皎喝高了，觉得皇宫里的一棵树长得很挺拔，李隆基二话不说，马上就让人把这棵树移植到了姜皎家里。

能得到如此宠信的人，绝对是李隆基心腹中的心腹。派出这样重量级的人物阻止姚崇当宰相，在张说看来，李隆基即便不会答应，也不会想到是自己在背后搞鬼。

可是，他又一次低估了李隆基。

有一天，李隆基心情大好，带着一群人跑到渭川打猎去了。作为李隆基的心腹，姜皎自然也要陪伴左右。

皇帝打猎必须收获颇丰，因为即便狩猎区没有野生动物，下面的人也会提前把一些野生动物放养到狩猎区。

李隆基打了一天猎，还没有放几箭就逮到了一大堆野生动物，自然是感觉良好，心情舒坦。

姜皎也很会挑时机，看到老大如此高兴，就赶紧把张说教他的话说了出来："陛下早就想任命一位河东总管，却苦于找不到合适的人选，臣现在发现了这样一位称职的人。"

李隆基很好奇，姜皎跟了自己这么久，还从来没有见他推荐过人才，今天难得一见，不由大喜过望，便问他是谁。

姜皎回答道："姚元之文武全才，是担任河东总管的合适人选。"

李隆基一听，脸色马上由晴转阴，勃然大怒地指出了幕后黑手："这一定是张说的主意，你竟然敢当面欺骗朕，看我不斩了你！"

姜皎大惊失色，如此隐蔽的事情，李隆基竟然能猜到，这种人实在是太可怕了。于是，他赶紧跪地求饶，把张说如何指使他的事情全部抖搂了出来。李隆基这才稍稍解气，不过，他仍然没有治张说的罪，只是立刻派出宦官去把姚崇叫到自己的行宫来。

几天以后，六十二岁的姚崇终于风尘仆仆地赶到了渭川。此时，李隆基正好还在打猎，但他立刻放弃了正在追逐的猎物，翻身下马召见了姚崇。

接下来，"古今少见"的一幕就这样发生了。

君臣两人一问一答，侃侃而谈，犹如当年李世民遇到了房玄龄。

李隆基越来越坚信，姚崇就是自己要找的那个人。姚崇也越来越坚信，李隆基就是自己要为之付出全部心血的明君。

在激动之余，李隆基当场就要提拔姚崇为兵部尚书兼宰相兼梁国公。可是，他万万没想到的是，姚崇却突然拒绝了。

李隆基心头一惊，他有些生气。

姚崇看到气氛不对，这才慷慨激昂地说出原因：臣有十条建议，陛下如果办不到，我就不能做宰相。

第一条，武后当政以来，以酷法治天下，我希望以仁政为先，可以吗？

第二条，朝廷兵败于青海（唐吐战争），却没有因此而悔悟，我希望以和平为贵，少发动战争，可以吗？

第三条，近来有不少人触犯法网，但都因为是您的宠臣而免罪；我希望严格执法，从近臣做起，可以吗？

第四条，武后临朝，朝廷政令多出于宦官之口，我希望宦官不要参政，可以吗？

第五条，外戚窃居要职，朝廷秩序就会杂乱，我希望皇亲国戚不要担任要职，可以吗？

第六条，过去大臣因忠谏而被惩罚，从此直言忠臣都灰心丧气，我希望所有臣子都有逆龙鳞之权，可以吗？

第七条，武后修筑福先寺，太上皇兴建金仙、玉真两座道观，耗费巨资百万；我请求停止道观佛寺的修建，可以吗？

…………

雄心勃勃的李隆基正准备大干一场，听到姚崇所提的十条建议，怎么可能会拒绝。于是，他当着文武百官的面立下了庄严的承诺："我全部都能办到！"

事实上，李隆基说到做到，在姚崇当宰相的几年里，他真的全都做到了，我们在后面会详细讲。

费尽心机，姚崇还是第三次担任了宰相。张说终于意识到，留给自己的时间不多了，姚崇一定不会放过他。

但是他仍然不愿意放弃最后的希望，情急之下，他决定找一个盟友，共同对付姚崇。

这个盟友叫作李范，原名叫李隆范，是李隆基同父同母的亲弟弟，李隆基当上皇帝之后，为了避讳，他的名字就改成了李范。

张说之所以找他，是因为李隆基称帝之后，对他的几个兄弟，包括同父异母的兄弟，以及他二伯李贤的儿子都极为优待，史书上称他为"近世帝王莫能及"。

到底有多好呢？我们简单举几个例子。

李隆基当上皇帝以后，规定这几个兄弟见到他不必行君臣礼，行家人礼就可以了。李隆基只要处理完政事，就和他的几个兄弟混在一起吃喝玩乐、饮酒作赋。

哪一天这几个兄弟高兴了，李隆基就让他们全部住到宫中，那可不是随便找一间客房，而是和自己睡到一张床上。

众所周知，男人们睡觉都爱裹被子。为了不让兄弟几个冻着，李隆基还专门让人做了一个巨长的枕头和一床巨大的被子，随便大伙折腾，保证每个人都不会着凉。

如果哪个兄弟一不小心着凉了、生病了，李隆基还会不断派人去问候，并亲自给他们熬药。有一次，李隆基正在给李（隆）业熬药时，突然刮来一阵大风，火借风势，一下子就把李隆基的胡子烧了。

左右侍从吓了一跳，赶紧上前帮忙灭火。李隆基借机赶紧感叹了一句："只要薛王（李隆业）服下这碗药，病能痊愈，朕的胡须有什么好可惜的！"

看来李隆基没少看李渊和李世民当年的事迹。当年李渊称帝之后，让儿子们只用行家人礼。当年李勣病了，要用胡须做药引子，李世民二话不说就把自己的胡子剪了。

虽然这几件事不一样，前者是让儿子行家人礼，后者是让兄弟行家人礼；前者是为大臣主动割胡须，后者是胡须不小心被烧，但是这些行为对于皇帝笼络人心来说，还真有异曲同工之妙。

张说见李隆基对他的兄弟如此之好，就想当然地认为，只要依附了李范，就能保住自己第一宰相的位置。

所以，他在一个月黑风高的晚上，偷偷溜到李范的王府，表达了归附的意思。

而李范这个人，正好就是一个潜在的野心家。

一百一十四　打击异己，姚崇独揽朝政

李（隆）范的野心在此时还没有表现得特别明显，但他在之后的岁月里，连续三次结交大臣，其中一个大臣还随身携带了一本谶（chèn）纬。

啥叫谶纬呢？也就是预言书。我们在李唐开国的时候讲过，"刘秀发兵捕不道""代汉者当涂高""桃李子歌"等都是历史上著名的谶纬，帝王最忌讳这玩意儿。

王爷结交大臣还带着谶纬书，你要说他们是为了好好学习，预测哪里有恐怖分子，以保障国家安全，可能他们自己都不会相信。

不过李隆基听说之后却表示："朕的兄弟肯定没有问题，只是那些人趋炎附势而已，朕决不会因此责怪兄弟。"随后，李隆基只是把这几个大臣贬到外地，并没有处罚李范。当然，这都是后话了。

现在李范看到张说前来投靠，自然是大喜过望。两人相谈甚欢，双方就共同关注的问题进行了坦诚、深入的讨论，并展望了两人在未来的合作机遇。随后，双方一致认为，加强日常交流，加强权力领域合作，对于促进大唐经济、文化的发展具有重要意义。

张说对这场会谈的成果非常满意，怀着激动的心情，趁着夜色赶紧溜回了家。但他没有注意到的是，有一个人对他们的会谈也非常满意，此人正是他的头号对手姚崇。

姚崇前两次的宰相可不是白当的，朝堂之上到处都是他的学生，京城之内到处都是他的眼线，张说早就被他纳入重点关注范围了。所以，张说刚从李范王府中出来，姚崇就知道了这件事。

且不说以政变闻名的大唐，且不说李隆基是以政变上台的皇帝，就是放到任何一个朝代，当朝第一宰相依附王爷，都是皇帝十分忌讳的。姚崇清楚地知道，李隆基虽然和兄弟们的关系亲密无间，但也只是表面而已，实际上，李隆基对他们充满了戒心——他从来没有让这几个兄弟担任过任何具体官职。

以牙还牙向来是政治家必备的基本素质，逮到对手如此重大的错误，姚崇岂能放过。于是，他直接把这件事告诉了李隆基："岐王是陛下疼爱的弟弟，张说是宰相，却秘密地乘车到岐王的家里去，臣担心岐王会被张说所误。"

好了，不必再说了。前几日张说妒贤嫉能，不断阻止自己任用姚崇，现在又结交王爷，不是居心叵测还能是什么？

于是，李隆基一怒之下，就将张说贬为相州刺史，而这一贬就是整整十年。四十二岁还是太年轻了，到外面再历练历练吧。

李（隆）范虽然没有受到任何处罚，但在大臣们的建议下，李隆基干脆把他的几个兄弟，全部外放到地方担任刺史，而且这种刺史与普通刺史的权力也不相同，王爷们只负责重要事务，一般的政务则由副手长史和司马全权负责，等于是在各位王爷身边都安插了两个钉子。

不过，李隆基对兄弟们的防范仅此而已。纵观他的一生，也没有对不起任何一位兄弟。

后来，李（隆）业的内弟在李隆基生病之时大搞封建迷信，颇有一股造反的气势，李隆基也没有因此责怪李（隆）业，相反还拉着他的手安慰道："我如果有猜忌兄弟之心，天地不容。"甚至李（隆）业的王妃也没有受到牵连。

而李隆基同父异母的大哥李成器去世的时候，李隆基更是让他备极哀荣。不但赠给他"让皇帝"的谥号，还亲手给他穿上了皇帝的服装，并将他的王妃也追赠为"恭皇后"。"让皇帝"，顾名思义，当初是你把太子之位让给了我，我对你心存感激啊。

看过了杨广五兄弟全部惨死，看过了李世民三兄弟自相残杀，看过了李治一边哭一边同意大臣处死兄弟，再来看李隆基给兄弟们的待遇，不得不说是真厚道，无愧于史书所评"近世帝王莫能及"啊！

这么一位心胸宽广的皇帝，后来咋就糊涂了呢？

整走了张说，姚崇整人的步伐并没有因此而停止，他又将目光盯向了另外一位宰相魏知古。而与整张说的自卫反击不同，这一次，竟然是贤相姚崇主动挑起的事端。

魏知古，深州陆泽（今河北深州）人，为人正直，颇有才干，二十岁就考中了进士，虽然比宋璟考中时的十七岁大了那么一点，但也是牛得不得了。

当官以后，魏知古一向以勇于直谏闻名于世。

当年李旦给两个女儿修道观的时候，魏知古曾当面劝谏花费巨大，应该以民为重。后来太平公主准备发动政变的时候，又是他向李隆基告的密。李隆基掌权之后，他还当面劝过李隆基以民为本，不要动不动就去打猎，得到了李隆基的极力表扬。

这样的人无论怎么看都是个人才，姚崇也这么认为。但是，姚崇就是从骨子里看不起他。至于原因嘛，说起来也挺可笑的。

魏知古原来只是一个小官，因为一次偶然的机会，姚崇发现了他是个人才，就将他一步一步提拔了上来。后来，魏知古凭借自己的能力，一直做到了宰相的位置。

自己的门生故吏能成为宰相，按道理讲应该是一件值得高兴的事。

但是，姚崇的胸怀显然很有局限性，看到原来的下属和自己一样也当上了宰相，他的心里就有了不小的落差。

于是，姚崇就仗着李隆基的宠幸，让魏知古兼任了代理的吏部尚书，并把他外放到东都洛阳，让他在那里负责考核官员。

宰相长期不在皇帝身边，是很容易由于被皇帝疏远而失去权力的，尤其是在动不动就有七八位宰相的唐朝。所以，魏知古对姚崇的这个安排十分不满，瞬间忘掉了姚崇对自己的恩情，一心想要报复对方。

碰巧的是，这时候姚崇的两个儿子刚好也在东都洛阳任职。而姚崇和当年的房玄龄一样，老子英雄儿子混蛋，一世英名无人接班。

这俩儿子看到魏知古到洛阳选拔官员，就仗着老爹曾经对魏知古有恩，不断向魏知古求官问职。

正在郁闷中的魏知古大喜过望，他既没有拒绝，也没有答应，表面上跟这俩大侄子和和气气，背地里却把这些事全告诉了李隆基。

李隆基很是惊讶，不敢相信一向正直的姚崇会生出这么两个儿子。于是过了几天，李隆基装作漫不经心地问了一句姚崇："你的儿子品性如何啊？现在担任什么官职？"

姚崇一愣，大脑飞速地运转。他一向知道儿子们都是什么品性，皇帝英明，突然询问这个问题肯定不是要提拔他们。绝对是有人在背后说了他们的坏话，而这个告密者毫无疑问就是魏知古。因为魏知古去到洛阳就发生了这种事，不是他还能有谁。

想到这里，姚崇胸有成竹地回答说："臣有三个儿子，其中有两个在东都任职，他们的欲望很强，行为很不检点；他们一定是有事嘱托了魏知古，只不过臣还没有来得及去讯问他们。"

李隆基大吃一惊，本以为姚崇会替儿子们辩解，没想到他不仅没辩解，还猜到了是魏知古告的状。在好奇心的驱使下，他又迫不及待地问道："你是怎么知道的这件事？"

姚崇微微一笑，回答道："魏知古地位卑微之时，臣曾经多方关照过他。臣的儿子非常愚鲁，以为魏知古一定会因此而感激臣，进而会容忍他们为非作歹，所以才敢向他请托。"

这个回答非常毒辣，表面上是在说儿子们愚钝，实际上却是在骂魏知古忘恩负义。

李隆基是个聪明的皇帝，最不喜欢的就是这种忘恩负义的人。你对有知遇之恩的老领导都能下此狠手，对皇帝又怎么会忠心？

所以，他听姚崇这么一说，非常生气，立刻就要罢免魏知古。

看到目的已经达到，姚崇觉得也没有赶尽杀绝的必要，又赶紧装起了老好人，非常坚决地劝说李隆基不要这样做，理由也很充分：

"此事乃是臣的两个儿子有罪，破坏了陛下的法度，陛下赦免了他们的罪过，臣已是万分荣幸；如果因此而罢免魏知古，天下人一定会认为陛下是在偏袒臣，这样会累及陛下的圣明啊。"

李隆基震惊了，瞬间体会到"被卖了，还在帮别人数钱"的快乐感觉。他没想到姚崇竟然如此贤明（会玩套路），不仅大公无私没有偏袒儿子，还以德报怨没有借机痛打"忘恩负义"的魏知古。另外，他还处处为自己着想，维护自己的圣明。这种能力极强还会做人的好臣子绝对可遇不可求。

所以，李隆基在高兴之余，只好听从了姚崇的意见。但是依然免去了魏知古的宰相职位，改任他为工部尚书。第二年，郁闷无比的魏知古就在家中病逝了，享年六十九岁。

从此以后，二十八岁的李隆基，算是彻底钻进了六十二岁的姚崇给他设下的圈套中。第二天，李隆基就决定除了军国大事以外，其他事情交由姚崇全权负责。

为了让姚崇充分感受到自己对他的信任，李隆基还费尽心思专门布了一盘棋局。

第二天，姚崇像往常一样，向李隆基汇报了一些官员的升迁名单。按照惯例李隆基都会看一眼，发现不合适的地方还会调整一下。

但现在李隆基却故意装作没听到，眼睛直勾勾地盯着屋顶，啥话也不说。

姚崇还以为李隆基变成了"李聋子"，没有听到自己说话呢。于是，他只好重复了一遍刚才的话，李隆基还是一言不发。过了一会，姚崇鼓起勇气说了第三遍，李隆基还是一言不发。

至此，姚崇不仅惊恐万分，还以为昨天套路李隆基的事情，被对方察觉到了。吓得他赶紧退出朝堂，一溜烟跑到中书省准备写检讨，开展自我批评。

幸好这时候被评为"千古第一贤宦"的高力士站了出来。

姚崇在渭水河畔，劝谏李隆基疏远太监，天下皆知。作为太监老大的高力士有一万个理由痛恨姚崇，但是他不仅没有痛恨，还站出来替姚崇说话了："陛下刚刚总理天下大事，宰相上奏言事，应该当面表明您的态度，怎么能对姚崇的建议不闻不问、一言不发呢？"

李隆基这才解释了他精心布置的棋局："朕让姚崇总理朝政，遇有军政大事可以当面奏闻，共同商议。这种小官小吏的任用怎么还要打扰朕？"

高力士听完之后大喜，跑到中书省宣旨的时候，赶紧把这话告诉了姚崇。姚崇听完之后，一方面转忧为喜，一方面又陷入了深深的沉思。

他不仅为皇帝的苦心而感动，也为高力士的胸襟而倾服，更为自己的套路而自责。作为一朝宰相，自己的肚量竟然还不如一个太监？

想当年狄仁杰也提拔过自己，也和自己同朝为相过，狄仁杰从来没有嫌弃过门生故吏，还以门生故吏超越他为荣。如今自己当上宰相，却嫌弃起门生故吏，狄老如果泉下有知，又会如何看自己呢？

想到这里，姚崇不禁羞愧不已，悄然地低下了头。自此以后，他再也没有打压过其他宰相。

当然，他也没必要再去打压其他宰相，因为不久之后，李隆基专门给他找了一个脾气很好，在大事上从来不和姚崇争执的"伴食宰相"——卢怀慎。

顾名思义，伴食就是陪客的意思，这种老好人宰相，姚崇即便想打击，也找不到着力点。

不过，卢怀慎除了是老好人以外，还有很多其他优点。

卢怀慎，出生于豪门大家范阳卢氏。但他身上没有一点富家子弟的骄奢淫逸，而是凭借清廉节俭、敢于进谏闻名天下。

在李显当皇帝的时候，他曾多次提出过合理化建议，例如"因贪污受贿而被罢官的人，不到十年不得录用""年老有病不能任职者，一律停罢"等，可惜李显没有采纳过他的建议。

在李旦当皇帝的时候，他已经做到了吏部侍郎。李隆基当上皇帝以后，又把他提拔为吏部尚书兼宰相。

众所周知，吏部管着人事升迁，属于衙门中最肥的差事。但是卢怀慎当了将近十年的吏部二把手和一把手，家里却穷到了小偷进去都能哭着出来的地步。不是他的工资不够用，而是他把工资全都分给了穷人。

有一次，卢怀慎病了，也以清廉著称的一代贤相宋璟去看望他时，都被吓傻了。

堂堂大唐的宰相，竟然住在冬冷夏热的破房子里，如果有一阵风刮过，卢怀慎还得自己举着席子遮风挡雨（会风雨至，举席自障）。

躺在病床上的卢怀慎看到同事来看望自己，赶紧让家人做饭招待宋璟。可是当饭菜端上来，宋璟又一次震惊了，只有两盆蒸豆子、几片菜叶而已。

即便条件如此艰辛，等宋璟走的时候，卢怀慎还拉着他的手说道："皇上励精图治，想要治理国家，然而承平日久、民伏志淫，只要皇帝稍有倦怠，就会有奸人乘虚而入，公弟一定要好好辅佐皇帝啊！"（承平日久、民伏志淫的意思是太平日子过久了，人民趋于安乐放纵，总是喜欢一些稀奇下流的东西。）

居庙堂之高，则忧其民；处江湖之远，则忧其君。先天下之忧而忧，后天下之乐而乐，说的不正是卢怀慎这种人吗？

卢怀慎虽然在历史上的名气并不高，但笔者觉得，这样的人比起姚崇也毫不逊色。后者凭杰出的治国能力使大唐又一次强大，前者则凭伟大的品格，使中华民族的精神又一次升华。

看到这里，我们也不得不佩服李隆基识人用人的水平。让能力超群的劳动模范姚崇担任第一宰相，让清正廉洁、感动大唐的道德模范卢怀慎担任第二宰相。

前者治国，后者治心，如此英明，如此用人，国岂不强？那么，这些大牛人是如何治理这个国家的呢？

请看下文，勠力同心，君臣共创开元盛世！

一百一十五　王朝中期，为什么一定会阶层固化

学过中学历史课本的朋友们肯定对以下几组词语耳熟能详：

劝课农桑、休养生息，打击豪强地主、抑制土地兼并、整顿吏治。

因为课本上只要写到哪个开国皇帝有作为，必然会说他"劝课农桑、休养生息"，为什么呢？

因为经过乱世大家都打累了嘛，老百姓死了一多半，房屋倒塌了一多半，国家贫困、百废待兴、地多人少，最需要的就是和平与发展，皇帝只要不折腾，鼓励和监督大家种地纺织，就能实现国富民强。

如果写到哪个中兴皇帝有作为，必然会说他"打击豪强地主、抑制土地兼并、整顿吏治"，为什么呢？

因为任何一个国家机器，只要平稳运行几十年，必然会出现以下三个问题。

在经济上，阶层固化，两极分化，向着"富者田连阡陌，贫者无立锥之地"一路狂奔。

在政治上，官僚机构臃肿，官员们人浮于事，相互扯皮，工作效率低下。

在地方上，豪强地主横行不法，欺压百姓，损害政府形象，威胁中央集权。

如果统治者对这三个问题放任不管，最终导致的结果就是农民起义，以三百年为一个周期，一切推倒重来。

在这里，我们暂且不说李隆基是怎么解决这三个问题的，先说一下这三个问题是怎么来的。只有知其然，知其所以然，才是看历史故事的意义。

让我们先从最根本、最迫切的经济问题说起吧。

阶层固化是社会和平发展几十年的必然产物，如果生产力水平大突破，可能会延迟一点。

什么是生产力水平大突破呢？

战国铁器的普及，让原来无法耕种的土地变得适合耕种，算是大突破。

唐朝中后期，两季稻的普及，让原来一年只能收获一次的土地变成了两次收获，算是大突破。

明清时期，红薯的引进和普及，让原来亩产只有一百多斤的麦田，变成了亩产高达三千到五千斤的宝地，算是大突破。

近代工业革命的兴起，使人类在一百年内创造的财富超过了之前两千年的总和，更是大突破。

生产力水平大突破，蛋糕就能越做越大，大家都有钱赚，阶层固化自然就要慢一点，但是它不能从根本上解决阶层固化的问题。

因为我们每个人生下来就是不平等的，不是法律意义上的不平等，而是经济意义上的不平等。

每个人刚出生时，实际上都拥有两套基因，一套是生理基因，另一套是社会基因，这两套基因从根本上决定了我们不可能平等。

生理基因在长相上有很大的传承性，也就是说孩子的长相往往带有父母的特点，要么眉毛像，要么鼻子像，反正总有像的地方。

不过生理基因有个"缺点"，就是父母的智商很难遗传给孩子，往往存在很大的随机性。

很多父母会觉得，孩子虽然长得像自己，但智商却不如自己。用老子的话说，这叫"天之道，损有余而补不足"。

生理基因上的这个"缺点"，对于人类社会来说利大于弊。因为它有利于阶层的流动，可能宰相姚崇的孩子是低能儿，而村民姚二的孩子指不定就是诸葛孔明。

这样看来，富人们的下一代很有可能会翻车，穷人们的下一代很有可能会翻身，阶层固化似乎遥遥无期。

但是，一旦考虑到社会基因和阶层的壁垒，人就会非常绝望了。

什么叫社会基因呢？就是父母的职位资本、人脉关系、言行举止。

姚崇的孩子中可能有一个是低能儿，但不可能都是低能儿啊，人家可以娶一大群老婆，生一大群儿子。老大不行老二上，老七不行老八上。

另外，智商还是可以在后天培养的。刚开始，孩子可能不太聪明，但只要让他长期坚持学习，智商就会有不小幅度的提高。

更重要的是，这个社会比拼的还不只是智商。姚崇的儿子能请名师、上名校，毕业了管分配，工作了有老爹的指导，还能靠着关系被提拔。他的儿子们再不靠谱，后来全部当上了刺史级别的高官。

再看姚二这边，他的孩子虽然智商堪比诸葛孔明，但跟着姚二那种大字不识几个的文盲，大概率也要成为放牛娃。

我们之前说过唐朝的租庸调制度，在理想状态下，一个五口之家种四十亩地，大概能收四千五百二十斤粮，除去吃喝以及税收，只能余下九百四十二斤粮。

但是先别急，做饭得买盐，生病得吃药，过年得吃肉，种地得要种子，干活还得穿衣服，把这些全除去，不倒贴就是好的了。这还没算上旱灾、涝灾，地方官员的腐败呢。

就这家庭条件，儿子还不想放牛想上学？姚二的荆条不抽出来揍他才怪。

我们就算姚二的孩子能够读得起书，那么他们家想从贫民到刺史，没有几代人的积累，也是难于上青天。

唐朝的科举制度规定，官员的儿子们可以通过各种渠道直接当官，例如皇帝、王爷死了，人家去送个葬，就当上官了（姚崇就是这样当官的），而普通人只能通过科举考试去当官。

唐朝二百八十九年里一共开科取士八千四百五十五人，平均每年二十九人。这二十九个人里呢，大概有七成是士族子弟，普通人家的孩子只占三成，也就是说每年大概录取八个普通人。没有祖坟冒青烟的大运，谁能成为这八人中的一个？

一边是世代为官，另一边是世代贫农，不阶层固化也就奇怪了。

那么，阶层固化又是如何演变成"富者田连阡陌，贫者无立锥之地"的两极分化呢？

主要因为富人和穷人的赚钱方法不在一个维度上。穷人靠体力赚钱，富人靠资本赚钱。这就导致穷人赚钱慢如牛，富人赚钱快如电。

正如老子所说的另一句话："人之道，则不然，损不足以奉有余。"

举个例子，某地经常会发生旱灾，穷人活不下去了，就要向地主借粮，春天借一石，秋收就得还两石。

穷人饿得没办法，不得不借粮。结果就是高利贷，利滚利，一来二去，穷人就成了杨白劳，不仅要把土地卖给地主家，甚至自己和女儿也要卖给地主家。

穷人辛辛苦苦，早出晚归耕耘了一年，家里的余粮不一定够一石。地主一张借据，一石粮食，短短半年就能赚一石，两者赚钱的速度如何比？

统治者代表封建地主的利益，除了个别皇帝以外，没有人会为老百姓着想。

在这种情况下，阶层固化的速度只能越来越快，任谁也无法改变。

所谓的三百年历史周期律，其实就是从阶层固化这一刻开始的。

一百一十六　三个世界性难题，李隆基是如何解决的

阶层越固化，地主们的财富就越多。官僚机构越臃肿，地主们的保护伞就越大。

按照"身怀利器、杀心必起"的基本人性，地主们的势力越强大，干的坏事就必然越多。

再按照"哪里有压迫，哪里就有反抗"的基本逻辑，地主干的坏事越多，被逼上梁山的老百姓就越多。

乱民多了，政府就得靠地主们去镇压。地主们去镇压，就需要更多的权力。地主们的势力更强大了，干的坏事就更多了。然后就形成了一个鸡生蛋、蛋生鸡的死循环。

所以，地方豪强越来越猖狂，归根结底还是阶层固化、官僚机构臃肿导致的。当然，这和政府没有进行大范围的扫黑除恶也有关，但这个不是根本原因，而是次要原因。

那么，如何解决这三个问题呢？

我们之前比较悲观地讲过，生产力大发展虽然可以缓解，但没有办法彻底解决，因为人的基因天生不平等，人的本性天生懒惰和自私，所以，只能眼睁睁地看着三百年周期的到来，等待下一个轮回。

所以，尽管李隆基很英明，姚崇、宋璟等宰相很贤良，他们一起创造了伟大的开元盛世，但是他们在解决这三个问题的时候，也只是管得了一时，管得了个别，而没有展开轰轰烈烈的大改革，更不可能从制度上解决这些问题。

例如，针对豪强地主横行不法的问题，李隆基当政几十年，只是打击了极个别的皇亲国戚，从来没有在全国范围内开展扫黑除恶的专项活动。

一次是他弟弟李隆业的亲戚欺凌百姓被御史弹劾，李隆业为该亲戚求情，但是李隆基听从了姚崇和卢怀慎等人的意见，没有给弟弟开后门，坚持处罚了弟弟的亲戚。

另一次是李隆基自己的亲戚长孙昕也不知道和大臣李杰闹了什么矛盾，竟然趁着李杰下班，把他堵在小巷里揍了一顿。

李隆基知道之后，专门写了一个《诛长孙昕等诏》，把长孙昕活活打死在朝堂之上，并特意向李杰道歉："长孙昕是朕的近亲，朕平日训导不力，才让他胆敢侵犯朝廷大臣。还望你千万不要把这样的恶人放在心上。"

这两件事影响都很大，让皇亲国戚们收敛了很多。但是，李隆基没有乘勇追穷寇，仅仅搞了这两出大戏。

皇亲国戚们在自己的眼皮底下都敢如此嚣张，在地方上岂不翻了天，不得整治一下？除了皇亲国戚，大臣们的亲戚在地方上又能好到哪里，不得整治一下？

不过，这也不能怪李隆基，他即便想打击更多的豪强地主，估计也无从下手，因为他极其信任的宰相姚崇本身就有恶势力保护伞的嫌疑。

例如姚崇的亲信接受贿赂，事情败露，他还不停地护短、极力营救。姚崇的两个儿子仗着爹的势力，在地方上招权纳贿，多行不法，他也没有管。一代贤相姚崇都如此，其他人就更别提了。

屠龙少年，本身就是恶龙的保护伞。打击豪强地主的高官，本身就是豪强地主。看到这种情况，李隆基除了严格约束周围的人之外，恐怕也只能是一声长叹。

再如，对防止官僚机构臃肿，李隆基也陷入从精简到扩编的怪圈。

李隆基称帝不久，在宰相宋璟的建议下，重新将谏官和史官参加宰相会议的制度恢复了。这原本是李世民时期的一种制度，目的是让谏官和史官监督朝政，把中央高层会议变成新闻发布会，谁是忠臣，谁是奸臣，皇帝干了啥好事、啥坏事，都用小本本全部记录下来。

但是，武则天主政以后，让许敬宗和李义府这俩小人做了宰相，为了防止史官们把他们干的龌龊事全部记录下来遗臭万年，武则天就废除了这种制度。

李隆基恢复该制度，就是想鼓励大臣们劝谏自己少犯错误。这个制度刚开始时挺有效，在姚崇的建议下，李隆基把从武则天到李旦时期的多余官员，裁撤了一大部分。

而且，李隆基还破天荒地把全国的县令都召集到宫中亲自考核。结果令人大跌眼镜，竟然有两百多名县令不合格。

把所有人撤职，有点不现实。因为一时间找不出这么多人接替县令，李隆基只好让他们暂时继续任职，只有四五十个县令因为水平太低，被扒去了官服。

这样的政策听起来就很好，如果每隔几年就来一次，起码能让全国的县令有所顾忌，改善一下工作态度。

可惜的是，李隆基就搞了这一次，接下来，他自己就开始随意任命官员了。

有一次，李隆基的二哥李成义要把自己的手下任命为王府参军，李隆基当场就同意了。还有一次，李隆基没有和大臣们商量，直接就把自己的故吏从县令提拔为五品官。

虽然这两次任命都被姚崇、宋璟怼了回去，最后也没有成功，但是，姚崇和宋璟不可能每次都怼他，李隆基少不了随意任命官员。

尤其是在李林甫上台之后，史官们参加宰相会议也不管用了，李隆基的私心已经完全刹不住车，不仅自己开始随意任命官员，还把地方官吏的任命权下放给节度使。

节度使们哪里会管什么任人唯贤，只要是自己的亲信，那就可劲儿任命。于是，好不容易精简下来的官僚机构，又变得臃肿起来。

只有在缓解两极分化这方面，李隆基做得还不错。

现在的政府为了缓解两极分化，一般会四举并进。

第一，向富人收取重税；

第二，给穷人发放福利；

第三，努力发展国内经济；

第四，有能力的国家，还可以薅其他国家的羊毛。

李隆基虽然没有全部都做到，但也做到了三举并进。另外，还差一点薅了其他国家的羊毛。

首先，向富人收取重税，和打击豪强地主一样，李隆基是有心无力，只对皇亲国戚开了一刀，没能扩展到全国。

唐朝刚建立的时候，每位公主的食邑只有三百户，但是随着时间的推移，皇亲国戚越来越奢侈，到李显上台的时候，太平公主的食邑已经达到五千户。

李隆基对此非常不满意，上台之后他就规定，他的妹妹最多食邑一千户，他的女儿最多食邑五百户，如果有超出的，全部没收。

公主们托人去求情，但是被李隆基怼了回去："百姓的租赋，不是我私人的财产。前方的战士出生入死，只是赏了一些布帛，这些女人有什么功劳，配享受那么多食邑？"

这一招虽然没有节省多少钱，但也算是对富人起到了一定的震慑作用吧。

薅其他国家羊毛这件事，李隆基也想了想，而且还准备干，但被一个书呆子阻止了。

716年，有个胡人告诉李隆基，海南（今东南亚）那儿有很多宝贝，陛下可以派人去和他们大搞国际贸易，卖瓷器、茶叶，可以赚一笔，再采购一些珍珠宝石回来，又可以赚一笔。除此之外，还可以到师子国（今斯里兰卡）搞点灵丹妙药。

李隆基一听，大喜过望。于是他就派了一个叫杨范臣的大臣跟着这个胡人，一起去东南亚搞跨国贸易。

眼看郑和下西洋的壮举就要提前几百年实现了，但是杨范臣这位老哥，却是一个不想出差的懒蛋，又是个标准的书呆子，他以圣人之道劝说李隆基：

"与商人争利，不是皇帝应该干的事。另外，陛下刚登基的时候，为了表明自己要励精图治，烧了不少珠宝，现在又去东南亚买宝贝，这样自相矛盾可不好。再说了，胡药的药性，我们中国人不了解，也不能乱用啊。所以，这些事陛下还是不要干为好。"

杨范臣这话，用现在的眼光看，完全是漏洞百出。国家为什么不能和商人争利？盐铁专营难道不是在和商人争利吗？

齐桓公和管仲搞盐铁专营，秦孝公和商鞅搞盐铁专营，汉武帝和桑弘羊搞盐铁专营，没人说他们昏庸无道；相反，还都说他们是明君和贤臣。另外，从安史之乱以后，唐朝也开始搞盐铁专营了，李隆基的子孙难道都不配当皇帝？

更何况，搞对外贸易，怎么能算与商人争利。世界那么大，生意那么多，走出国门，冲向世界，生意只能越做越大，没有越做越小的道理。

另外，胡药的药性中国人的确不了解，但是可以慢慢了解啊，如果没有第一个吃螃蟹的人，人类还坐在树枝上相互顺毛呢。

可惜啊，李隆基却被杨范臣的这一通话糊弄住了。在这个能改变历史的时刻，他急忙承认了错误，并且取消了这一命令。薅其他国家羊毛，为大唐续命的绝好机会就这么错过了。

如果搞国际贸易能赚钱，李隆基何至于为了筹措军费，把财政大权下放给节度使？如果不把财政大权下放给节度使，又何来安史之乱啊！

至此，缓解两极分化问题，李隆基的手里只剩下了两张牌：给穷人更多的福利以及发展国内经济。

现代社会给穷人发福利的手段很多，公租房、经适房、低保、失业金、消费券等，让人目不暇接，总有一款适合你。

李隆基不能搞穿越，自然不知道还可以这样玩。所以，他的福利政策非常简单，就两个字——免税。

古代每一个王朝都有隐匿人口的现象，主要原因是那时候按人头收税和服徭役（给国家免费干活），多一个人就要多交一点税，多服一些徭役。越是到王朝中后期，国家的杂税就越多，徭役就越重，国家对老百姓的压榨比豪强地主还要狠。大家为了避税，只好躲到地方豪强家里当家奴。

如果皇帝无能，对这种现象不管不问，就很容易形成恶性循环。即国家控制的人口越来越少→财政收入越来越少→为了保证国家的正常运行，政府只好对控制的人口收取更多杂税→政府控制的人口为了活命，投身地主豪强的越来越多→国家控制的人口继续减少……

相信大家已经看出来了，解决这个问题的关键就是少收税，还要把隐匿户口的人口揪出来。

当年隋文帝为了查清国家人口，发明了"大索貌阅"法，就是对着户口本，一个一个清点人口，核对年龄。

有人可能会说了，这种检查方法存在很大的漏洞，城市套路深，我要回农村，我把没有户口的人藏到农村地窖里，让你查不到，你能奈我何？

这的确是个好方法，不过隋文帝那种人精，早就想好了解决之道。国家可能不知道你家有多少人口，但是你的邻居、兄弟、仆人肯定知道啊。

所以，隋文帝就不断下诏，鼓励大家告密，比如仆人可以告主人，学生可以告老师，兄弟可以相互告，所告如果属实，对方的家产归告密者一半，所告如果错误，那也没事。在限定的时间内，哪个地方的户口还没有查清楚，地方官员就直接去西部喝凉风。

在这种高压之下，只用了一年的时间，隋文帝就揪出一百六十多万人。隋唐为一家，唐朝自然继承了隋文帝的套路，不过从武则天开始，慢慢就懈怠了。

李隆基上台之后，开始了新一轮人口大普查。在大臣宇文融的操刀之下，唐朝几年内就查出了八十多万隐匿户口，约四百万人，占全国总人口的十分之一。

为了让这四百万人不再依附地主豪强，李隆基又让宇文融清查了全国的无主之地，把这些土地免费分给这群人，并且免收他们六年赋税。

这个举措不仅赢得了老百姓们的好评，还在六年之后，让唐朝的财政收入增加了十分之一，大大扩充了国库，让国家进入极盛时期。

可惜的是，没过几年，宇文融就陷入党争，被名相张说整下台了。后来，他因为病气交加而死。

宇文融死了之后，隐匿人口的情况又一次死灰复燃，唐朝财政收入又开始减少，为以后的安史之乱，埋下了一个不大不小的伏笔。这个细节我们在后面会讲。

在发展国内经济上，李隆基下的功夫最深，总结起来就四个字——开源节流。

开源就是多生孩子多种地，多砍树木多垦荒。

在李隆基的鼓励下，唐朝被开垦出来的土地达到了历史高峰，据后世测算，大概六亿六千万亩，很多高山沟壑都变成了梯形良田。在有条件的地方，李隆基还让人修建了四十多处较大的水利工程。

哪怕是边疆地区，李隆基也主张退林还耕，比如沙漠防护林，全给砍了种上葡萄或者麦子，最大限度解决了打仗时的军粮问题。

在节流方面，李隆基深知"历览前贤国与家，成由勤俭破由奢"的道理，前期做得非常好，堪称皇帝中的典范、天子中的楷模。

刚一当上皇帝，李隆基就在全国上下搞了一场轰轰烈烈的"新生活运动"。

俗话说"勤俭节约，从我做起"，李隆基率先对自己和家人下手了。

他让有关部门，把自己使用的金银器物全销熔了，拿出来给边疆将士们发工资。另外，他又遣散了不少宫女，以节省宫中的开支。

皇帝都如此节约，嫔妃们当然也得跟着"受罪"。

李隆基又规定婕妤以下的老婆和宫女，全都得在宫中养蚕，不要动不动就去逛街买衣服，自己动手，丰衣足食。另外，这些女人的衣服料子不能用锦绣的，更别提穿皮草了。至于已经织好的锦绣，全都染成黑色，大家都做黑衣人。

什么，还想化妆？拉倒吧，扑一下胭脂还可以。至于头上戴二斤珠宝，身上别三斤玉器就算了，将士们的工资还没发呢。

老婆们如此节约，儿子们当然也不能奢侈，李隆基又给儿子们找了点事做。他特意在皇家花园里开辟出一大块土地，亲自带着儿子们去种地。

李隆基可不是装装样子，是真的种地，他的目的是让儿子们知道种庄稼的艰辛，摆架子可起不到这作用。另外，他也想通过自己种地来了解老百姓们每年的收成到底如何，这样他心里对税收情况会有点数。

皇家如此节俭，官员们当然也必须紧跟领导的步伐了。

李隆基又规定，文武百官所使用的腰带、酒器、马嚼子、马镫，三品以上的，可以用玉装饰；四品官员，可以用金子装饰；五品官员，可以用银子装饰。

其余官员一律禁止使用任何装饰品。

在皇帝、嫔妃、皇子、大臣们的带领下，在监察御史们的监督下，全国上下终于成了一盘棋，大唐帝国的享乐主义、奢靡风气，虽然不能说彻底杜绝，但也算踩了一脚急刹车。

公款旅游吃喝的情况少了，节假日收受礼品的情况少了，个别理想信念滑坡的官员也被惩罚了。

以上就是李隆基为了解决地主豪强横行不法、官僚机构臃肿、两极分化所做出的全部努力。

第一个只打击了一部分皇亲国戚，力度远远不够。第二个在前期做得不错，不久就有所松懈，后期更是放飞自我了。第三个做得虽不全面，但非常值得称道。当然，不能看后期的。

站在现在的角度看，他做得很不完美，还有极大的改进空间，而且他也没有坚持住。不过站在当时的角度看，我们不得不说，他已经做得非常好了。

从隋朝开始，至今的九位帝王，能像李世民那样勇于纳谏的皇帝只有李隆基，连隋文帝都做不到。能像李隆基那样约束皇亲国戚的皇帝，除了李世民，没有其他人。能像李隆基在位前期那般节俭的皇帝，他敢说第一，没人敢说第二。

所以，毫无疑问，李隆基是一个伟大的帝王，尽管他没有成功解决那三个世界性难题。